孫中山與美洲華僑

洪門致公堂与民國政治

孫中山與美洲華僑

洪門致公堂與民國政治

陸國燊　著

商務印書館

孫中山與美洲華僑——洪門致公堂與民國政治

作　　者：陸國燊

責任編輯：黃振威

封面設計：涂　慧

出　　版：商務印書館（香港）有限公司
　　　　　香港筲箕灣耀興道 3 號東滙廣場 8 樓
　　　　　http://www.commercialpress.com.hk

發　　行：香港聯合書刊物流有限公司
　　　　　香港新界大埔汀麗路 36 號中華商務印刷大廈 3 字樓

印　　刷：美雅印刷製本有限公司
　　　　　九龍觀塘榮業街 6 號海濱工業大廈 4 樓 A 室

版　　次：2019 年 7 月第 1 版第 1 次印刷
　　　　　© 2019 商務印書館（香港）有限公司
　　　　　ISBN 978 962 07 5821 8
　　　　　Printed in Hong Kong

謹獻給

陳璋老師 (1937–2010) 在天之靈

目 錄

叢書總序

「海外華人新史」系列叢書的構思乃由幾個背景因素所促動。其一，在社會發展及轉變的洪流中，各地早期華人活動的遺跡急速湮沒，地方文獻、文物相繼散失，亟需搶救瀕臨消亡的歷史，並研判其意義。其二，隨着網際資訊的發達，道聽途說、不求實證的「歷史」鋪天蓋地，以訛傳訛的情況嚴重，殊堪浩歎。其三，有關海外華人歷史的中、外文著作各有所長，宜多互參互補，並窮盡中、外文原始資料，採實地考察和深入田野調查的新社會史研究法 [1]，以求突破。其四，已有不少學者呼籲治近代海外華人史須採跨國及全球視野 [2]，我們則指出，關注華僑／華人、僑居地／定居地 [3] 間的微妙關係及其轉變的歷史意義，能突顯跨國移民史和比較研究在豐富全球史內容方面的貢獻。其五，海外華人新史的範式也強調，全球華人網絡的形成也端賴各個發揮聯繫功能的連接點，包括在僑鄉與僑居地或定居地間的中介地 [4]，其作用可能是關鍵性和樞紐性的。本叢書所要示範的是，細緻的專題和深入的個案分析為比較研究所建立的基礎，其實與海外華人史對全球史所能作出的貢獻息息相關。

當然，我們遇到的挑戰絕不少，最大難題可說是文獻、文物的散失。以美國西部加利福尼亞州為例，當地自 1848 年發現金礦，大批華工漂洋而至。其後隨着礦產的開發、鐵路的修築，以至漁業、農業的興起，19 世紀末已有數以百計的埠鎮有華人聚居，形成唐人埠、唐人街、

唐人巷、唐人寮營和漁村等。至上世紀 50 年代，小埠鎮的華人大多已遷至城市謀生，同時加州開始迅速建設高速公路，不少埠鎮一掃而平，蕩然無存。破落的偏遠地區淪為遺址；而在有經濟價值之地，樓房則紛紛易手拆建。唐人街、唐人巷及唐人漁村、蝦寮等漸次消失，文獻、文物隨之散滅。近 20 年經華人團體積極爭取，在公路和高鐵建設過程中所發現的地下文物，小部分得以保存。洛杉磯市中心的華人墓地、聖荷西（San Jose）、奧爾邦（Auburn）和費斯奴（Fresno）的唐人街遺址得以保存，即屬極少數的例子。

儘管資料缺乏，海外華人史研究在近二、三十年也有可喜的發展。在大中華以至海外地區的學術界，從事這方面研究的學者的湧現、大學相關課程的設立、資料搜集和實地考察計劃的開展等漸成趨勢。在社會大眾方面，海外華裔社羣近 20 年興起尋根熱，探訪地方遺址以至祖輩在中國的原居地的歷史考察活動漸多 [5]。隨着中國的對外開放，國內僑鄉的華僑後代對先人在海外的經歷、遭遇和生活的歷史也產生莫大興趣 [6]。

然而，大眾對華人歷史的興趣加上資訊的發達，促成了一個新現象，就是不少人把個人所「見」所「聞」，甚至未經查證的「研究成果」，放在網上快速流傳，隨之廣被徵引，積非成是，形成不少歷史敘述的誤區，對公眾史識的普及非僅無益，而且有害。此等不專業和不嚴謹的作品，對學界而言，也是極大的困擾。

香港商務印書館邀約我們主編「海外華人新史」叢書，並啟動系列的出版，就是要秉承其重視歷史承傳的傳統和使命，建立學界、文化界和出版界合作的平台。我們擬定有關課題不難，但物色有分量的作者則非易事。可幸的是，現已有近十本專書納入計劃，於 2015 年開始陸續

出版。我們先推出中文書籍，乃因海外華人史的中文著作不多，唯不乏以英文撰寫的學術研究成果。因此，我們除了邀約作者用中文撰寫新書外，亦會翻譯有代表性的英文著作，或逕邀英文書原作者親自修撰中文版。中、外語文能力和中、外文資料的掌握，對治海外華人史這個雙語境或多語境領域的重要性已受到關注，跨越語境所產生的新意可帶來突破已非僅是若干先知先覺者的看法而已 [7]。

叢書的特點如下：

範圍與海外華人歷史有關，主題、內容和形式多元化。

作者均為學者及研究者，作品乃其學術研究的結晶，信而有徵。

盡量搶救早期歷史，不忘華僑史與華人史的關係，以抗衡文物、文獻嚴重散失或被誤引所造成的損害，勉力保全歷史資料原貌和故事本身。

學術性與可讀性並重，讓叢書成為學界與讀者之間的橋樑。學術性的要求是為了確保資料翔實，論述嚴謹；可讀性強則能引起公眾對海外華人歷史的興趣。有關內容甚或可用作文化及深度旅遊的參考材料，並有知識轉移的效果，令公眾得益於學界研究，史識得以普及。

叢書重視專題和個案，發掘分佈海外、乃至全球的華人事跡和故事。只有集攏起來，才能全方位彰顯海外華人史的面貌，故叢書將陸續出版。專題個案中的實物圖像和故事性，則有利於史實的活現，亦可補充過去通概式華僑、華人史的不足，增強可讀性，提高社會大眾對歷史的感性認識和理性思考。

目前已邀得作者撰寫並納入叢書出版計劃的第一批專書（以下部分書名容或在出版時稍有改動）包括：《洪門與加拿大洪門史論》（乃以洪門史為切入點的華僑史和加拿大華人史）、《美洲同源會百年史》（論述

美洲重要華人社團同源會的歷史，這是有關該社團的第一本專著）；《唐番和合 —— 加州母親脈上的中國人》和《軒佛（Hanford）唐人巷》（分別以前人研究未及的地方個案，重現美國加州淘金及築路時期的華人生活面貌）；《圖說舊金山唐人街》、《芝加哥唐人街》、《波士頓唐人街》和《美洲西北岸華裔早期歷史》（乃區域性及大城市的華人社會史，以當地一手資料為據）；《遠涉重洋・魂繫中土：早期北美華僑原籍歸葬的慈善網絡》（屬專題史，涉及海外華人的網絡及其樞紐）。尚在約稿過程中的包括東南亞和澳洲、紐西蘭等地的個案，以及香港的角色等研究成果。這些專書的主題，正好反映了叢書內容和形式的多樣化。

　　只有多樣化的內容，方能涵蓋海外華人這個極具多元性和複雜性的課題。單是「華人」一詞，便一直與「華僑」、「華裔」、「華族」等糾結不清 [8]。如果「華僑」、「僑居地」等稱謂指涉的是暫時的離家或移居外國，而「華裔」或「華族」則意指已離開中國並長留定居國的中華族裔的話，也許「華人」一詞具有較大的包容性。故本叢書雖以「華人」為題，個別專著所述卻不一而足，因編者深知，愈能多樣化、內容愈豐富，才有比較研究的基礎。我們自己也常遠涉重洋，物色和聯繫作者，並追尋先僑足跡。是故，所謂「新史」，意義之一乃新個案，新課題和新內容的發掘和累積，寄望不久的將來便有比較研究的著作面世，不論是定居地各華人社羣的比較，抑或定居地之間的比較，如美洲與大洋洲、亞洲等地華人社會的比較 [9]。編者現先在此為叢書下一批作品徵稿。

　　為建立堅實的比較研究基礎，叢書在第一階段盡量出版新個案，各書的研究取徑容或不同，無論是社會史角度、文化認同或其他進路，均能對既有研究有所補充 [10]，也可能在當世的跨地域和全球化新趨勢刺

激下引發反思。其實，自本世紀初，一向以華僑史、僑鄉史研究著稱的地方已有呼籲，要結束孤立地研究華僑史的狀況，建議將中國近代移民史視為發生於世界移民史上第二個高潮時期的現象[11]。自上世紀末至今，海內外學界對跨國和全球屬性的論述，造就了研究方案上的跨國和全球轉向，為使海外華人史不再滯留在中國史或各所在國歷史的邊緣地位[12]。例如，在跨國層面，有美國和加拿大的跨境比較，以至「美洲的太平洋史」研究課題的提出[13]。至於全球層面，有論「新全球化」與中國近代移民史的關係者[14]。在跨國與全球視野方面，有論跨國論述對族羣論述的影響者；也有從資本主義的全球發展看資本、資訊和人口的跨太平洋移動的論者，不一而足[15]。可以肯定的是，這些新概念都對海外華人史的研究和撰述發揮影響力；而跨國及全球史的有關理論無論涉及的課題是全球經驗、全球網絡或其他[16]，都是海外華人新史範式建立時必須汲取的學術資源。

可預期的是，「海外華人新史」叢書系列除了提供新個案、新專題外，還可以在視野、方法、取材等方面作出貢獻。如前所述，無論個案或專題研究，都難免受到當代的跨國和全球視野影響，卻也無礙在地性或族羣性的展現，因宏觀詮釋與微觀分析並非對立；而整體史的求全性常引領我們回到過去，以推論將來。無論我們所研究的華人社羣是否已消失，其生與滅都對我們當下的存在或未來的去向有所啟示。「未來中的過去」[17]或「過去與未來變成現在」[18]，此之謂也。我們探索的仍是中國、移居地社會以及全球歷史進程對海外華人的深刻影響。這個領域的「新」，乃因其歷久彌新、方興未艾的特性，也由於史學在方法學、史料學等方面的不斷更新。例如，回到歷史現場的田野考察法、兼用

檔案文獻和實地採訪所得資料的要求等都在影響着海外華人史的研究。
但願這個觸覺敏銳的叢書系列有助學界的交流，以及學界與公眾的互
動，讓彼此在交流和互動中日日新、又日新。

葉漢明　吳瑞卿　陳萬雄　謹識
2015 年 3 月 30 日初撰
2019 年 7 月 2　日修訂

註

(1) 早在上世紀後期，已有人類學家為海外華人研究建立民族志範式，以華人社區
為分析單位。有關著作包括陳祥水《紐約皇后區新華僑的社會結構》（台北：中
央研究院民族學研究所， 1991）等。對這種人類學式研究所作的檢討見李亦
園〈中國社會科學院海外華人研究中心成立並舉辦「海外華人研究研討會」祝
賀詞—兼論海外華人研究的若干理論範式〉，載郝時遠主編《海外華人研究論
集》（北京：中國社會科學出版社， 2002），葉春榮〈人類學的海外華人研究：
兼論一個新的方向〉，《中央研究院民族學研究所集刊》， 75 期（1993）等。
至於取社會史進路的作品，則有吳劍雄的紐約及匹茲堡個案研究，見氏著：《海
外移民與華人社會》（台北：允晨文化實業股份有限公司， 1993）。對「華人社
會」概念的討論，參王賡武：〈海外華人研究的地位〉，《華僑華人歷史研究》，
2 期（1993）。

(2) Gungwu Wang, "Migration History: Some Patterns Revisited", in Gungwu
Wang, ed., *Global History and Migrations* (Boulder, Colo.: Westview Press,
1997); Gungwu Wang, "Migration and Its Enemies", in Bruce Mazlish and
Ralph Buultjens, ed., *Conceptualizing Global History* (Boulder, Colo.:
Westview Press, 1993).

(3) 關於華僑、華人等概念的討論，見王賡武著，趙紅英譯〈單一的華人散居
者？〉，《華僑華人歷史研究》， 3 期（1999），及氏著，吳藜譯〈移民地位的提
升：既不是華僑，也不是華人〉，《華僑華人歷史研究》， 3 期（1995）。

(4) 香港就是這類中介地的表表者。見 Elizabeth Sinn, *Pacific Crossing: California
Gold, Chinese Migration, and the Making of Hong Kong* (Hong Kong: Hong
Kong University Press, 2013).

(5) 如近年美國三藩市灣區華裔族羣的尋根活動。

(6) 例如，歸葬祖墳的痕跡雖難以追尋，中國政府和民間對為華僑歸葬而建的義冢
都曾加以保護，並肯定其教育作用。

(7) 參單德興：〈序一：亞美研究的翻譯：越界與扣連〉，載梁志英等主編《全球屬
性，在地聲音：《亞美學刊》四十年精選集》（上）（台北：允晨文化實業股份有
限公司， 2012）。

（8）　同註 3。

（9）　有關呼籲見王賡武著，譚天星譯〈海外華人研究的地位〉，收入劉宏、黃堅立主編：《海外華人研究的大視野與新方向 ── 王賡武教授論文選》（River Edge, NJ: Global Publishing Co., Inc., 2002），頁 61，68。

（10）關於海外華人研究的有關範式，見李亦園前引文；參王賡武《中國與海外華人》（香港：商務印書館（香港）有限公司，1994）；陳志明〈華裔和族群關係的研究 ── 從若干族群關係的經濟理論談起〉，《中央研究院民族學研究所集刊》，69 期（1990）。

（11）邱立本《從世界看華人》（香港：南島出版社，2000），頁 3。

（12）前引王賡武著，譚天星譯〈海外華人研究的地位〉，頁 75；劉宏〈跨國華人：實證分析與理論思考〉，《二十一世紀》，71 期（2002）；陳勇〈正視海外華人研究的重要性，拓展中國歷史學的國際視野〉，《華人研究國際學報》，6：2（2014）。

（13）H. Yu, "Towards a Pacific History of the Americas", *Amerasia Journal*, 33: 2（2007）.

（14）前引 Gungwu Wang, "Migration History: Some Patterns Revisited", p. 5.

（15）例見 L. Ling-chi Wang, "The Structure of Dual Domination: Toward a Paradigm for the Study of the Chinese Diaspora in the United States", *Amerasia Journal*, 21:1 (1995).

（16）Bruce Mazlish, "An Introduction to Global History", 見前引 Bruce Mazlish and Ralph Buultjens, ed., *Conceptualizing Global History*.

（17）王賡武著，錢江譯〈海外華人：未來中的過去〉《華僑華人歷史研究》，4 期（1999）。

（18）梁志英著，單德興譯〈序二：過去與未來變成現在〉，載梁志英等主編：《全球屬性，在地聲音：《亞美學刊》四十年精選集》（下）（台北：允晨文化實業股份有限公司，2013）。

本書序

孫中山先生的革命生涯，前期即興中會期間，依仗會黨力量和華僑資金的襄助甚深，到庚子之後才改轍換轍。雖則如此，終孫中山先生的一生，其政治活動與華僑及海外社團，仍有千絲萬縷的關係，尤其是北美的洪門致公堂。

關於清中葉以來洪門的歷史或傳聞，真是流傳有緒，固見於學術的撰述，更多的是坊間的傳說。起碼到我們這一代，即使是一般社會大眾，也耳熟能詳。至於清末民初，海外洪門致公堂曾影響近代中國政局，亦為諳中國近代史者所周知。不僅孫中山先生，維新派的康、梁和其他革命黨人，都與這段歷史有過密切的聯繫。當事人如孫中山、康有為和梁啟超等人，都留有第一手的材料。民國初建，關於清末民初致公堂的歷史，親與其事者如馮自由等亦撰有專著。所以從學術的角度看，華僑和海外社團參與中國近代維新和革命的歷史研究，著述不缺，也算是中國近代史研究的熱門課題。

陸書誠屬別開生面之作。由於作者得讀美國三藩市洪門致公堂大量尚未公開的原始史料和照片文物，掌握了第一手資料，比之過往這方面的研究，豈止是拾遺補闕，而在史事的原委和歷史闡釋上，都能推陳出新。

更值得注意的是，此著作的主題雖以孫中山和北美華僑的歷史為重心，但起碼自 19 世紀開始，如不嫌說得誇張，中國歷史的每一樁事

件的發生，或多或少、或深或淺，無不有來自世界時局和國際形勢的影響。既然如此，研究中國近代史，如不從世界時局和國際形勢的發展，予以觀照，難得透澈。此書的主題更不用說，若不從美國的時局及社會發展、當時的國際形勢、中美關係、以至華僑在美國社會地位的演變等多方面去瞭解，研究只能浮光掠影，難得完整的認識。國燊兄學養淵博，於世界史、歐洲史、美國史、中外關係史都有造詣。著作中的內容，在在反映了他運用廣博的歷史知識，以更闊的視野、更多元的角度去陳述和闡釋這個課題，所以能別出心裁。這本著作不僅能以世界的視野去研究和觀照歷史；反過來，透過近代中國這個研究課題，它還有助我們對美國史，甚至世界史的了解。這正是寓居歐美的華人人文學者發揮其所長的範例。我知悉國燊兄有撰寫三藩市建市史的意圖，相信從世界格局、美國發展、各國移民和華僑作用的多重角度去研究和闡述，當是有趣而重要、具廣泛歷史意義的功業。我們翹首以待！

　　陸國燊兄與我年紀相仿，同出身於香港中文大學新亞歷史系，卻比我高二屆，是我的學長。在學其間，多所從遊，學問多所砥礪。畢業後，雖各散美日東西，而通訊不絕，切磋學問。亦曾有年餘，我倆同在日本，每逢假期，結伴同遊，穿梭於日本各大圖書館和書店街。21 世紀前後，亦曾在香港共事多年。屈指算來，與陸國燊兄的相交正屆五十年矣。承國燊兄不棄，囑我撰序，我於華僑史研究未深，不免惶恐！此序或可當作結交五十載的一種紀念。國燊兄勤奮於學，書不離手，至今不渝，為學重淵博，善綜合，此書之撰成，即見其厚積薄發的功力和視野。

陳萬雄

2019 年 6 月

作者自序

本書面世，事出偶然！

退休後，我回美定居，遷至美國西岸距離三藩市僅半小時車程的灣區生活，然而卻答允了恒生商學院（現正名恒生大學）每年秋冬期間，回港兼任歐洲文化歷史通識課。原想藉此機會多讀些歐洲歷史，尤其是當時的重要文獻。蓋在學時，或囫圇吞棗，或略讀淺嚐而止，自覺對歐洲的文化歷史，認識未夠透徹。所謂教學相長，何樂而不為？

2017 年春天某日，記得是我回美不久的一天早上，接到香港中文大學歷史系師妹吳瑞卿博士來電，詢問我可否替華埠洪門致公堂撰寫一冊歷史書，以作為他們 2018 年 9 月慶祝成立 170 週年的紀念出版物。言談間，吳博士簡略介紹了致公堂的歷史和組織，並道出年初由她協助安排將致公堂部分文物運往香港中央圖書館舉行之孫中山先生誕生一百五十周年紀念展覽中展出的過程。隨後，吳博士安排與致公堂黃煜錚會長、趙炳賢盟長等領導會晤。他們盛意拳拳，表示檔案資料不少涉及該會早年擁護孫中山革命的籌餉活動，而這些檔案一直未有公開。時移世易，人事變遷，恐日後有所遺失或任人增刪，故希望我能撰寫實錄，以傳其真。這就是本書撰述的由來。

在撰寫過程中，感謝致公堂開放檔案，並提供相關文獻和圖片的一些說明。由於時間急迫，要完整撰寫好致公堂 170 年的歷史，不是一年內可以完成的。幸得致公堂的領導體諒，另先行編輯一畫冊，以作為 2018 年 9 月舉行的致公堂 170 週年慶典之紀念。

　　經過兩年多的資料蒐集，書稿初定。過程中得到不少師友的協助。首先，感謝黃浩潮兄仔細校讀初稿，改正了不少錯別字、語法和句讀，更提示了文稿遺漏的資料，俾作參考；陳萬雄兄以系列主編的身份閱讀本稿。陳兄一向筆耕甚勤，是一位歷史學者，是出版人的好榜樣，也提供了不少意見。陳兄於百忙之中賜序，難能可貴。

　　另一主編吳瑞卿博士在最後關頭趕緊閱讀全稿，並不吝提出意見，改正了不少錯誤。其他協助聯絡或給予意見的，還有中央研究院的何漢威學兄、台灣文化大學的呂芳上教授、香港恒生大學的高朗教授、台灣國立政治大學的劉維開教授等，謹致謝忱！

　　除了三藩市華埠致公堂檔案外，我也先後利用加州大學柏克萊分校 C. V. Starr 東亞圖書館及數家其他圖書館、台灣國民黨黨史館以及香港中文大學圖書館的館藏資料。在此，謹向那些提供協助的職員致謝。當然，也感謝一直在整理致公堂檔案、也為本書提供不少照片的趙善璘先生，商務印書館（香港）有限公司兩位舊同事毛永波總編輯及黃振威博士。還有，一直鼓勵和支持我撰寫本書的是內子珠蒂（Judy），她一貫抱着反種族偏見的立場，認為 19 世紀末移民美國的華人受到打壓及不公平對待，當時致公堂能站出來抵抗的事跡，實足以載於青史。

　　最後，謹以本書獻給高中老師陳璋先生在天之靈。他是引導我以從事歷史教研為志業的人。

　　歷史學問囿於時空限制，更由於識見及能力所限，作為作者，我當然要為本書的偏見及錯漏負上全責。

陸國燊

2019 年元月 30 日

誌於加州南城家

第一章

金山客：華僑與「排華」

《蒲安臣條約》

華人移民美國的歷史，可以上溯至 19 世紀 40 年代。自 1849 年加里福尼亞州（California）發現黃金以後，因為美國對勞工需求殷切，赴當地工作的華工有增無減。可是合法的移民要到 1868 年清政府與美國政府簽署《蒲安臣條約》（Burlingame Treaty），規定兩國人民合法往來，才正式開始。

蒲安臣（Anson Burlingame, 1820−1870）是美國內戰期間（1861−1865）、由林肯總統（Abraham Lincoln, 1809−1865）國務卿西華德（William H. Seward, 1801−1872）派駐清政府的駐華公使。1867 年他正要卸任回國，而清政府在較為開明的恭親王奕訢（1833−1898）主持的總理衙門領導下，戰戰兢兢地作了一些「知己知彼」、跟外人打交道的嘗試，因為「十餘年來，彼於我之虛實，無不洞悉；我於彼之情偽，一概茫然。兵家知彼知己之道謂何？而顧不一慮及。」另外，又因為中國缺乏合適的人選，蒲氏「處世和平，能知中外大體」，又西洋諸國之中，「其中美國最為安靜，性亦和平」。[1] 因此清政府選定了蒲安臣為中國特使，帶領華人使團造訪歐美。1868 年的《蒲安臣條約》反映了清政府開明人士的意願。條約中有關促進兩國進一步直接交往的是第 3、5、6、7 數項：

1　《同治籌辦夷務本末》，卷 51，頁 28，轉引自李定一：《中美早期外交史》（北京：北京大學出版社，1997 年），頁 344。

（3）大清國皇帝可於大美國通商各口岸任便派領事官前往駐紮……

（5）……美國人在中國不得因美國人民異教，稍有欺侮辱凌虐；嗣後中國人在美國亦不得因中國人民異教，稍有屈抑苛待，以昭公允……

（6）美國人民前往中國，或經歷各處，或常行居往中國，總須按照相待最優之國所得經歷常住之利益，俾美國人一體均沾。中國人至美國，或經歷各處，或常行居住，美國亦必按照相待最優之國所得經歷與常住之利益，俾中國人一體均沾。

（7）嗣後中國人欲入美國大小官學，學習各等文藝，須照相待最優之國之人民一體優待；美國人民欲入中國大小官學，學習各種文藝，亦照相待最優國之人民一體優待。美國人可以在中國按約指准外國人居住地方設立學堂，中國人亦可以在美國一體辦理。

以上各項，目的不外增進兩國人的往來、促進民間的友誼。據說是由國務卿在諮詢蒲安臣後草定的。蒲安臣對每一條款，均向使團中國官員解釋其中要旨，然後上呈總理衙門簽署。所以史家李定一認為「1868 年的中美條約是在美國對中國並無擴張商務野心的情況下簽訂的」。而蒲安臣給自己的任務是增強美國人民對中國的了解，使團在美國逗留時，他又「盡量利用各種機會，宣揚中國文化的優美、中國的善意、中國的進步」[2]。清政府一向對美國較有好感。美國地大物博，經濟

2　《中美早期外交史》，頁 357。

發展空間甚多，沒有歐洲列強爭奪殖民地之心態。另外，19 世紀的美國外交圈一直對傳統歐洲的權力外交多少帶點鄙視。最後，當然是歐洲列強爭取的最惠國權利條款，美國人也同時得到好處。既然美國本身缺乏軍事實力，又站在道德高地，哪又何必與英法一道「身先士卒」，斤斤於瑣事呢？

華人赴美的開始

當時美國南北戰爭剛息，朝野上下，百廢待興。社會進入美國史上所謂內戰後的「重建時期」(Reconstruction Period)。將經歷戰禍的南方州郡，融入到聯邦政府大家庭之中，實非易事。從此美國朝野上下由政治社會，以至經濟的結構，均發生了重大的變化；但跟戰前相比，漸漸變得更複雜而多姿。

自 18 世紀末英國工業革命，19 世紀 30 年代傳播到西歐和美國。19 世紀 60 年代初美國的內戰，打斷了美國工業化的步伐。如今剛好趕上 70 年代第二次工業革命的來臨。到了 80 年代，第二次工業革命的先鋒正是德國和美國，其中涵括了各式各樣的創意和發明：各種合金、新式機械、化學工業技術、化工原料、1870 至 1880 年代間愛迪生 (Thomas Alva Edison, 1847−1931) 及貝爾 (Alexander Graham Bell, 1847−1922) 的電話發明，當然也少不了加工食品的生產……這些發明改變了固有的社會經濟秩序，漸漸成為我們今天所謂現代工業城市的社會結構。

還有，當時正是南北戰爭後北美洲大興土木、築建橫跨東西兩岸鐵路的大時代。1862 年，林肯總統簽署一項法案，授權聯合太平洋鐵路公司 (Union Pacific Railroad) 築建一條向西伸延、由奧馬哈 (Omaha) 至東面沙加緬度 (Sacramento) 的中央太平洋鐵路 (Central Pacific Railroad)。1865 年 10 月 10 日，當時加州州長李寧・史丹福 (Leland H. Stanford, 1824−1893)[3] 在一項報告中說：

3　其後人將他的遺產創立聞名中外的史丹福大學。

他們（華工）是恬靜、平和、刻苦兼節約的一輩，隨時隨地願意學習各種因興建鐵路需要的技能……我們每月通過聘用他們的代理支付他們金幣。代理人為華裔美籍商販，扣除了他們每月食用後，便按工作多寡分配。

同時他又向當時的總統安德魯・莊生（Andrew Johnson, 1808–1875）說：

……我們僱用了加州眾多的華工。若是沒有他們，我們實在沒辦法在國會法案期限內完成鐵路向西伸延這項偉大的國家建設事業。[4]

東陲的鐵道多由退伍軍人、黑人及愛爾蘭移民所鋪設，而西陲的則多由年前為掘金所吸引而到加州的華工所興築。美國史家高度評價他們的貢獻謂：

這種「苦力」（coolie）大部分是單身男性，希望能儲到足夠金錢，回國購買一小片土地，足以養家活兒。他們臨時的身份、對美好生活的憧憬明顯使他們比起其他本地勞工更加冒險去克服工作環境、尖銳的種族歧視以及低廉的工資。不少華工在工作中喪命。[5]

4　George Kraus, "Chinese Laborer and the Construction of the Central Pacific", *Utah Historical Quarterly*, Winter, 1969, 37:1; pp.41–57. www.CRRR.org.

5　George Brown Tindall & David E. Shi, *America: A Narrative History* (London & New York, W.W. Norton, 2003), 6th Edition, p.807.

19 世紀下半葉的歷史，更是美國人民西漸的奮鬥史。找尋更美好的生活，又或是更大的生活空間，是這個年輕國家尋夢的泉源。自 50 年代開始，成千上萬的美國人拋棄他們本來的安穩家園，牽着馬車、扶老攜幼向西陲進發。他們不辭勞苦跨過密西西比河（Mississippi River），征服原始的森林和原野，完成了所謂「上天的使命」（Providential Destiny），非將大地征服、不到太平洋水濱誓不罷休。

圖 1-1　美國畫家約翰・加斯特（John Gast）在 1872 年所繪之《邊疆之魂》（*Spirit of the Frontier*），畫中象徵美國的哥倫比亞女神在鋪設電報，且將畫中人引導往美國西部。

在 1860 年南北戰爭前夕，移居密西面比河西岸的人已達 430 萬人。他們有的是獵人，另外也有農夫、礦工、商販、教師、家傭及妓女，各自尋找自己的樂土，各自追尋自己的黃金夢。因上帝之名而上路的牧者亦是當中一分子。他們都在這人煙稀少的大地上體驗了自由的真諦，彷彿與神同在。因為種種原因，一批又一批的開墾者跨過大平原（Great

Plain），向洛磯山脈（Rocky Mountains）進發。1850 年前後，在那裏定居的墨西哥人及印第安原住民在在感到外來移民的壓力和挑戰。一位名叫約翰·奧梳利文（John O'Sullivan）的報刊編輯有一句膾炙人口的名言——「我們的宿命」（Our Manifest Destiny）。他解釋道：

> 上天……意識到合眾國應該由大西洋延伸出至太平洋岸邊。因為加里福尼亞能吸引大批的居民和冒險者。[6]

因為加州的地理位置優越，故為兵家必爭之地。1769 年前後，墨西哥人鑑於俄羅斯人在那裏北邊為得到皮草而進行狩獵活動，首度派艦隻前往打探消息，他們發現在大海灣前端的海岸，即今日的三藩市（San Francisco）[7]，遂派軍駐守沿岸的聖地牙哥（San Diego）及蒙特爾（Monterey）。50 年後方濟各修會（Ordine francescano）繼而在加州成立教區，肩負起傳教任務。教區是一座教堂、王室的代表，其中有炮台守護着這個城鎮，另外又有良田房舍，是一個可以自給自足的宗教政治經濟體系。故墨西哥人勢力漸漸北移，開始興築殖民的據點。現在這些地方已成為國家公園，遊人可以從這些遺跡了解殖民時期的歷史。

因為每年有成千上萬的美國人由東不斷往西遷移，多位總統曾經表示有意將包括三藩市在內的加州併入美國版圖。英、法兩國虎視眈眈，俄國對加州亦表興趣。畢竟墨西哥是一個弱小的國家，而這又是一個權力外交的時代。1845 年 3 月 6 日美墨戰爭爆發，正好給美國這個野心勃勃的年輕共和國拓展土地的好機會。戰爭持續了 17 個月，而美國奪得

6　*America: A Narrative History*, p.534.

7　1847 年三藩市稱 "Yerba Buena"。1847 年 1 月改名為 "San Francisco"。

了 50 萬英里的土地。其中包括三個優良的港口——蒙特爾、聖地牙哥及三藩市。最後在西北面加關了俄立崗（Oregon）、德薩斯（Texas）及加里福尼亞三個州入聯邦版圖。美國最終成為一個跨越兩洋的大國。

歐洲諸國對此事不了了之。一是 19 世紀的美國比當時的中國在國際政治上更為邊陲。中國和亞洲諸國都有着「偉大的傳統」，何況在蒙古帝國成吉思汗（1162–1227）的領導下一度威脅歐羅巴。新崛起的工廠和相關的進出口企業為中國逾億「潛在顧客」所吸引。一位曼徹斯特（Manchester）的毛織商謂，若中國人每人要一頂帽子，曼徹斯特工廠日夜趕工也供應不了。而且美洲地廣人稀，缺乏商業和戰略價值，唯一作用是像今天經濟較落後地區般，能夠源源不斷地以低廉價格供應歐洲需要的工業原料和農產品。在這當中，以小麥、煙草和棉花為大宗。而且歐洲人普遍認為，美國對歐洲諸國不會構成武力威脅。

再者，美洲一直是失敗者的樂園，它所收容的都是幾乎被地主剝削迫死的僱農、無力清還欠債的商販、逃兵，以及不願為外族皇帝效力的知識分子。此外尚有自以為代表上帝在凡間傳播福音的使徒。因此，這一以大欺小、以強凌弱的土地兼併行動，在歐洲政圈中對之幾近不聞不問。

不知是否應驗了「天佑美國」的口號，又或是純粹出於偶然，加州[8]加入聯邦不到一年便發現了大宗的金礦。1848 年 12 月 5 日，總統布加（James K. Polk, 1795–1848）發出賀電，祝賀加州發現金礦。一夜之間，全球尋找黃金財富的人，都一下子湧到加州，稱之為「有史以來世界最大的移民潮」也絕不為過。歷史學家估計，單單是 1849 年，即美國人發現金礦的翌年，便有 80,000 人湧到加州，當中泰半為美國公

8　California 1847 年成為美國屬土，1850 年正式加入為州。

民。1854 年更多達 300,000 人。然而到了 1850 年，參與掘金的美國公民只佔 68%，餘下的盡是各色人種：他們分別來自澳洲、夏威夷、英國、愛爾蘭、法國及中國。[9]

　　最早在北美洲出現的中國人據說是 1785 年於波爾的摩（Baltimore）港泊岸、在英國商船工作的幾名船夫。[10] 而華人中亦有之前由馬尼拉經墨西哥進入美洲的，皆因當時的西岸仍由墨西哥管治，故紀錄不詳。另外的來源則是夏威夷。據悉 1800 至 1850 年間從檀香山到美洲西岸的華人大概是 5,000 至 6,000 人之間。直至 1848 年加州加入聯邦成為屬土之後，統計資料才有系統地建立起來。到了 60 年代，華人湧入美國西岸的人數激增。當時移民局有如下記載（表 1-1）：

表 1-1

年份	人數	女性佔百分比 (%)	本土出生百分比 (%)
1850	4,825	---	0
1860	34,933	5.1	0
1870	63,199	7.2	0.8
1880	105,465	4.5	1.1
1890	107,488	3.6	0.7
1900	89,863	5.0	10.0
1910	71,531	6.5	20.9

資料來源：Chalsa M. Loo, *Chinatown, Most Time, Hard Time,* (New York: Praeger, 1991), p. 47 & *History of Chinese in California*, p. 19.

9　*America: A Narrative History*, p.616.

10　*A History of the Chinese in California*, p.7.

又 Thomas W. Chinn 與郝平數字同 [11]，推斷是後者轉載前者。直至東西鐵路接通為止。幾乎全部華人都以加州為落腳點。1850 年美國人口普查並無有關華人數字記載。1854 年中華公所 [12] 估計在加州有 25,000 華人居住。美國聯邦政府的移民委員會（Immigration Commission）、移民局（Immigration Bureau）與及三藩市海關（San Francisco Custom House）從 1853 年開始存有逐年的統計，但差異動輒達 20–30%，很有可能是年初或年中之差距。不過有兩點至為明顯：(1) 在 1854–1867 年間，每年來美華人約有 2,000 至 5,000 人。(2) 在這三個統計數字中，在 1868–1883 年間，每年來美人數少者 6,000、7,000 人，多者至 20,000、30,000 人，這很可能跟法令有關。中美《蒲安臣條約》在 1868 年簽署，而 1882 年國會頒佈了第一次《排華法案》。其實來美華人流動性也很大，每年也有逾百人回國。單單是 1868 年，返國的華人比新來的還要多。[13]

1868 年前華人移居海外不是非法的嗎？為甚麼華人要移居外國呢？其中主要原因是廣東和福建海禁由當地的督撫辦理，而停泊於香港的遠洋輪船卻為外國人所擁有；當時清督撫為求與洋官相安無事，又何

11　*A History of the Chinese in California*, p.19；郝平：《孫中山與美國》（北京：北京大學出版社，2000 年），頁 8。

12　中華公所是 1854 年由加州舊金山六家同鄉會館合組而成，故英語稱為 "Six Companies"，其中計有寧陽總會館、合和總會館、岡州總會館、陽和總會館、人和總會館、三邑總會館。1876 年肇慶總會館加入，故改稱中華會館，惟英語仍為 "Six Companies"。1901 年在加州註冊立案，正名為 "Chinese Consolidated Benevolent Association"。詳見維基百科「駐美中華會館」條。

13　詳見 Elmer Clatence Sandmryer, *The Anti-Chinese Movement in California* (Urbana & Chicago: University of Illinois Press, 1939), pp.16–17.

必在這個無傷大雅的問題上橫生枝節呢？常駐廣州的英國通譯巴夏禮（Harry Parker, 1828–1885）曾說「所有區域的全部船隻，無論本地還是外國船主……（偷運人口出境），雖然沒有正式認可，也都經過（中國官員）的完全理解。」因為北京朝廷沒有派人到廣東強制執行海禁政策，更不想令洋人生氣，因此當地官員便與英方合作，制訂了一個雙方都可接受的方法。在 1859 年設立廣東移民機制，認可自願移民合法化。英方為此築建了一座豬仔寮（coolie depot），雙方更成立委員會監察其中有無任何弊端。此條款在 1859 年《中英天津條約》得到追認，後來更載於 1860 年的中法協議（French Treaty Convention）之中。[14] 換句話說，中國人實際的移民活動，事實上比 1868 年還要早 10 年。

　　無論如何，內外因素都促使中國人移民美洲：（1）前述 1849 年加州發現金礦，急需大量勞工開採。（2）南北戰爭後，恢復興築橫跨東西的洲際鐵路也需大量華工。（3）清中葉迄太平天國時期，十數省被禍，人民貧無立錐，許多華人移居東南亞，尋求出路。（4）康雍乾盛世人口大增，惟嘉道以來經濟下滑，珠江流域可耕地有限，移居海外不失為良策。（5）另外，據前述，清中葉後中國人移居海外激增，而 1868 年中美簽署的《蒲安臣條約》，規定中美兩國人民可以自由往來。兩國期望中美移民政策可以納於正軌。

　　南北戰爭前夕，美國國會對勞工移民問題十分慎重，主要是北方諸州誠恐新加入的加州變相淪為可以擁有奴隸的一州，在國會中削弱了

14　Elliott Young, *Chinese Migration in the Americas from the Coolie Era through World War II* (Chapel Hill: The University of North Carolina Press, 2014), pp.34–35.

反對擁有奴隸的北方諸州的政治實力。最後加州以非奴隸擁有州加入聯邦。其實加州人口稀少，經濟實力有限，眾議院中只有議員兩席，對全國政治影響微不足道。

取代奴隸制度的僱傭法是美國認同新的合同制度，日後中美間「豬仔合同」是在這樣背景下產生的。工作性質、工資、年限以及往返美國的條件都是雙方同意的。這樣的制度，在缺乏政府監督下，當然難以履行，因此只好以預繳工資的信託制度替代。辦法是證明勞方本人自願同意簽署協議。他們先在中國口岸支付薪酬，抵美後按月扣除，直至若干時日為止。其中涉及兩家公司，港方（因為這類的代理多在港澳，華工多在香港上船）公司負責先墊支薪金，美方公司則負責代找工作，日後在薪酬中扣回貸款。此制度一直維持至 1882 年的美國首項《排華法案》（The First Exclusion Act）。因為此後原則上再不在中國引入勞工，而進入美國的人士都需要進行面談。合資格進入的華人只有商人、學生或宗教人士，另外是那些有直系親屬在美的華人子女。

既是如此，為何「賣豬仔」一直為後人所詬病呢？據說最初以合約形式「賣豬仔」是往古巴（1846）、秘魯（1849）和夏威夷（1852）當勞工而非美國本土。招募中心則在廈門、廣州、香港及澳門等沿海外商聚集之地。[15]總理衙門及英國公使極力希望將制度導入正軌。1861 年總理衙門宣佈招募華工，不能擴展至內陸，因此打破了商販在內陸委託代理招工的念頭，但日後這類不受監管的勾當仍然活躍，「豬仔」則被帶到香港登船。

一位親歷其境的老華僑記憶說，招工販商的「豬仔頭」首先成立

15　*A History of the Chinese in California*, p.14.

「豬仔館」(Banacoon)，與洋商簽署合同。同意人數及佣金後，「豬仔頭」便會轉到內地招募「豬仔」。他們與「豬仔」簽署的合同訂明應募地點、工作性質、薪酬、每天工作時限、工作年限及預付金等項。「豬仔頭」先將「豬仔」集結起來，然後運往港澳「交貨」。一個「豬仔」從集結、食宿、船費到美洲的拍賣價約 200 至 400 元。

圖 1–2　SS Cutty Sark。這是當時載客往三藩市船隻的模型。

　　「豬仔」在船上生活當然不會好過，船上環境十分惡劣。初期因缺乏監管，情況更加不堪。1852 年一艘載了 450 人的輪船羅拔布朗（Robert Browne）在三藩市泊岸。船長出於衛生考慮，下令船上所有華人剪掉辮子，羣情洶湧。最後船隻遭擄劫，船長亦被殺害。另一案件發生在 1854 年麗百達號（Libertad）船上。該輪由香港抵舊金山，因為衛

生奇差，泊岸時連船長在內的 500 人先後死去。[16]

　　一位 1880 年 3 月乘坐加力號、從香港起程到舊金山的老華僑回憶謂：「移民公司用小船，只容 300 人但裝上 400 至 600 人不等，缺乏衛生設備，甚至食水。日間並肩疊膝而坐，夜間交股架足而眠，遇風浪則船倒。」循水路至檀香山需 75 天，加州大埠則為 75 至 100 天上下。這個老華僑便是司徒美堂（1868-1955）。他於 1880 年 3 月坐加力號到美國，當時只有 12 歲。他預支了 53 塊龍洋，當時可是個相當大的數目。[17]

　　又據英美兩國公使的報告，眾多招募回來的華工是被擄而非自願的。[18] 鑑於大多數來美移民（據他們日用方言統計）都說台山話、廣府話或中山話，相信當中不少是由家族鄉親帶引到美國來的。當然，個別自費而又通過「賣豬仔」交易到來的也佔一大部分。正如前述，19 世紀中葉後太平天國起事雖已平定，但沿海各省份的經濟業已崩壞，人民失業嚴重，觸發人口外流。逮 1882 年《排華法案》頒佈後，除了先前已成為美國籍人士的子女外，新加坡所募華工再不能進入美國。華人回鄉結婚後每虛報生了孩子，因為可以把姓名頂替填入，以便在鄉間出賣名額，或給予其他業者的子姪。現今在美生活幾代的華人在自我介紹時仍常謂自己有兩個不同的姓氏。另外，1906 年三藩市地震後引發大火災，據說市政府生死檔案資料全部焚燬，在之後幾年間不少華人申請子女到

16　*A History of the Chinese in California*, p.10.

17　司徒美堂：《旅居美國七十年》（北京：中國文史出版社，1988 年），頁 16。另外，船上情況可參 *A History of the Chinese in California*, p.15。

18　*Chinese Migration in the Americas from the Coolie Era through World War II*, p.35.

美國來。因為政府無法核實證明，所以只好全部確認了。

最初華人抵達後第一件事就是投入開採金礦的行列。1848 年發現金礦，而在 1850 年根據加州的記錄，在 57,787 名礦工中只有 500 個是華人。嗣後華人移民激增。

圖 1-3　加州發現黃金，大批外國人湧至。

他們都在三藩市登岸，再花數天購置物品及跟各相關會館聯繫，然後便到礦場工作。他們首先從海路去三藩市以東的士特頓市（Stockton），如要到南邊礦區（Southern Mines），便沿着聖岳羣河流域（San Joaquin）進入；到北區則需繞過沙加緬渡進入美國河（American River）。若然他們有冒險精神，更可從北區的發達（Feather）及由巴河（Yuba River）經由沙加緬渡河抵達馬利斯維（Marysville）。遠至三一郡（Trinity County）和沙士打郡（Shasta County）都可找到華人礦工

的足跡。一羣穿着當時中國服式、拖着辮子，身材較為矮小的黃面孔礦工在加州山林上工作，又構成了另一番景致：

　　一羣中國人……開始鋤地……每人肩膊上繫着竹扁擔，兩頭掛滿叮叮作響的工具，還有竹籃、木盒子，穿着長長的靴。還有除了他們自己以外說不清的零零種種……呱呱地傾訴着。[19]

　　1908 年畫家安魯‧根芝（Arnold Genthe）在一幅有關三藩市唐人街的油畫中，對當時華工的艱苦生活有如下的描述：

　　美國人、凱爾特人（Celts）、法國人－－成千上萬都蜂湧而來掘金，中國人也在其中，但是他們的計劃比較保守－－每日兩、三元已經滿足。因為他們在老家可能只賺取到一毛錢。他們跟着大伙兒一起，在沙漠上挨着飢餓，在鐵路上斷送了性命，抵擋着印第安人的子彈和弓箭。一旦聽到發現新的礦脈，他們便跟在白人後面，架起洗衣的行當，或是煮食工具，或是搖滾椅子，紮起頭髮，投入工作。[20]

　　到了 1850 年代末，大部分較易開採的礦脈業已枯竭。自 1858 年

19　*A History of the Chinese in California*, p.30.

20　Arnold Genthe with Text by Will Irvin, *Pictures of Old Chinatown* (New York: Moffat, Yard & Co.,1908), pp.3-4. 這是當時畫家描繪華埠生活環境的小冊子，在 1908 年出版。1906 年，三藩市發生大火，原來華埠之建築付之一炬，後來由業主原地重建。本書現存加州大學柏克萊分校的賓哥夫圖書館（Bancroft Library）。

起，大部分開採由礦務公司主理；及至 60 年代，當地白人差不多都放棄原來的礦坑。所以到了 1863 年，華人陸續繼承了它們。逮 1873 年，華人是全國最大的金礦場經營者。[21] 除了自營開採以外，也有受僱為工頭、招募其他同胞開採者。

因為發現了金礦，三藩市遂名為「舊金山」（與日後澳洲的墨爾本新金山成對比）。其實加州以外其他地方，如內華達州金峽谷（Golden Canyon）河口的礦場、俄立崗州西北羅特（Rogue）以及澳白加谷（Umpqua Valley）礦場都有華人競逐開發的蹤影。當時地頓城（Dayton）有多至 180 華人聚居，構成了一個稍具規模的唐人埠。此外，礦工的活動更伸延至埃打號（Idaho）、蒙特那（Montana）以及俄立崗西北角。尤有甚者，因為回報銳減，白人礦工早已放棄了這些礦地，可是華人仍在那裏孜孜不倦地工作，希望在山澗裏淘到最後一點點金沙。[22]

除掘金外，華人移民還參與了各式經濟活動。他們也開採煤炭和白銀，用傳統廣東方法捕魚，駕駛中式帆船捉蝦、鮑魚及收集海草，其後更加入加州新興的三文魚罐頭行業。事實上，到了 60 年代，漁農業、販賣、紡織、木匠、家庭傭工等行業，都有他們的影蹤。[23]

早期華人移民美國的歷史除了掘金和築建鐵路外，最顯著的是源自種族偏見的排華歷史，又因為加州移民最多，在種族衝突及排華法案方面，加州算是臭名昭著。

21　*A History of the Chinese in California*, pp.32–33.

22　Ibid., p.33.

23　根據一個作者在 1969 年的記載，加州 41 種行業都有華人參與。詳見 *The Anti-Chinese Movement in California*, p.21。

圖 1-4　加州金礦區地圖。

排華狂潮

據統計，1848 年加州只有兩男一女的華人，但在 1852 年初則增加至 25,000 人，是最大的少數族羣。當時美國對華人移民的印象還不錯。1848 年，在加州加入聯邦政府為屬地的典禮上，幾名華人排在團隊前列；在華盛頓生辰慶典中，他們又被邀請在馬車上演奏中國樂器。州長約翰・麥多道（John McDougal, 1818–1866）曾說過，加州可以讓多一些移民進來，幫助開發沼澤濕地。他認為華人是「一羣最有價值的新進公民」。[24] 在三藩市方面，雖然華人在該處所受歧視還未算太嚴重，但在郊外的礦場，1852 年後種族歧視卻愈演愈烈，繼麥多道任州長的約翰・碧拿（John Bigler, 1805–1871）更出言不遜，侮辱華人，稱他們為「契約式的」苦力勞工（coolie labor），認為他們貪婪、愚蠢、缺乏道德約束、不能夠被同化，並為害公眾。[25]

歸根究底，這是掘金圈裏的利益問題，是基於經濟利益的敵我鬥爭。掘金潮吸引了環太平洋的冒險者，從中國、墨西哥、智利、夏威夷、澳洲，以及遠至歐陸如愛爾蘭及德、法諸國的追夢者，在狹小的空間中競逐經濟利益。他們原來是一羣不同種族、習慣、語言的鐵漢子，又哪有甚麼互相尊重和容忍可言呢？ 最底層的鬥爭當然在郡（county）裏的礦場開始。例如哥倫比亞地區（Columbia District）1850 年法律規定「亞

24　Winifred Starr Hill, *Tarnished Gold: Prejudice During the California Gold Rush* (San Francisco, London and Bethesda : International Scholars Publications, 1996), p.83.

25　Ibid., p.35.

裔人及太平洋島嶼人種不得於區域內為自己或他人採礦」。[26] 位於土龍郡（Tuolume County）的新嘉納（New Kanak）礦場內的，華人根本不能「擁有或投得礦地」（owned or preempt）。其實州內不少郡縣中也有差不多的限制。[27]1852 年 5 月 8 日《沙加緬渡太陽報》有如下記載：

> 鑑於大量華工湧入礦場工作，一大羣馬蹄灣及周邊的礦工於 5 月 1 日集會，並有以下決議：「因為大量華工的出現，我們礦工的利益備受威脅，這就是我們公民大眾漸漸由最劣質的奴隸所替代，使我們要跟他們競逐。而本州漸漸由一批永遠無法由我們公民同化的人盤據，這羣外國人到來掏空加州的財富，敗壞我們的意識，將財物帶回他們主子那裏，引誘更多這類半開化的流氓繼續到來，使我們這羣從東岸遷移到這個萬靈的州（Eureka State）、準備建立家園的同胞蒙受巨大損失。[28]

在這羣情洶湧的廝殺場景中，自然少不了暴力恐嚇。美國其他地方亦有類似的活動。1852 年 5 月 9 日愛多華多郡（El Dorado）內愛多華多分區的礦工集會，會後由秘書宣讀〈關於採礦及採礦利益委員會的報告並決議〉，嗣後經全體通過：（1）不許亞洲人、智利人、墨西哥人、南美人合法擁有礦場。（2）不許僱用以上國籍的美國人投資礦產事業。（3）限以上人等七天內離開。

26　*Tarnished Gold: Prejudice During the California Gold Rush*, p.37.

27　Ibid., p.36.

28　Ibid., p.37.

　　隨後他們便成立了自警團（Committee of Vigilance），切實執行以上決議。據說當時一羣自稱「蒙古後裔」的敗類留在街道上叫囂，大叫大喊，又破門入屋，將那些倦得要命的（外族）礦工拉出來，肆無忌憚地將他們投到河裏去。[29] 當時報章和雜誌有關針對華人的種族暴亂的報道，實在不少。1871 年洛杉磯（Los Angeles）的暴徒殺死了 21 個華人，華人住居的地方更被搶掠一空，反華團體亦變得更有組織。

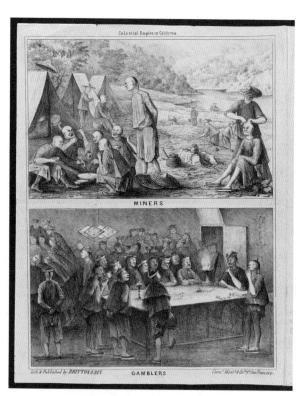

圖 1-5　早期美國社會對華人的印象較負面。
美國人將華工描繪為面目猙獰、沉迷賭博的一羣。

29　*Tarnished Gold: Prejudice During the California Gold Rush*, p.39.

圖 1-6　美國華人在抽鴉片煙。

　　1862 年三藩市便成立了「反對苦力會」(Anti-coolie Club)，新興的美國工人黨 (Workingmen's Party of the United States) 1877 年 7 月 23 日在三藩市舉行集會，與會者情緒失控，湧到唐人街大肆搗亂，結果造成 4 人喪命、10 多萬財物損失，20 家洗衣館受到破壞。最後，州政府要出動國民警衛軍平息亂局。

　　接着美國工人黨的首領丹尼斯·羌尼 (Dennis Kearny, 1847–1907) 於 1877 年 7 月才成立的三藩市貿易勞工聯盟 (Workingmen's Trade & Labor Union of San Francisco) 以「中國佬一定要離開」("The Chinamen Must Go") 的口號作宣傳，其後該會易名為加州勞工黨 (Workingmen's Party of California)，在短短幾年間成為了三藩市反華政治的主力。[30] 反華活動所彰顯的羣眾力量如山洪暴發，一發不可收拾，

30　"San Francisco riot of 1877", https//en.wikipedia. org/wiki/Chinatown, San_Francisco.

圖 1-7　美國華人在三藩市唐人街（1880 年）過農曆新年的景象。

圖 1–8　美國女性往訪三藩市唐人街（1891 年）。

可說是 1882 年《排華法案》的前奏。

　　三藩市的工人運動肇始很早，但真正活躍是南北戰爭以後的 1860 年代。當時民主黨（Democratic Party）和共和黨（Republican Party）勢均力敵，工會組織遂有機可乘。1868 年勞工組織要求實行每日 8 小時工作，但訴求因大量修建鐵路的工人不是會員而告吹。1877 年工人黨（Workingmen's Party）成立。最後由幾個行業工會組成加州工人聯合會（State Federation of Labor）。工人組織與排華活動有着密切的關係。一本評論加州工人議案的著作指出，五十年來，工會重要的目的是立法阻止亞洲工人繼續移民進美國。[31] 因為兩黨旗鼓相當，在州長選舉中，兩黨幾乎輪流更替，而工會的票源都是雙方爭奪的對象。最後使排華議題變成一項兩黨共同的目標。當然競逐席位的政客們可能對排華問題一竅不通，甚至內心根本無此意識。可是一旦將政綱白紙黑字的打印出來廣泛流傳，在羣眾大會中宣讀，在報章雜誌辯論、報道、渲染，遂演成不斷發酵之勢力。地方政治活動緣此而與排華運動連上關係。[32]

　　從 1850 年代至 1882 年美國總統正式簽署《排華法案》為止，加州地方政府推出了一系列對華人歧視法案，以下幾項為其中最要者：[33]

　　（1）1850 年：所有非美籍礦工每月須繳交 20 元牌照費，如不繳納會被趕出礦場及坐牢。這主要是針對外籍採礦工人，尤其是華人、南美人、澳洲人。後因執行困難，翌年即廢除。1853 年，牌照費改為 4 元。

31　*The Anti-Chinese Movement in California*, p.40.

32　Ibid., p.41.

33　這裏只簡單討論，因其中一部分為法庭判決推翻而改寫。

（2）1855 年：每艘運載華人進入加州的船隻要為每名華人繳交 50 元。由於管轄船隻進出為聯邦政府事務，故只好將法例改作凡運載華人入境便會受到處分。因為州議會不能限制華工進入加州，因此決定向船主收費，希望收到堵塞之用。

（3）1862 年：加州議會上下院聯合委員會撰寫了一份頗為肯定華工移民的報告，其中謂州內的 50,000 華人年間納稅達等 1,400 萬元。另外又認為廉價勞工對新興工業甚有幫助，因此對華貿易應更予鼓勵，並謂調查找不到有奴隸制度存在。報告提議政府應該給予優惠，鼓勵他們從事稻米、茶葉及烟草的種植耕作。報告以此作結：「若是上天給了我們 10 名這樣的優才，我們應該多吸引 10 名，讓我們給愛好和平的鄰國，分享我們正在打造清新而且高尚的文化境界。」[34] 另外，因為一宗法案，聯邦大法官亨・馬力（Hugh Campbell Murray, 1825−1857）宣佈包括華人在內的有色人種不能在法庭上作有關白種人的證供，若此法案生效，有關欺侮華人的罪行可能都不成立。因為南北戰爭引發的民權法案及憲法附加的第 14 項條款（美國憲法附加公民權利條款，這裏特別指在美國出生孩子享有美國公民權），俟兩年後州法案刊行時，因爲跟憲法不合，此一項也被刪除了。

另外，華人在加州的處境有以下的發展：

（1）1867 年：當年選舉的最大議題是加州華人可否入籍美國，民主與共和兩黨取態一致。參、眾兩院在州議會都反對憲法附加的第五

34　*The Anti-Chinese Movement in California*, p.44.

項條款[35]，俟幾年後聯邦法院公佈不讓華人入籍，大家才鬆了一口氣。

（2）1860–70 年：期間爭論點為華人子弟入學問題。最初法案規定華人子弟不能就讀公立學校，經過幾次修訂，至 1870 年而為《加州學校法案》。該法案規定加州公立學校要收取 5 歲至 21 歲的白人學生。至於黑人及印第安裔學生，則安排至其他學校接受教育，惟其中並未提及華人子女。直至 1880 年州政府才立法規定 6 歲至 17 歲孩子要接受教育，法庭並判決不能將華裔學童排斥在外。最後依照處理其他族裔辦法，可以另行成立招收華裔學童的學校。

（3）1870 年代：這期間最荒謬的是三藩市市政廳決議的一些法案，其中包括所謂「空間」（"Cubic Air"）法案，保證華埠內每個人的最小空間，「束辮」法案（Queue Ordinance）則限定將華人罪犯辮子割掉。然而，前者沒有切實執行，後者則為當任市長所否決。

（4）1860 年以來：針對華人女子的各種法案更為嚴厲，因為「一般以為她們到來從事不道德的勾當，認為應該有警權介入」。[36] 運用手段包括將有華人女子使用的房舍遷移至遠離公眾的地方，要求運載女子到加州的船隻備有女子的良民證。（最初更要船主以每人 500 元作擔保，因做法抵觸《蒲安臣條約》、憲法附件第 14 項條款及《民權法》，最後給最高法院裁定有違憲法而作罷。）[37] 另外，為保護加州民眾安寧，更

35　此項屬人身保護權利，其中包括未有大陪審團簽署允許，不可以拘捕判處重刑、不能在刑事案件中作迫供、在沒有補償下不能充公財產，以及個人的生命、自由、財產受到法律程序的保障。

36　*The Anti-Chinese Movement in California*, pp.50–52.

37　Ibid., p.53.

有法例規定從凌晨 1 時至 6 時禁止華人演劇。

（5）1870 年至 1874 年：加州政府開始處罰接載亞洲女性進入美國的船主；1875 年美議會通過法案，不許華人、日本人以及黃種女性進入美國。這是一項涉及性別歧視的法案。

司徒美堂回憶 1880 年代他剛剛踏足美國的日子：

> 當時華僑穿着中國便服，頭上纏着辮子，在街上走時，常常被美國流氓 [視] 為毆打對象、侮辱的目標……當時華人不敢還手，警察也不管，有時捆到了人送給警署，打破了腦袋僅罰五塊……侮辱華僑正如侮辱黑人一樣……[38]

以上 1860 年代至 1870 年代的加州反華活動除了涉及經濟利益、無知、偏見之外，看不到有其他合理的解釋。因為華人移民激增，勞工界感受到競爭壓力，故通過加入工會和反華工流氓組織，又或通過合法途徑，如支持反華政客，促使議會立法剝奪華人取得美國國籍的權利、不容許華人在法庭作供，甚至以排華暴動手法解決問題。最終目的，是阻止他們到美國來。

死後其妻捐出土地、以他名字命名的史丹福大學的 Leland Stanford 是商人—政客—機會主義者中的最佳寫照。史丹福生於紐約，1852 年從威斯康辛州（State of Wisconsin）到加州經營開礦器材。他

38　《旅居美國七十年》，頁 26。

的事業頂峯是 1861 年投資及經營中央大平洋鐵路，期間僱用了成千上萬華工。他又活躍於地方政治，最初為加州州長（1862–1863 年），在生命的最後 10 年為聯邦政府參議員。1862 年，眼見移民暴增、第一個反華工組織成立之際，作為州長的他，大聲疾呼，要求加強立法，排擠新移民。他在就職演辭中謂：

　　我意識到我們要極力合法阻止一類次等民族進來生活，而剛好亞洲住了成千上萬這類人，並要把他們送到這邊來。很多這類人已經在這裏。我肯定這類次等而又不可融入社羣的人對我們這優等民族中做成莫大的傷害⋯⋯ 我十分認同州議會用盡一切憲法賦予的權力、去打壓亞裔移民進來的目標。[39]

　　尚幸的是，美國是一個聯邦政體，總統簽署國際條約，須上呈國會確認。州及其他地方政府（市／郡）只可執行而無修正的權力，所以除非重新修訂《蒲安臣條約》，華人移民仍然繼續。當時加州加入聯邦不久，眾議院議員數目按該州人口比例選出，也就是說，加州分到的議席不多。能夠左右全國外交政策的能力較那些人才眾多、財力雄厚的東岸，甚至中部大省遠遠落後。而當時主導美國對中國外交的是外交人員、傳教士、銀行家及東岸從事製造和中國商貿的商人。他們皆希望拓展他們的生意及事業。[40] 無論如何，這階層的人絕少跟通過「賣豬仔」進

39　*The Anti-Chinese Movement in California*, pp.43–44.

40　Ibid., p.87.

入加州的華工有任何接觸，而在排華分子中，以加州民選議員、記者以及勞工為多。兩方面都只着眼本身利益，鮮有考慮到移民美國的華人。

其次，能夠給予華工保護的，是美國政府三權分立架構下的最高法院。原則上所有案件都可由律師上訴至法院，而在種族歧視大潮流下，地方法案亦可如此。華人團體也十分團結，其中代表華人利益的中華會館（Six Companies）往往不惜財力、人力、物力，延請當地律師在法庭上力辯，成就不容小覷。雖然形勢險惡，但 19 世紀下半葉來勢洶洶的排華潮，卻不能稍止華人在彼岸成家立業的決心。

值得注意的是，排華叫囂一直局限於加州一隅，而缺乏全國性支持是因為洛磯山脈以東華人甚少。根據 1870 年的統計，63,254 人中有 62,864（99.4%）人在洛磯山以西居住，只有 390 人居於以東地區。以當時洛磯山之東美國總人口計算，華人只佔 0.001%。5.8% 人口居於西面，其中 8.7% 則在加州。[41]

正如前述，1876 年加州經濟不景，大量工人失業，惟華工移民持續，引致排華勢力和情緒更加高漲。州議會要求國會修改多年前與中國簽署的《蒲安臣條約》，而當時代表加州的參議員又是麻省（Massachusetts）出生、50 年代到加州、先後從事印刷、報紙、地方政客等的靄倫‧沙展（Aaron Augustus Sargent,1827–1887）。他在參議院中向總統提出限制華工來美的議案，並要求美國政府與清政府展開談判。與此同時，排華老將、加州勞工聯盟黨魁丹尼斯‧羌尼到全國

41　Andrew Gyory, *Closing the Gate: Race, Politics, and the Chinese Exclusion Act* (Chapel Hill & London: The University of North Caroline Press, 1998), p.67.

向各地工人巡迴演説，目的是遊説他們成立工會以及宣示華人移居美國的「危機」。他先後在辛辛拿提（Cincinnati）、波士頓（Boston）、芝加哥、澤西市（Jersey City）、紐約（New York）各地向成千上萬的工人喊出他在加州演講「中國佬一定要離開」的口號，「羌尼恰好演活了一類美國傳統政客的角色：將惡毒的種族主義及強烈的羣眾支持混而為一。」[42]

1880 年總統大選將屆，雖然未知鹿死誰手，惟根據 1876 年選舉的經驗，獲得西岸國會議員支持極為重要，而當時佔優的共和黨候選人詹姆斯・布然（James Gillespie Blaine, 1830–1893）很早就察覺到輿論風向，故將一直纏擾加州地方政治多年的排華問題重新撿起，提升為聯邦國會亟需解決的議題。他一變而為全國勞工界的代言人，強調美國工人要求、且應該得到排華法案的保護。他又稱：「我意識到美國自由勞工的要求，因為這影響到他們世世代代、孩子及孫子」。他不管當時的自由勞工實際需要是甚麼，也懶理正在爆發的工人運動，諸如 1877 年血腥的鐵路工潮、當時普遍的經濟通縮、紅色恐慌（Red scare），以及日益深重的階級矛盾。他一下子將內戰後、工業革命帶來複雜的社會經濟民生問題歸咎於華工，來為自己的排華法案辯解。[43]

民主黨同樣以排華立場作競選招徠，同時跟新興的、由加州反華政客羌尼領導的綠背黨（Greenbacker）[44] 比拼誰排華最力。紐約民主黨報章《真理》（Truth）更刊出相信是共和黨候選人加菲（James. A.

42　*Closing the Gate: Race, Politics, and the Chinese Exclusion Act*, p.134.

43　Ibid., p.143.

44　一個當時支持寬鬆紙幣政策、反對金本位制度的黨派。

Garfield, 1831－1881）致麻省一位
工會領導的密件，內容是支持《蒲
安臣條約》中無限量讓華工移民美
國，目的當然是惡意抹黑對方聲
譽。加菲立即予以否認。此舉無疑
一石激起千重浪，觸發全國總統候
選人將政綱聚焦於排華法案。[45]1850
年代在加州斷斷續續發生的種族衝
突，至此才在聯邦政府和國際外交
平台上得到重視，從此打開美國一
連串單方面「排華法案」（Chinese
Exclusion Acts）的大門。以後的
政治流程，包括參、眾兩院辯論、
國務院與清政府談判，以至最後由
總統簽署，都只是行政程序而已。

圖 1-9　美國有關排華的漫畫。

　　在國會辯論中的雙方陳詞，都
是一面倒支持制訂排華法案，但也
有一些反對聲音。一直在共和黨少數派中反對此法案的有來自麻省、
時年 55 歲、德高望重的議員喬治・何雅（George Frisbie Hoar, 1826－
1904）。他是清教徒（Puritan）的後裔，一直為勞工界出力，致力於奴

45　*Closing the Gate: Race, Politics, and the Chinese Exclusion Act*, pp.203–
　　208.

隸解放運動。1882 年 3 月 1 日,在國會開始辯論的第二天,他陳詞反對議案。他力指此案與美國革命中「天賦人權」的普遍原則背道而馳,而此原則「不應由政府任意更改」。他比喻今天打壓中國人有如歷史中打壓黑人、印第安人、猶太人、愛爾蘭人一樣。他讚揚中國人曾經發明羅盤、火藥、印刷術等。他最後稱「此等偏見會給世代帶來惡毒而又不可磨滅的罪疚」,這是對整個族羣及《獨立宣言》的宣戰:「我們以星條旗向世界宣示希望,一億中國人 [46] 進入加州嚇得我們變天……(《獨立宣言》中所謂的)不言自明的真理一下子變為自然吹牛。」[47]

　　1882 年的第一次《排華法案》建基於 1880 年對《蒲安臣條約》的修訂。兩者皆主張:(1)停止輸入華工 10 年,但教師(包括宗教人士)、學生、商人及觀光客不在此限。(2)同意以後無論地方或聯邦法院都不允許華人加入美籍。此法案延續了兩次,1892 年第一次修訂時加入了更苛刻的條款。因為要減少加州的華人人口,其間更有州政府法案,例如於 1888 年新法案聲明華人一旦離開美國,若他們沒有家室或子女在美,或是沒有足夠 1,000 美元家當的話,便再不能重返美國。其後,由夏威夷進入美國的華人要預先登記取得許可證明。[48] 1910 年美國移民局更闢三藩市附近的天使島(Angel Island)為臨時羈留中心,上岸前逐一甄別船上華人乘客。

　　根據聯邦政府統計數字,華人人口 1880 年是 105,465 人,10 年後卻只微增至 107,488 人;1900 年至 1940 年後更銳減至 89,000 人以下,

---

46　編者按,原文如此。

47　Ibid., p.225.

48　*A History of the Chinese in California*, pp.26–27.

逮 1950 年才重新回到 100,000 人以上。[49] 由此可見，加州將華人拒於門外的政策看來非常成功。（後來也有人上訴至國會，替華人説好話，但《排華法案》是一項政治決定，跟事實上分析華人好壞來決定是否應該移民來美國無關。）[50]

1882 年《排華法案》是美國首次基於人種（race）或族羣（nationality）原因通過立法，將一大羣人摒棄於國門之外。這一模式以後一直持續下去。法案於 1892 年、1902 年、1904 年先後有所修正及延續，其後更延伸至日本人及朝鮮人，至 1917 年所有亞裔人士都不能移居美國。對於華人，這一體制基本上維持至 1943 年 12 月，皆因 1941 年太平洋戰爭爆發，中美兩國一夜之間成為盟友，總統羅斯福（Franklin D. Roosevelt, 1882–1945）正式取消《排華法案》，易之以較合理的年度配額移民制度。

20 多年來，排華運動在加州發酵，國會議員一直沒有怎樣注意，因為對他們來説，此事沒有甚麼利益可言。直至 1877 年鐵路工潮爆發，南北戰爭後鋭意改革南方各項政策[51] 完成，社會中各股力量湧現，政客們將排華號召變成解決種種社會矛盾的靈丹妙藥，華工遂成為解決工業革命帶來勞工階級貧困的代罪羔羊。

49　*A History of the Chinese in California*, p.19.

50　Read & Judge, *The Other Side of the Chinese Question: To the People of the United States and the Honorable The Senate and House of Representatives, Testimony of California's Leading Citizens*, San Francisco, February, 1886. (San Francisco, CA: R and E Research Associates, Publishers and Distributors of Ethnic Studies, Reprinted in 1971).

51　此時期在美國歷史中稱之為 "Reconstruction"。

種族歧視成為聯邦政府法律的合理手段，制度延伸至社會生活各層面，全國各地同時基於種族差異公然立法。最能夠生動地描繪當時這種犬儒心態的就是來自伊利諾伊州（State of Illinois）議員約翰・沙溫（John Sherwin）的名言：

> 我們並沒有否認人類平等……我們仍然應為人生而平等及自由而奮鬥，我們不過有選擇自己工作間以及自己朋友的權利。也就是說，在理論層面上我們承認人人生而平等，但在實際生活中仍然抱有種族歧視。[52]

今天美國人一般都為此等議案感羞愧和不安。試問一個自稱民主、自由、平等的國家民選出來的議員怎可給予某一種族、某階級、某羣體的人這樣不平等的待遇？而且所有指控都沒有被控者的聲音，是跟據未審先判的原則立法的。弔詭的是，矗立自由神像、位於紐約港口的艾禮斯島（Ellis Island）設施是用來迎接歐洲的移民移居新大陸；而橫亙在金門橋頭的天使島，目的卻是要將中國以及亞裔移民拒諸門外。當訂定憲法制度時，美國締造者可能沒有想到，政治權力落在大多數無識無見之人的手上未必是好事；當私人利益、政治權力沖昏頭腦時，對錯早已難辨，而當這股權力為大多數人所掌握時，便變為大多數人欺壓極少數人的暴政了。

這就是當時居美華人面對的局面。在第二章，筆者將談到華人應對如斯困局的種種方法。

---

[52] *Closing the Gate: Race, Politics, and the Chinese Exclusion Act*, p.257.

第二章

舊金山華埠團體與
致公堂的崛起

華埠的崛起

　　樸斯茅斯公園（Portsmouth Square）的周邊自 19 世紀 70 年代起至今，構成了三藩市唐人街的中心地帶。1850 年代末華工歷盡艱辛，遷居美國；究竟他們如何在這一塊狹小土地上建立自己家園呢？另外，為甚麼即使他們的生活空間局限在這狹窄的天地，但仍為人所詬病呢？

　　腓力比（Fred A. Bee）1887 年呈交國會為《排華法案》辯解文件時憶述，謂最初東岸移民至加州的人，相互之間十分友善。因為大家都家當不多，他們都根據各自的來源地聚居。例如來自紐約、來自新英倫（New England）的、來自密蘇里州（State of Missouri）的，我們便統稱之為「杉樹州」（Pine-Tree State）。抵達三藩市後要重新登記居所，每月更新，並且不時派人到市內集中收取郵件，然後派送至各收信人手中。1850 年代初，大量華人從海路來到加州礦區工作。他們都是來自六個不同地域的廣東人，遂仿效白人的運作模式，組成了六個以家鄉地區為本的公所或會館，定期派人到三藩市收取信件藥物、採購食物及各種必需品。因為他們都沒有家眷同行，偶爾生病或不幸意外死亡的話，皆靠這類同鄉組織將骨灰及遺物運返家鄉。這就是後來寧陽、三邑、四邑、岡州等會館的濫觴。1850 年代中以後，州政府各類機關陸續運作，白人先前以來源地區分的組織漸漸解散，並向各地遷移。然而華人可能認為這種模式運作十分方便，故仍沿用此法。因

此地方會館大多在州政府註冊，成為非牟利機構，且更將總部遷到市內，成為移民與當地白人的橋樑。[1]

圖 2-1 美國排華漫畫。

---

1 Fred A Bee, *The Other Side of the Chinese Question: Testimony of California's Leading Citizens; Read and Judge* (San Francisco: Woodward, 1886)〔San Francisco: R and E Research Associates, 1971, Reprint〕, pp.19-20. 加州 1847 年 1 月 13 日墨西哥簽署條約，割讓給美國，1849 年於蒙特利召開第一次憲法會議，1850 年始由總統簽署正式加入聯邦政府。

第一條橫貫大陸鐵路（First Transcontinental Railroad）在 1869 年竣工，而巴拿馬運河（Panama Canal）至 1914 年才正式通航，位處天然港口及深水海灣，海路航行是三藩市的主要經濟命脈，而與三藩市來往密切的除了北面加拿大的維多利亞港（Victoria）外，就是南面墨西哥沿岸的市鎮。大英帝國的鐵行輪船公司（P&O Company）將香港、東京和三藩市連接起來。沿着樸斯茅斯公園左側的襟美慎街（Commercial Street）向南走，過了羗尼街（Kearny Street），便是一直從事開發加拿大的哈德遜灣公司（Hudson Bay Company）的貨棧區，而向前走便是今天所謂銀行商業區（Financial District）的一大片土地，那是百多年來不斷填海的成績。在掘金潮炙熱的 1849 年，從海路來的大夥兒到港後便急不及待棄船上岸，爭先恐後抵達礦區，一時海灣堆積了逾千大大小小的桅杆和木船，之後便無人問津，成為堆填區的垃圾。據悉，亞洲到來的貨船靠岸後，華人食品雜貨等便沿襟美慎街運到隔壁向南的唐人街（Tong Yen Gai，即今天的 Sacramental Street，今日中文名稱仍為「唐人街」）清點，然後批發到各地店鋪。這樣的方式至為便捷，因為貨物上船後再也不用其他交通工具搬運，更不用辦理存棧手續。

據說首次有華人在那裏活動是 1849 年。一位從香港到來、叫亞彩（Ah Toy）的妓女進駐企理街（Clay Street），引來不少礦工到來一睹這位佳人的風采。1849 年美洲第一家名叫「廣東」的中式酒樓正式開業，可容納數百人，故成為華人熱門落腳點。

在 1850 年代初，美國最早幾個宗親會和同鄉會在此地成立，華工上岸辦好入會手續以後，便各奔前程。這些團體以不同的長約租賃

圖 2-2　襟美慎街

會址，亦有自置會所，因當時政府仍許華人買賣土地和置業。例如，
財力比較雄厚的三邑會館（南海、番禺、順德及其他六縣），最初租
下企理街和保和街（Powell Street）之間的房舍。直至家鄉來客日多，
便將唐人街一棟房舍買下，並在襟美順街自設進口移民代理公司，負
責招募同鄉赴美工作，1862 年再在都板街（DuPont Street，今日稱
為 Grant Avenue，中文至今仍沿用都板街之名）買下一幢附有四個地
下舖面的房子，這是會館經營有道的典範。其後繼有四邑會館（1851

年，新寧、恩平、開平及部分新會人）、陽和會館（1852 年，香山、東莞、增城、博羅）等成立。1862 年，以上三會館與人和、寧陽、岡州三會館合組而為中華公所。1876 年肇慶會館成立，又加入中華公所，故六會館變成了七會館，並易名為「中華會館」，但英文名稱仍沿用 "Six Companies"。1901 年中華總會館在加州立案註冊，正式英文名稱為 "Chinese Consolidated Benevolent Association of U.S.A."，簡稱 CCBA。[2] 中華會館的運作與美國的上訴法庭相似，負責企業和團體糾紛的仲裁，扮演了企業間訂立合同的公證人，且往往延聘律師就加州或三藩市通過的種族歧視法案爭取公道。它在保護在美華人合法權益上起了很大作用。幾十年來，它還扮演了中國政府在美華僑代言人的角色。

---

2   吳瑞卿：《美國早期華僑生活研究》（未刊稿），第三章，頁 2。承蒙作者惠借此稿予筆者參考，在此敬致謝忱。

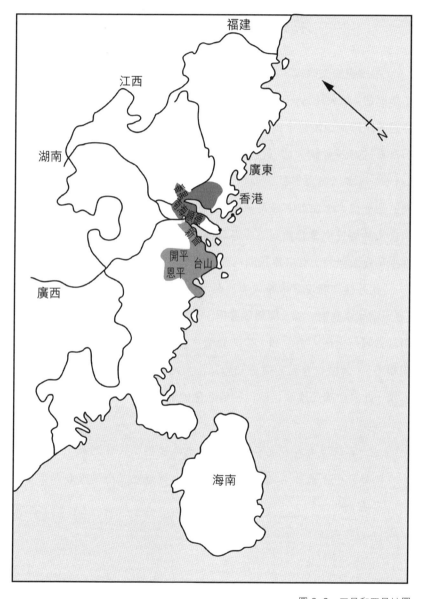

圖 2-3　三邑和四邑地圖

梁啟超初訪美國華埠

　　戊戌變法失敗後，梁啟超（1873–1929）逃亡到美加等地。他 1903 年撰寫的《新大陸遊記》是當時國人對美加華埠甚至美洲新世界事物最詳盡的記錄。他將舊金山華埠社團分為：（1）公立團體，其中以中華會館為首的幾所會館，如三邑會館、岡州會館（新會和鶴山）、寧陽會館（新寧）等多以廣東省縣市地域區分。他詳論謂：「以上諸團體皆有強制的命令權力，凡市中華人，必須隸屬；各縣之人隸屬於其縣會館，全體之人隸屬於中華會館……今各會館皆有『百里璽天德』（President），惟中華會館無焉，有事集議則八席同到。」

　　此外他亦發現當地華人有區分「三邑、四邑者，是最怪事」，因為「會、寧屬廣州府，恩、開屬肇慶府，而會、寧之人昵其異府之恩、開，而疏其同府之南、番、順，豈非異聞？」其中原因為新寧語言上跟恩、開相近」，溝通較容易。梁更知悉三邑、四邑族人堂鬥時有發生。他惋惜謂，此為中華民族缺乏政治領導才能的表現：

　　　　其故皆由人多之縣，不欲與他縣合併；人多之姓，又不欲與他姓合併。此亦其無政治能力之一大徵證也。小羣可合而大羣遂不能合也。[3]

3　《新大陸遊記》，載張品興編：《梁啟超全集》（北京：北京出版社，1999 年），頁 1182–1183。

除會館外，亦有東華醫局等慈善機構、各商家團體，最後為姓氏及族制團體。梁啟超認為這是理所當然的，因為「子弟率父兄之教，人人皆以為應踐之義務……故以疲癃之長老，能馴桀驁之少年。舊金山所以維持秩序者，惟此攸賴。中華禮教典範仍為彼邦社會之維繫。」[4]

他覺得最奇怪的是舊金山社團組織中有所謂「聯族制度」，當時此類團體相當多。例如龍崗公所由劉、關、張、趙姓人士組成；至德堂是吳、周、蔡。溯原堂則由雷、方、鄺等。他謂：「此真不可思議之現象也……推原其故，蓋為小姓者為大姓者所壓，不得不採聯邦之制，以為防禦。」[5] 於是他們在歷史或文學典籍中找到可以聯合起來的依據，如吳、周、蔡國出於姬姓，而劉、關、張、趙則自《三國演義》中，為同一陣營之結拜兄弟。

4　《新大陸遊記》，頁 1184。
5　同上書，頁 1185。

唐人街的形成

　　1850 年前後，唐人街地區以都板街構成主軸，南北則是史托頓和羗尼街，而東西則由積臣街（Jackson Street）和唐人街的五、六區所構成。樸斯茅斯公園位於南端的中央，10 年之後更往東延伸至太平洋街（Pacific Street），甚至百老匯大道（Broadway），面積總共 10 個街區左右，這是由於華人人口大幅增加所致。[6]

　　在這個街區內，除了稀疏分散着房舍以外，更多的是小商販搭建的臨時帳篷。若是回到 1851 年，我們大概可以見到 200 多名的小商販，在企理街至百老匯大道一帶搭起 30 多個帳篷，熙熙攘攘，經營各式各樣生意，其中有補鞋和洗衣等，而在賣雜貨熟食的羗尼街和松木街（Pine Street）交界處，岡州會館建起第一座岡州廟。該廟於 1853 年重修。

　　19 世紀下半葉加州主流經濟以採礦和農業為主，貿易金融則離不開海運。當時該地的製造業仍未出現，鄰近碼頭貨棧的樸斯茅斯公園可說是當時的市中心了。樸斯茅斯公園見證了三藩市的滄桑歲月，這裏是在 1848 年 4 月 3 日開學的第一家加州公立學校之所在地，同時也是加州加入聯邦的發源地：聯邦政府派遣約翰・B. 蒙哥馬利艦長（John B. Montgomery, 1794-1872）乘坐樸斯茅斯號戰艦（故公園以此為名），繞過南美洲南端進入太平洋，並於 1849 年 7 月 9 日在此地升起第一面星條旗。（詳見公園內的銅牌標誌）

6　Chalsa M. Loo, *Chinatown: Most Time, Hard Time* (New York & London: Praeger, 1991), p.33.

圖 2-4　1873 年三藩市華人區。

1882 年《排華法案》仍未通過之時，華工上岸後由代理公司分派到各地工作，有的在礦場工作，有的築建鐵路，有的從事漁農墾殖工作。因為華工必經此地，會館、商會、同鄉會都在這裏設點聯繫；米舖、售賣鹹魚和金華火腿的雜貨店也在這裏開業，當然也少不了洗衣店、理髮、裁縫等服務街業。根據現存一冊出版於 1909 年的唐人街旅遊指南，除上述店舖外，還有些食肆 (惟菜單上只有雜碎 (chop sui) 供應)、眾多的中藥店 (兼營茶葉)、一家照像館，還有幾家經營中日牙雕、古玩、景泰藍、珠寶玉石、陶瓷器皿的大賣場。[7] 因為供應華人生活用品店舖林立，居於附近較小市鎮的華人都到此購物，故該地成為華人商貿的集散中心。

最初，在 1850 年前後，登岸的華人只有百分之八在唐人街居住，其餘的則在礦場、鐵路和農場。1869 年鐵路告成，他們想在鐵路終點覓地而居，但遭當局反對，因此他們當中部分人只好回到三藩市唐人街尋找生計，也有部分選擇回國。其餘則各散東西，有的受僱於農場耕作，有的從事開墾沼澤，或受僱為家備。1870 年代更有不少華人從事輕工業生產。[8]

可惜好景不常，因為工業革命下經濟失調，1870 代美國經濟遭遇前所未有的挑戰。1873 年至 1889 年間美國處於經濟恐慌 (Depression)，全國經濟下滑，50 多萬美國人失業、企業破產、銀行

7　Author unknown, *San Francisco's Chinatown: An Aid to Tourists and Others in Visiting Chinatown*, (San Francisco: n.p,1909). 此書以中華會館作封面，很可能是該會刊登商號廣告、用作推廣的小冊子。此書可算是華埠最早的旅遊指南。

8　*Chinatown: Most Time, Hard Time*, pp.34–38.

和證券公司倒閉。可是禍不單行，鐵路工程完成後，數萬白人及華工失業，使本來已經呆滯的勞動市場百上加斤。在當地新興報業的煽動下，美國廣大民眾針對華人勞工及大企業洩憤。在 1870 年至 1919 年間，以暴力手段反對華人的案件大增，另一方面，加州及三藩市政府通過了一連串針對華人生活的法案，最後以 1882 年國會通過的《排華法》案作結。有關這一段歷史前已述及，在此不贅。

　　就在這個時候，面對失業及排華活動，以前從事開礦的、築建鐵路和開墾農田的華人為安全起見，都搬進唐人街居住，遂令該處非常擠迫。粗製濫造的房子一下子建好了，唐人街變成一個市內的貧民窟。根據一項 1890 年的統計，那裏單單 12 個街區的地方，便居住了 2 萬多人，即約為加州華人人口的 25–30%。1885 年時，區內有 930 幢房子，其中 30% 用作零售業、20% 用作居所、18% 用作輕工業、11% 用作妓寨、10% 用作賭場、7% 用作服務業、2% 用作大煙館等，而輕工業則包括造鞋、雪茄、製衣等行業。唐人街的形象頓變而為一個污穢兼經營不道德交易的天堂。根據 1869 年至 1870 年的健康調查員報道，華工因為貧困，只能住在骯髒狹窄的房間，沒法負擔更好一點的居所，五、六人擠進一個 8 呎乘 10 呎的小房間。報告最後亦以帶種族歧視的語氣作結，謂「蒙古種人（Mongolian）生存的最大挑戰是如何以最小的空間去容納最多的人口。」[9]

9　*Chinatown: Most Time, Hard Time*, p.43. 另外，有關排華跟唐人街人口增加直接關係之討論可參 Erica Y. Z. Pan, *The Impact of the 1906 Earthquake on San Francisco's Chinatown* (New York & Washington D. C. Peter Lang, 1995), p.7.

圖 2–5　1877 年一個富裕華商在三藩市舉行的宴會

　　在樸斯茅斯公園靠近企里街的位置，鑲了一片紀念三藩市纜車始創者安德魯・賀尼達（Andrew Smith Hallidie, 1836–1900）的銅牌。賀尼達在附近的包和街經營製造鋼纜生意，以作開礦之用。1873 年他第一次以鋼纜代替馬匹拉動車廂。這一創舉加快了唐人街的發展。眾多白人因為交通方便，陸續移居唐人街後面的山坡，又或是沿着海灣景色更好的地方，皆因他們可以乘搭纜車往來市中心。[10] 當時排華之風正熾，促使更多華人移居到這裏來。

　　除了經濟原因外，人身安全也是重要考慮。正如前述，當時華人在街上常受白人之譏諷和白眼，侮辱甚至襲擊是等閒事。唐人街則是華人

10　*San Francisco Chinatown: A Walking Tour*, pp.23–24.

的安全島。有學者指出，華人「雖則受到謾罵擲石，一旦進入唐人街便相對十分安全了」。[11] 廖偉拔（Wei Bat Liu）在他的口述史中回憶道：

　　那時我們的界限一邊由羞里街至包和街，一邊由加里福尼亞至荷里活，倘若走出範圍，白人小孩便向你擲石。華人不可能在唐人街這七個街區以外找到居所。[12]

　　因此，組織秘密結社──「堂口」──是華工唯一的自保方法。

圖 2-6　1860 年代中期華人礦工受印第安人威脅，要求利益。

11　Marlon K. Hom, *Songs of Gold Mountain: Cantonese Rhymes from San Francisco Chinatown* (Berkeley: UC Berkeley Press, 1987), p.12.

12　Victor G. & Brett de Barry Nee (eds.), *Longtime Californ': A Documentary Study of an American Chinatown* (California: Stanford University Press, 1986), p.61.

致公堂的起源

中國秘密結社的傳統源遠流長，是社會下層羣眾互濟和抗暴外來勢力的唯一倚仗。傳統的儀式是歃血為盟、焚表結拜而為兄弟。中國文學名著《水滸傳》中，以宋江為首的 108 個好漢，被逼上梁山，最後更以鋤強扶弱、劫富濟貧為己任。小説正反映了地方官僚官逼民反，秘密會社替天行道、懲惡懲奸。這種扎根中國民間的信念成為堂口活動的依據。

美洲華人的秘密結社有悠久的歷史，廣東人稱此等組織為「堂口」，而每個堂口之間有所謂「山頭」，均為宗派性的小圈子。堂口最早出現於掘金期的礦坑中，以互助共濟為目的。據説礦場中曾先後發生多次「堂鬥」。1860 至 1870 年代礦場結業，堂口也隨大眾遷移至城市。[13] 唐人街的堂口基層組織上面是會館及公所，1860 年代末堂口紛紛建立，堂鬥數目亦日增無已。19 世紀末，遊客時常收到警告，入夜後不要涉足唐人街。[14] 堂鬥的發生，不出以下兩個原因：

（1）單身漢人數激增：眾多煙館、賭場、妓寨都得由堂口包庇和「保護」。無論是「豬仔」或是妓女，他們都有中介人預付薪酬，訂明到埠後要工作若干時間。堂口「保護」意味着強迫他們履行合同規定，若是轉投別家，則由堂口出面議價；部分有勢力的堂口更自行經營這些生意。劉華傑年青時為萃勝堂的對外聯絡，他回憶道：「昔日居住唐人

13　*The Impact of the 1906 Earthquake on San Francisco's Chinatown*, p.24.
14　Ibid.

街的大多是男人，還好有堂的存在，賭博、女人⋯⋯是獨身漢的生活部分。此外我們需要相互扶持⋯⋯堂口給勞工階層種種方便，大家都是勞苦的大眾。若是生病，堂口會派人照顧醫藥，若然不能支付，堂口給你結帳。一分錢都沒遺下死去，堂口給予殯葬安排，新年在堂內享用十天免費餐飲，堂口會出頭對付欺負你的人，失業時又替你找工作。」[15] 相比起尊卑有序的會館或是看重社會地位的公所，堂口充滿「平等」的氣氛，對於一般勞苦大眾更具吸引力。

（2）若然不打擾外面的白人社區，警方便讓華人解決自己的糾紛，負責唐人街治安的白人警察不少因此發了大財。外界更以為華人具天賦的組織能力，由商店運作至公所組織可見一斑。[16]

三藩市最早的堂口為致公堂。據該堂會長李炳富謂：「洪門傳入美洲，約在 1832 年之間，洪順堂嫡系的致公堂便開始在美國舊金山及加拿大卑詩省金礦活動，當時華僑十居其九乃是洪門中人。」[17] 他又謂，由「大佬」林迎於 1846 年籌組洪門三合會，初名「義興公司」，1848 年成立洪順堂。當年加州始發現金礦，三合會活動亦因此擴大至礦區。[18] 加州開採金礦時，洪門方面尚未有文字記錄，但加拿大採礦及築建鐵

15　*Longtime Californ': A Documentary Study of an American Chinatown*, p.82.

16　Arnold Genthe, *Pictures of Old Chinatown with text by Will Irwin* (New York: Moffat, Yard & Co., 1908), p.35. 值得留意的是，該書為時人所寫。

17　李彪主編：《1998 年五洲洪門致公總堂成立 150 週年紀念特刊》（三藩市：五洲洪門致公堂，1998 年），頁 71。據說華人最初到菲律賓經商，經過墨西哥，然後轉遷三藩市落戶，惟其中是否有洪門中人則不得而知。

18　Ng Poon Chew(伍盤照)，"California and the Chinese", Ethnic Studies Library, University of California at Berkeley, MS. Cabinet Number AAS APC2000/65, Folder Number: Ctu:1:18.

圖 2-7 致公總堂
三藩市致公總堂所藏檔案

路較加州為晚，其洪門組織應是由美國傳入的。根據 1960 年代發現、奎斯尼爾福士（Quesnelle Folks）地區致公堂於 1882 年所訂有關金礦坑運作的章程，可見洪門中人維持礦工架構的具體範圍、當「教習」得領牌照，以及釐定會員與外人合作關係等。[19] 會長李炳富續說：「後以保皇黨之反對及防範清政府之迫害乃更名，於是金門致公堂正式成立，奉祀五祖、陳近南香主及萬雲龍大哥，並命各兄弟不要違背三十六誓言、記住洪門三個大信條：義氣團結、忠誠救國、俠義除奸。」[20] 致公堂最初以一小羣同姓的四邑人為主，後來加入三邑人，其中也包括香山及客家人。[21]

19　秦寶琦：《洪門真史》（福州：福建人民出版社，1995 年），頁 334-336。

20　《1998 年五洲洪門致公總堂成立 150 週年紀念特刊》，頁 11。吳瑞卿根據《美洲秉公堂》（2012 年秉公堂出版）所言，致公堂成立或起名於 1870 年，至 1874 年更分支出秉公堂。致公總堂文獻並無直接顯示成立年份，但間接資料顯示為 1850 年代。1898 年，戊戌變法失敗以後，康有為、梁啟超兩人先後亡命國外，從那時起始有保皇會的出現。兩事前後相隔 20 多年，而清政府在 1877 年始於三藩市派駐公使，故 1870 年代命名致公堂，不可能是因為清政府迫害所致。

21　L.Eve Armentrout Ma, *Revolutionaries, Monarchists and Chinatown: Chinese Politics in the Americas in the 1911 Revolution* (Honolulu: University of Hawaii Press, 1990), p.25.

圖 2-8　致公總先賢
三藩市致公總堂所藏檔案

FRANK C. JORDAN
SECRETARY OF STATE
ROBERT V. JORDAN
ASST SECRETARY OF STATE
FRANK H. CORY
CHARLES J. HAGERTY
DEPUTIES

STATE OF CALIFORNIA
Department of State
SACRAMENTO

,Sept.20,1932

O. P. STIDGER, ESQ
628 Montgomery street
San Francisco-Calif.

Dear Sir-

Replying to yours of yesterday we advise that our records
disclose the following-

On May 12,1879 articles of incorporation were filed in this
office by the - "CALIFORNIA CHINESE FREE MASON SOCIETY, or GHEE KUNG
TONG SOCIETY" (a California corpn.) having its prin.place of business
in San Francisco, Calif. Its term of existence was for fifty years
from the date of incorporation. As its term of existence was not
extended, it expired on May 12,1929. Corporate No.13691

On March 3,1894 articles of incorporation were filed in
this office by the - "CALIFORNIA CHINESE FREE MASON SOCIETY," or the
"GHEE KUNG TONG SOCIETY" (a Calif.corpn.) having its prin.place of
business in San Francisco, Calif. Its term of existence is for fifty
years from the date of incorporation. This corporation has no
capital stock and is therefore in good standing on our books to date.
Its corporate Number is 23254.

On Apr.7,1924 articles were filed here by the-
"CALIFORNIA CHINESE FREE MASON SOCIETY, or the CHEE KUNG TONG SOCIETY
OF SANTA BARBARA" (a Calif corpn.) having its prin.place of business in
Santa Barbara, Cal. Term of existence 50 years. No cap.stock.
This corporation is in good standing on our books. Its corporate
number is 108754.

Sincerely yours

FRANK C. JORDAN, Secretary of State

AAB   By a. a. B

圖 2-9　加州州務卿
辦公室回覆致公總堂
相關的註冊紀錄
三藩市致公總堂所藏檔案

圖 2-10　木牌匾（四字廣東話讀音為「參泰弘化」）
三藩市致公總堂所藏檔案

　　1879 年致公堂正式向市政府登記為非牟利團體，英文又稱「中華共濟會」（Gee Kung Tong, The Chinese Free Mason of the World）。共濟會（The Grant Lodge of Free and Accepted Masons）最初是英國蘇格蘭建造城堡的石工之間的組織，因為這一行業既需要高技術且屬高危工種，故石工們組成兄弟共濟會（Freemason Lodge）來照顧貧病工人。通過英國總會（1717 年）的努力，美洲的兄弟共濟會最先於 1733 年在波士頓成立。加州分會則於 1850 年在沙加緬渡礦區成立。[22] 據有關記載，在十年之內，州內分會數目增加至 130 個。在美華工最早多從事開礦及築路，他們當中許多人都加入了致公堂。至今致公堂的標誌仍沿用共濟會的（Masonic）曲尺圓規、中央寫着英文字母 "G" 字的徽章，無論是掘金或是鐵路建築，皆屬高危行業，與源於打石的共濟會（Masonic Lodge）相類似，這很可能是在行業上與當時的共濟會拉上關係的原因。

22　《1998 年致公堂成立 150 週年紀念特刊》一書稱「致公堂會員 1832 年移民北美，而共濟會加州金門橋分會於 1848 年創立」一說未見於其他文獻，故筆者認為未足採信。詳見該書頁 12。

共濟會是歐洲最早的非宗教兄弟會。初創時目的是為了促進會員在精神及道德上的進步。它發展了自己的禮儀、暗語活動和戲劇，從而傳達這一訊息。共濟會組織鬆散，沒有政治傾向，且每年捐贈醫院或義務參與醫療工作。[23] 美國的兄弟共濟會組織宗旨和活動有種種傳聞，這裏暫且不論。共濟會與致公堂的宗旨定必是大相逕庭，然而致公堂的確存有彼此有所聯繫的憑證，且有照片顯示曾經多次宴請當時共濟會主腦，並互贈照片，可見致公堂力求得到主流社會認同的努力。

洪門最初又名「天地會」，道光年間則易名為「三合會」。有關「三合會」起名的説法有二。一、據説三合河是最初結拜的地方。二、是指「天地人」的整合，即「拜天為父，拜地為母，以洪為姓之意。」[24] 洪門是傳統秘密會社組織。據近年學者考據，官書中最早有關洪門的記載，是乾隆廿六年（1761 年）有洪二和尚（名鄭開，又名提喜）於福建漳州首創天地會之説。中國東南沿海地少人多，可耕地有限，糧食短缺時有發生，迫使男性到外地謀生或轉化為游民，只能緊隨商品經濟的步伐，從事販賣謀生。雍正元年（1723 年），清政府取消海禁，「民之趨南洋者如鶩」。[25] 道光廿年（1840 年）鴉片戰爭爆發，此後廣東天地會多次起

23　Tim Dodopulos, *Inside the Secret World of Freemasons* (Carlton Books: Berkeley, 2006), pp.2&13.

24　雷冬文：《近代廣東會黨：關於其在近代廣東社會變遷中的作用》（廣州：暨南大學出版社，2004 年），頁 25。

25　同上書，頁 25。天地會起源近 20、30 年來中外學者每多爭論，問題十分複雜。見曾五岳《天地會起源新考》（福建：福建人民出版社，2008）及 Dian H. Murray, *The Origins of the Tiandihui: The Chinese Triads in Legend and History* (California: Stanford University Press, 1995)。這裏主要分析其在北美社會的功能。

事，攻佔數十城池，一度更圍攻廣州、惠州、韶州等重要城市，且得到了廣大農村的統治權。[26] 而在太平天國起事時，廣東天地會牽制了部分官兵，加入太平軍者更是數以萬計。太平天國潰敗後，「洪門兄弟為清兵追捕，分別逃亡澳洲洋及美洲諸地」。[27] 同一時期，工業技術發展大有進境，19 世紀下半葉蒸汽輪船和鐵路漸漸普及，且歐亞殖民地需要大量人力從事農耕和開墾，故在美洲各地大量招募華工。梁啟超在《新大陸遊記》中對美洲各地華人分佈有如下估算（表 2-1）：

表 2-1　梁啟超在《新大陸遊記》中對美洲各地華人分佈的估算

地區	人數
美國	119,050
夏威夷	25,767
加州	45,753
俄立崗州	10,396
華盛頓州	3,629
紐約	20,000（其中 5,000 在水牛城）
加拿大	19,000（三分之二在維多利亞及溫哥華、2,000–3,000 在多倫多及滿地可）
墨西哥	10,000（多在墨西哥市及托雷翁）
古巴	數千
秘魯	15,000

26　《近代廣東會黨：關於其在近代廣東社會變遷中的作用》，頁 89。

27　李炳富：〈中國洪門暨致公堂簡史〉，載《1998 年致公堂成立 150 週年紀念特刊》，頁 71。

另外，「由於金門致公堂不斷協助美洲以至世界各地洪門兄弟成立致公各總支分堂，遍及五洲，遂又有五個洲洪門致公總堂之設」。[28] 1923 年，在五洲洪門第三次懇親大會代表團各區代表列名中，洪門致公堂便是一個國際性的華人社團。代表來自 67 個社區組織，除了北美洲華人眾多的城市外，美洲還有墨西哥（8 個）、巴拿馬（2 個）、利馬（Lima）、牙買加（Jamaica）、秘魯、古巴（各 2 個），另外更有遠至荷蘭和英國利物浦（Liverpool）、澳洲墨爾本及悉尼、菲律賓的小呂宋（Manila），還有眾多英國屬地如南非（South Africa）、英屬哥倫比亞（British Columbia）、千里達（Trinidad）等。致公堂自 1890 年代末便有自己的機關報章，是跟各堂聯繫的紐帶。在 1923 年的懇親會中，更通過以債券形式集資擴充《大同日報》，且又命各堂的書記為與總堂聯絡的特派員。各地華人不懂當地語言，難以在地融入社會，自美定期寄出的中文報紙可稍慰他們的鄉思。

三藩市致公堂為全球洪門組織中之龍頭，故名「五洲致公總堂」。三藩市致公堂之所以享超然地位，有三個原因。一、因為三藩市是亞洲以外最多華人聚居的地方，經濟實力相當雄厚。二、因為它是合法社團，受法律保障，可以自由出版、公開集會等。反觀英殖下的新加坡及馬來亞、荷屬的印尼，三合會只能在地下活動，並且往往給便衣警員滲透干預。三、該區為亞洲地區前往新世界航運樞紐、財物和船舶的必經之路，故此三藩市致公堂佔盡地利。

洪門致公堂源自一個民間的「共濟」組織，特別重視儀式和誓章，

28　《1998 年致公堂成立 150 週年紀念特刊》，頁 71。

但最終可能因為外來壓迫，才能維繫會員的向心力；它是一個組織結構較為鬆散的團體。五洲總堂下有總堂，之下也有分堂，堂與堂之間人事財務獨立運作，而在發生衝突時則向上層要求協助解決。根據《1923年章程》，居住在三藩市的會員年繳會費 9 元，而各分堂須根據會員人數向三藩市總堂呈交會費，每人 1 元 5 角。會員名冊定期送總堂備案。除了通信之外，更重要是領導人之間的聯繫，例如在財政充裕年代，精力旺盛的會長黃三德（1863-1946）東奔西跑，聯絡各方。致公總堂自19 世紀末至 1930 年代收到各地寄來照片，正好說明這一點。

　　1860 年末唐人街堂口數目大增：除了新近易名的致公堂（1870年），還有萃勝堂（1867 年）、協勝堂（1870 年）、合勝堂（1875 年）、秉公堂（1874 年）。梁啟超記述他 1903 年在美遊歷的經過，談到舊金山有 26 個秘密團體組織，其中以致公堂為最盛，名下有 24 個堂口。另外，致公堂會員亦掛名於其他團體之下。然而，令人頗感意外的是，當時全美 10 餘萬華人當中，掛名為致公堂分子的竟佔七、八成。[29] 梁雖知道致公堂反清，但也察覺到致公堂的腐敗，「視滿洲政府又十倍焉」。梁啟超指出，當時堂鬥無日無之：

　　　　以上團體軋轢無已時，互相仇櫮，若不共戴天者然。忽焉數
　　　團體相合為一聯邦，忽焉一團體分裂為數敵國。日日以短槍匕首

29　《新大陸遊記》，頁 1185，按不成文的規例：成員可以加入為多個堂會員，但只可於一堂當領導。致公堂會員不少成為他堂領導，故梁氏有致公堂統領十數堂之說。另可參 Revolutionaries, Monarchists, and Chinatown: Chinese Politics in the Americas in the 1911 Revolution, p.25.

相從事，每歲以是死者十數人乃至數十人，真天地間絕無僅有之現象也。痛哉！

1880 年，時年 12 歲的司徒美堂抵達三藩市，17 歲加入致公堂。他回憶道：

　　堂口的成立，以義氣團結、守望相助作信條⋯⋯堂有堂所，為各會友集聚、休息、娛樂的地方，堂內正中不是供奉關公，就是供奉岳飛。洪門性質的堂則供奉反清復明的五祖。堂內兄弟每月須供一、二元的月費，或捐助神枱上的『香油錢』。另外還有儲蓄會的組織，名曰「標會」。大家的餘錢按月交來，由急須『返唐山』（回國）或者開舖頭做生意者得標之，陸續還本償息。這種標會辦法，對於華人成家立業很有幫助。每堂會員有三、五百，有的三、五千，最多是安良堂〔按，波士頓紐約洪門〕，會員兩萬。[30]

　　根據洪門正統的典故，三合會溯源於明末清初一輩「反清復明」而犧牲的烈士人物：

30　〈旅居美國七十年〉，頁 25–26。

表 2-2　洪門烈士

封號	名字
始祖	洪英
五祖	蔡德英、方六成、馬超英、胡帝德、李式開
武宗	鄭成功（1624–1662）
文宗	史可法（1602–1645）
軍師	陳近南（1634–1680）

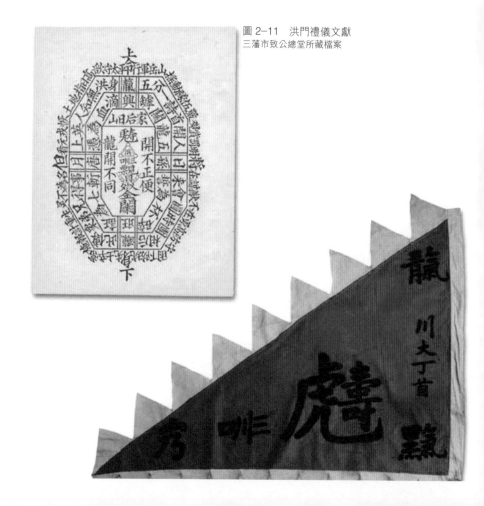

圖 2-11　洪門禮儀文獻
三藩市致公總堂所藏檔案

圖 2-11　（續圖）

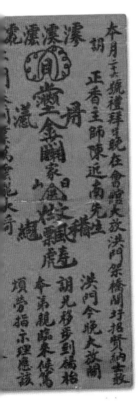

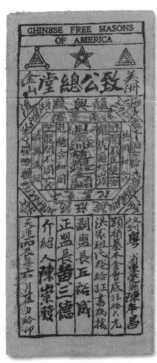

致公堂按照當時三合會的規章禮儀建立起來。「新丁」入會時要在先烈神位前跪拜，歃血為盟，誓同生死（即斬雞頭、飲血酒）。「開堂」儀式嚴禁外界參加，由盟長考試，查問口語、手勢等暗號，發「三十六誓章」。最後以「……洋洋中國，蕩蕩天朝，千邦進貢，萬邦來朝；夷人佔奪，此恨難消，木楊起義，剿滅清朝」作結。[31]

革命元勳、老華僑馬超俊（1886–1977）的口述史中對洪門有生動的描述。馬跟當時的致公堂會長黃三德為同鄉，都是台山人。他從事報館工作，抵美後不久，便由黃引薦入堂。他回憶道：

> 其籌款方式，為集中經營煙館賭場。煙館一夜便是幾十張鴉片床，另一邊是『排九』、『麻將』，使人有點害怕。其擴張力量的手法是講到『打』。黃的風度很好，他手下多江湖豪俠，重義氣，輕生死，總覺得天下是自己打下來的，常常用槍或斧棒致人重傷或死亡，一批批地被送到衙門裏去；輕者罰錢，重者判罪，真的是何苦來哉！[32]

1878 年，市政府終於成立唐人街特警隊，是美國警察首度創設對付種族犯罪的嘗試。警隊隊長柏力・哥利（Patrick Crowley）也認為致公堂為「最壞的一個堂口」（the very worst of all the societies），「是眾

31　〈旅居美國七十年〉，頁 92。

32　劉鳳翰編：《馬超俊、傅秉常口述自傳》（北京：中國大百科全書出版社，2009 年），頁 7。

多惡棍之源」(all highbinder's evils)，「其他堂口只是其分支」。[33]

　　1880 年代是堂鬥最厲害的時代，起因主要是受到感到某方不公平的壓迫，而中華會館在 1882 年至 1884 年間爭取廢除《排華法案》失利，聲名一道失色。上層領導真空予基層組織蠢蠢欲動之機，其著者如萃勝堂之成立，是為了對付強橫的黃氏家族。四邑勞工又組堂與商家背境的三邑會館商人硬拼，而當時三邑人為致公堂骨幹，一度亦牽涉其中。逮 1880 年代末，全部 12 堂口聯合與三邑會館鬥爭，迄至 1896 年三邑派勝出，鬥爭始結束。這是唐人街日月無光的時代：華人親屬不能來美工作，除了當家庭傭工、菜販或雜工之外，其他工作機會不多。另一方面唐人街內罪惡頻繁，堂主與警方勾結，狼狽為奸。[34]

　　1906 年 4 月 18 日凌晨 5 時 13 分，三藩市因地震而引發火災，全市主幹水管多處破裂，煤氣輸送管亦然。唐人街居民從睡夢中驚醒，遂趕緊到樸斯茅斯公園集合。大火燃燒至 20 日早晨始熄滅，大量房屋財物化為灰燼。尚幸只有 20 人為跌落瓦礫所傷，無人死亡，惟財物損失甚多。經商討後，市政府同意由房東將房舍重建出租，主要原因是市政府在唐人街每年可得可觀稅款，而該處租金又比市內其他地方高昂，且維修費也可以省下來，華人又依時繳交稅款和租金，故白人房東大力支持原地重建，不然市內不少政商巨賈定必覬覦這塊鬧市地王作商業用途。

33　Kevin J. Mullen, *Chinatown Squad: Policing the Dragon, from the Gold Rush to the Twentieth Century* (London: Noir Publications, 2008), p.68.

34　*Longtime Californ': A Documentary Study of an American Chinatown*, p.69. 堂鬥描述則見 *Revolutionaries, Monarchists, and Chinatown: Chinese Politics in the Americas in the 1911 Revolution*, pp.30–31.

圖 2-12　1906 年 4 月三藩市大火災照片。

大火為唐人街帶來了不少意外的「收穫」：

第一，前此市內部分大地產商欲得該地開發權，謀求唐人街拆遷別處，至今完全失敗，唐人街得到了永久落腳點。

第二，火災救濟及跟市府談判中促成華人間各團體的團結，當時中文報業才剛剛起步，毅然負上了宣傳和教育之責。

第三，中華會館聯繫上一些教會團體，又得到了唐人街特警組的幫助，唐人街治安逐漸好轉，商人逐漸亦加入堂口為會員，眾多衝突訴諸堂口間的談判解決。[35]

第四，因為 1882 年《排華法案》讓「商人」移居美國，並可攜同家人入境定居。部分成為中美貿易橋樑，往來兩地之間，或由家屬在粵成立貨棧或分號。這些較為富裕的商人，1908 年成立金山華商總會，1917 年易名為舊金山中華總商會（Chinese Chamber of Commerce）。[36]

35　*Longtime Californ': A Documentary Study of an American Chinatown*, p.69.

36　*Chinatown: Most Time, Hard Time*, p.45；《美國早期華僑生活研究》（未刊稿），第 3 章，頁 9。

　　第五，第二代土生成長華人，他們是美國籍，有的在教會中小學肄業，更有的在大學習醫、法律、工程或建築。他們開始擔當溝通中西文化的中介。

　　1911 年辛亥革命爆發，翌年中華民國成立，孫中山（1866-1925）多年來在檀香山及三藩市的活動，加上同盟會、國民黨以三藩市為美洲據點，向各地宣傳革命的成就，華僑更加受到鼓舞，喚起了他們的愛國熱誠。三藩市唐人街歷史正式進入了另一紀元。

　　19 世紀下半葉後的 60 年，是金山華埠奠基的歷史。因為這裏是美洲最初的華工居所，故此成為了其他華人社區的典範。無論是會館及附屬的善堂、宗族同鄉會組織、工商團體、廟宇及堂口皆採用當時中國傳統的社會組織方式，植根美國。當時的華人以單身年青男性佔絕多數，他們被排擠於主流社會之外，被剝奪了政治參與的權利。在社交活動、人身安全及經濟生活保障等各方面，美國唐人街起着重要的作用。華人上岸後加入不同組織，在不同崗位上工作，生老病死得到了基本「保障」。他們依靠這一組織網絡來代替原本在中國該過的家庭生活。致公堂為此類堂口的先驅。

　　大多華工不是基督徒，美國法庭認為他們宣誓無效，而且他們大部分都不諳英語，當發生糾紛時，由會館中介周旋幾乎是唯一的可行辦法。唐人街組織變成了社會操控者（social control）一般的地方政府，對外起了保衛個人安全的責任，對內則通過傳統宗教倫理中的「忠義」體系，維持唐人街的社會秩序。華人離美回鄉時每人須向會館繳納 20 元費用領取「出港票」，到碼頭時支付。會館徵得船公司同意，未繳此款者不可上船。此項徵費用作抵銷個人在三藩市可能遺下的債務，而會

館基本上同意負擔所有華人在美居留時的債務開支。[37]

　　華工在廣東上船時已知到美國當苦工，他們無意長留該地，只望在幾年間儲蓄足夠金錢後便回鄉成家立室；若是再往彼邦打拼，都會先在鄉間留下子嗣，給予家人安穩的生活。不少華工努力匯款回鄉，幫補家計，鄉間父老亦以他們在外工作，對他們的情誼未有稍減。若能在外經營成功，更可援引親屬鄉里幫忙，大展鴻圖。最後更冀望能退休回國，安享晚年，落葉歸根。當然，唐人街黃賭毒氾濫，能達成願望的們確是少之又少。幸好，眾人都能「落葉歸根」，因為華埠內的公所或慈善團體等會盡力將先人骨殖運回故鄉安葬，以為後世子孫拜祭。年青時代出洋打拼但客死異鄉的華工，終於完成人生旅程，在故土長眠。

　　華工赴美，原本只為改善生活，但因晚清國運日蹇，喚起了華工的愛國赤誠。他們當中一部分人為大時代所感召，投身政治，或情傾保皇，或鼓吹革命，毀家紓難，在所不惜。下一章，筆者將討論美國華埠與維新和革命的關係。

37　*San Francisco Chinatown: A Walking Tour*, p.74.

第三章

美洲華埠與中國政治：興中會、保皇會與致公堂

維新運動的起源

　　清室在內政上屢謀改革失利，更在 1895 年中日甲午戰爭時潰敗。數十年來封疆大吏寄予厚望的「洋務運動」，結果以失敗告終。清政府不敵一向瞧不上眼的東瀛小國。中國對日本一向以「老大哥」自居，日本地少而貧，且明治維新比中國起步為晚，然而在政治、經濟和軍事等方面的改革上，日本竟能以一蕞爾小國，一舉而躋身列強。這給當時士大夫一記當頭棒喝。甲午戰爭以後，「以日為師」的口號風靡全國，現試列舉一些例子如下：

　　1895 年，中日兩國在馬關（Shimonoseki）議和，康有為（1858–1927）、梁啟超適在北京應試，聞訊大為憤激，遂聯合參加會試的百多名舉人，上書光緒皇帝，力倡拒和、遷都、變法自強、重啟戰端，此即著名的「公車上書」，惜未及上達而和約已成，一眾舉人們乃留在北京組織強學會，辦報宣傳新政、鼓吹變法。

　　迄至 1898 年，康有為得大學士翁同龢（1830–1904）之薦，為光緒皇帝所召見。光緒皇帝深受感動，決心變法，任命康有為為總理衙門章京，專摺奏事，統籌維新大局，又起用梁啟超、譚嗣同（1865–1898）、劉光第（1859–1898）等協辦新政。變法上起 1898 年 6 月 11 日，下迄 9 月 21 日，前後歷經 103 日。奏摺中以康有為理解的 1868 年明治維新為藍本，上奏光緒，從政治、軍事、教育、經濟等各方面進行大刀闊斧

的改革，史稱「百日維新」。[1]

　　結果維新功敗垂成。因為光緒皇帝重用康黨，觸動了舊勢力朝臣的既得利益，引發朝廷內的新舊黨爭。新黨依附光緒，舊黨則以慈禧太后為後台。高潮是譚嗣同建議起用直隸總督袁世凱（1859-1916）奪取榮祿（1836-1903）兵權，以圖脅迫慈禧太后（1835-1908）。不意袁世凱向榮祿告密，慈禧太后先發制人，囚禁光緒於瀛台，廢黜新政，下令搜捕維新分子，並在北京菜市口將康黨的譚嗣同、劉光第、林旭（1875-1898）等「六君子」處決，史稱「戊戌政變」。慈禧太后引用舊臣，重新「垂簾聽政」，光緒皇帝權力化為烏有，政變徹底失敗。

　　康、梁兩人連同少數參與者最終亡命至香港及日本，在境外賡續勤王之志，號召海外華人參與憲政改革行動，組織政治團體，辦報演說，喚起華人對國家種族的認同及政治改革的興趣。這股熱潮令華僑社羣的民族主義情緒大為高漲，也對孫中山鼓吹革命提供了很大的助力。

1　筆者這裏採取是一般學者對事件的理解。近年學者研究戊戌變法有新的發現，一為懷疑康、梁的〈戊戌奏稿〉為偽造。更甚者，基於對《張之洞檔案》的深入研究，茅海建發現戊戌變法的「另一面」。他以為康、梁的奏摺及檔案，目的在標榜他們的正統性，而沒顧及當時清宮錯綜複雜的人事關係。詳閱茅海建《戊戌政變的另面：張之洞檔案閱讀筆記》（上海：上海古籍出版社，2015年），以及同作者《戊戌政變史事考初集》（北京：北京三聯書店，2012年）及《戊戌政變史事考二集》（北京：北京三聯書店，2011年）。筆者僅以戊戌政變背景引入保皇、革命兩派在北美華僑社會中的鬥爭，在此無意深入討論戊戌變法的各種問題。

海外保皇運動

　　1899 年 6 月，康有為抵達溫哥華（Vancouver），旋即成立保皇會，走上與孫中山年前在檀香山創設興中會相若的老路：他們都是由廣東地區出走的亡命者，成立政治組織是為了宣傳、籌款和招兵買馬，企圖用暴力方式推翻清政府。兩者不同的地方，當然是康、梁的保皇會針對慈禧太后，扶助光緒皇帝，以及建立君主立憲政體。孫中山則是要建立一個排斥滿人、完全由漢人主導和統治的共和政體。他除主張政治體制改革外，還鼓吹種族革命。

　　海外華人大都知道康、梁的輝煌事跡，以及戊戌維新如流星般一閃而過、中道夭折的消息。另外，因康、梁皆是廣東人，又有科舉功名，故兩人到埠時，華人對他們禮遇有加，遠優於孫中山初到北美時的待遇。康、梁在加拿大特別受商賈的垂青。

　　康氏在維多利亞盤桓數星期，先後拜訪了當地富商李福基、馮秀石，又與維多利亞致公堂始創者葉恩、林立晃、吳俊等集議，共同創立「保商會」，「以華僑十九皆商，故保商即保僑」。（後更名「保皇會」，梁啟超則稱它為「維新會」），並邀請林、吳為保皇黨董事。[2]

　　美、加兩地致公堂關係十分密切，尤其 1860 及 1870 年代橫貫東西岸鐵路仍未築建之前，輪船定期從域多利、溫哥華沿岸駛至西雅圖、撥崙（Portland）、三藩市至墨西哥。美洲西岸華埠社團往來頻繁。跟

2　*Revolutionaries, Monarchists, and Chinatown: Chinese Politics in the Americas in the 1911 Revolution*, p.45；張大謀：《孫博士與中國洪門》（台北：古梅書局，1979 年），頁 87。

據近年加拿大洪門記載，1850 年代末，加州金礦經已枯竭。1858 年加拿大菲沙河（Fraser River）發現金沙後，大批華人淘金者紛紛由美國進入加拿大。百加委路鎮（Barkerville）在該區為最大市鎮。1863 年，約有 3,000 名華人聚居於市鎮南面之唐人街。1869 年，華人人口增至 5,000 人，且有多個堂口，其中計有岡州會館、明義堂、黃江夏堂、周愛蓮公所、致公堂等。[3] 以 1863 年計，在 3,000 華人中，80% 是洪順堂兄弟。相傳美國加州礦工黃深貴是洪門成員一，1863 年在該鎮成立洪順堂，這是洪門在加拿大的開山始祖。[4]

　　自始以後，基於金山兄弟的支援，洪門組織在加國開枝散葉，大展鴻圖。金沙河以北加利布（Cariboo）淘金區茂士埠（Quesnelle Mouth）及福士埠（Quesnelle Folks）先後在 1876 年和 1882 年成立致公堂。據悉，前者共有 400 多名會員，77% 來自開平，大部分均是洪門中人，經濟能力較強，甚至域多利致公堂也寫信要求它協助籌款。[5]

　　至於在域多利致公堂方面，來自兄弟眾多、美國西雅圖致公堂的趙喜等在 1876 年抵達域多利，倡議該埠華人組織致公堂。在 1879 年，域多利致公堂已有 300 至 400 會員，有人稱之為 Freemasons（共濟會會員）。俟 1908 年 7 月 4 日，域多利致公堂正式註冊，成為合法團體。[6]

　　除以上三個致公堂外，在 1877 年至 1881 年間，卑詩省九個城鎮

3　　黎全恩：《洪門及加拿大洪門史論》（香港：商務印書館（香港）有限公司，2015 年），頁 78。
4　　同上，頁 82。
5　　同上，頁 88。
6　　同上，頁 93–96。

內已經創立了致公堂。1885 年加拿大有 23 個堂口設立,但都是在卑詩省偏西的 23 個市鎮。1885 年後加拿大太平洋鐵路完成,華人移向中部及東部求生,致公堂也因此移向內陸。1886 年至 1912 年,43 個致公堂遍佈加國的 43 個城市。[7] 致公堂這類傳統的會社組織,緊隨華人移民足跡,對於那些離鄉別井、無依無靠,日夜為生活奔馳的浪子,鄉親情誼恐怕是唯一的慰藉。

加拿大西岸的致公總堂和分堂會員是保皇黨早期會員的基礎。梁啟超親屬梁啟田和葉恩等分別到加拿大別的城市及美國西岸的三藩市、波特蘭、俄立崗等地的華人社會創設分會。未幾,紐約、芝加哥、沙加緬度、檀香山保皇會亦相繼成立。會中不少職員亦同時是致公堂會員。梁啟田認為美國洪門缺乏文士,故可利用這個組織增強保皇會的力量,遂暗中安插會員加入致公堂,密謀奪權。徐勤(1873–1945)、梁啟田於舊金山創立《維新報》,宣揚保皇扶滿之說。保皇會又提倡商業救國,先後籌款創設振華實業公司(香港)、益華銀行(墨西哥)、瓊米樓餐館(紐約)、廣智書局(上海)及太平山金礦公司(廣西)、從各地華人募得華幣逾千萬,其中致公堂會員參與者亦復不少。[8]

康有為最初以為可以跟美國總統麥堅利(William McKinley, 1843–1901)商議派兵到中國勤皇事,豈料他竟然得不到美國的入境簽證,遂到英國轉了一圈,然後折返加拿大,並在當地到處演說。

馮自由(1882–1958)憶述,早期保皇會的會員不少是致公堂職員。他們文化素養比較高。保皇會以發展商貿為號召,或因此引起有識和富

7　《洪門及加拿大洪門史論》,頁 99。
8　《孫博士與中國洪門》,頁 87。

裕階層（特別是致公堂高層）的興趣。康有為最後於 1899 年 10 月離開加拿大，而當時保皇會根基已經相當鞏固。

　　三藩市保皇會則成立於 1899 年 10 月 26 日，是由當地華人成立的。首任會長為一位中醫師，唐瓊昌則為秘書。唐當時在致公堂及安義堂皆有要職，又是當地報章《維新報》的經理。

　　1881 年，唐瓊昌從故鄉台山赴三藩市，畢業於沙加緬度的肯特法律學院（Lincoln Law School），當時的華僑子弟絕少在美國接受過高等教育，正因如此，唐瓊昌的學歷令人眼前一亮。他一直在致公堂高層中參與文書和聯絡工作，民國初年更一度被選為中華民國議會中美洲華僑代表。他參與《維新報》的工作，證明當時保皇黨得到海外華僑的廣泛支持。

圖 3-1　第三排左二是唐瓊昌，右二是黃三德，站在黃三德前為孫中山。

　　《維新報》順理成章地成為保皇會的喉舌報。有關拯救祖國苦難、促進憲政和維新的報道深深打動了海外華人，因此從紐約至古巴的華人紛紛自發組織保皇會，以響應康、梁等的號召。這突顯了海外華人對祖國的政治形勢表示濃厚的興趣和深刻的關注。[9] 保皇會最大勢力來自加拿大的維多利亞。唐瓊昌謂三藩市的會員人數激增至 5,000–10,000人。[10] 1900 年前後，保皇會在美國本土會員人數估計約佔華人八分之一。

圖 3–2　梁啟超穿西裝照

　　1903 年春，梁啟超終於踏足美洲。據悉這是 1898 年舊金山中國維新會成立時邀他前往的。[11] 此行的真正目的，是為保皇會的教育、軍事及商貿等事業籌募經費。當時保皇會的會務在加拿大「蒸蒸日上，溫哥華入會者十之六七，域多利過半，紐威士棉士打（New Westminister）則無一人不入會者。」[12]

　　因梁有「革命」的傾向，跟老師時有齟齬，今次安排訪問

9　《孫博士與中國洪門》，頁 49.

10　梁啟超謂有萬人，見氏著《新大陸遊記》，頁 1178；L. Eve Armentrout Ma 估計只有 2,000 人而已。

11　《新大陸遊記》，頁 1127。

12　同上書，頁 1129–1130。

美西各埠，主要任務當然是招收會員。梁啟超與孫中山經歷完全不同。孫 13 歲開始便在海外生活（包括英治的香港），沒有深厚的國學基礎兼士大夫的習氣，因為自少生於西洋氛圍之中，海外事物對他來說是理所當然，又因中國積弱已久，為人欺負，所以孫中山深信引進外國的成功體制始能徹底根治中國的沉痾痼疾。梁則受過深度傳統教育，滿腹經綸，且有科舉功名。他在遊記和政論中往往從士大夫觀念出發，以敏銳的眼光記錄和評論途中所見所聞，更事事與中國的情況作比較，擴闊了國人的眼界。在旅程中，梁啟超十分注意北美社會的典章政教制度、商業運作和社會民生，從傳統教化中的「齊家治國平天下」視角出發。觀他嗣後出版之《新大陸遊記》，可見一斑。

梁啟超由加拿大經俄立崗的波特蘭，然後橫越加拿大，在多倫多（Toronto）、渥太華（Ottawa）、滿地可（Montréal）等地成立保皇會分會。他在紐約勾留了六星期，到哈特福市（Hartford）拜訪了容閎（1828–1912）。容與美婦結婚，退休後定居母校耶魯大學附近的哈特福市（Hartford），但一直關心中國的時局發展。探訪老先生幾成為清末政壇人物的朝聖活動。

梁啟超隨後乘搭火車前往波爾的摩市，然後轉往內陸的匹芝堡（Pittsburgh）、中部的辛辛那提（Cincinnati）、新奧爾良（New Orleans），然後從聖路易市（St. Louis）到芝加哥，經蒙大拿州（Montana）抵達西雅圖（Seattle），南行至波特蘭，於 9 月 25 日抵達三藩市。據梁的記述，美洲保皇會共有 11 個總部，舊金山是其中之一。[13]

13　《新大陸遊記》，頁 1185。

保皇與革命的交戰

可以理解的是，梁啟超要取得款項及支持，便要親自造訪這些有華人聚居的城市。孫中山 1896 年第一次登陸美洲時，只是匆匆過境，而且革命黨人在海外最重要的據點是檀香山，未有接觸美洲內陸地區。梁啟超是第一次代表保皇會走訪美洲各華人定居的城市。因此，若說美洲大陸華僑政治醒覺始於保皇黨，似乎並不為過。

然而，不到一年，孫中山等接踵而至，大力宣揚革命。這也是保皇黨人剛剛到過的地方，兩者的活動方法亦十分相似：成立自己的組織、籌款、演講、辦報。

梁啟過紐約時，亞細亞協會邀請他演講。出席的有 23 位美國人，2 位日本人及連同他自己共 6 位中國人。他明白該會的宗旨，並且甚為得意地說：

> 其美國人，類皆紐約市中實業家之有力者也。此會目的，全在生計上，於政治毫無關係，然東方稍知名之人至者，必饗宴焉。前公使伍，現公使梁，皆嘗到演說。[14]

梁啟超在美、加奔走時，孫中山正好抵達檀香山。10 月梁轉往沙加緬度，保皇會在洛杉磯成立。11 月 8 日他再返三藩市。

這一次剛好遇上 1904 至 1905 年國人於海內外掀起、要求清政府

14　《新大陸遊記》，頁 1139。

重新修訂美國聯邦政府 1882 年通過且為期十年的《排華法案》。因為華人受到歧視，絕大多數華僑要求清政府與美方交涉，取消法案。不意美方早有定案，一意孤行，清政府又可以做甚麼？失敗之後，華人激於義憤，發起史上第一次杯葛美國貨的運動。瞬間從三藩市至省港澳、上海及中國其他通商口岸，華人社會都不約而同鼓吹杯葛美國貨。從組織、醞釀到宣傳各方面而言，均可說是首次海外華人推動下民族主義的勝利。當然，《排華法案》的存廢又與在美華人利益息息相關。這股愛國總動員的力量，成為日後辛亥革命及華僑支援抗日戰爭的原動力。

　　梁啟超在三藩市承諾將入稟書送交廣東官員及朝廷，並會詳細解釋因華人在美受到欺負，遂希望清政府能達成他們要求修約之願望。保皇會因此在僑界面前成為民族主義者的先驅。梁啟超在三藩市作小留，然後乘「中國皇后號」經溫哥華，最終於 11 月 30 日離開溫哥華，12 月 11 日在橫濱登岸。[15] 據說當時保皇會在海外大小共有 103 分會，分佈在各全球華人定居的城市。[16] 加國西岸致公堂跟保皇會基於相同的領導班子，關係可算融洽，惟三藩市的致公堂雖大力支持保皇會，但因為它缺乏領導其他山頭的能力，梁氏離去後，機構間每每發生齟齬，是以日後給革命黨乘虛而入的大好機會。[17]

　　《新大陸遊記》反映梁啟超對美洲的華人沒有太大好感。他重點批

15　丁文江、趙豐田：《梁任公先生年譜長編（初稿）》（北京：中華書局，2010年），頁 170。

16　*Revolutionaries, Monarchists, and Chinatown: Chinese Politics in the Americas in the 1911 Revolution*, pp.92–93.

17　Ibid., p.94.

評海外華人缺乏「開明」的社區組織及政治智慧。據他所觀察,舊金山華人的優點包括「愛鄉心重」、「重俠義」、「冒險」、「刻苦」、「勤儉」,缺點則為無政治能力、保守心重、無高尚的目的(即只為個人及家族打拼,缺乏團體意識)。他並感慨地指出中國人的缺點:一,「有族民資格而無市民資格,以家族為單位而不以個人為單位」,宗法制度仍然存在,「家齊而不後國治是也」。二,有村落思想而無國家思想。三,「能受專制不能享自由」。

他更開宗明義地指責生活在金山華人社區的華人,雖身處自由環境當中,惟他們缺乏管治能力,將華埠的家園弄得一團糟。他說:

> 吾觀全球之社會,無有凌亂於舊金山之華人,此何以故?曰自由耳。夫內地華人性質未必優於金山,然在內地猶長官所及治,父兄所及約束也。南洋華人與內地異矣。然英、荷、法諸國待我甚酷,十數人以上集會輒命解散,一切自由悉被剝奪,其嚴刻更過於內地,故亦戢戢焉。其真能與西人享法律同等之自由者,則旅居美洲、澳洲之人也……羣最多之人而同居於一自由之市者,則舊金山稱首。[18]

梁對當地洪門致公堂甚表不滿,主因是致公堂的「大佬」雖然支持保皇會,但他們對下屬的總堂及分堂根本無法約束。在管理方面,維多

18　《新大陸遊記》,收於沈雲龍主編:《近代中國史料叢刊》(台北:文海出版社,1967 年),第十輯,96–97 冊,頁 399。筆者按,其他版本刪去了這一部分。

利亞和溫哥華的致公堂則遠勝前者。皆因兩埠的致公堂會員大多同時
又為保皇會會員，兩者的領導人脈亦然。[19]

　　無論如何，康、梁親訪海外華人社團，大大喚起了華僑參與祖國政
治的意識，日後他們踴躍資助祖國的政治運動。其次是梁啟超到訪的美
洲商埠，日後也成為了孫中山等革命黨人「遊埠」籌餉之地，換句話說，
雖然國人在清政府的壓力下不敢表達政治訴求，但「保皇」與「革命」的
論爭，1903年前後開始分裂華埠社羣。作為最大社羣之一的美洲洪門
致公堂[20]，會員仍然按照各自意願作出選擇。這使梁啟超感到不滿。他
一方面指責華人缺乏獨立思考能力，另一方面認為致公堂成員要服從及
聽命於金山總堂。梁啟超以為是理所當然，但他不曾意識到當中的矛盾。

　　康、梁領導的憲政派另一大貢獻是創辦報紙，宣傳維新理念，促進
民意輿論。這是士大夫鼓動政制改革時創立學會團體宣揚政治理念的
傳統方法。遠在政變前的1895年，梁啟超等在北京成立廣學會，另外
又創辦《強學報》、《中外公報》等以開風氣。梁啟超日後被譽為中國新
聞傳播事業的開山祖，誠非偶然。

　　就教育背景而言，立憲派領袖康、梁師徒均受傳統經學薰陶，曾習
帖括之學，有科舉功名。革命黨領袖孫中山則只在鄉間接受過幾年舊式
教育，舊學根柢遠不及康、梁。孫中山13歲赴檀香山，就讀於由英國
聖公會主辦意奧蘭尼書院（Iolani College），及後在香港接受西方新式
教育多年。

19　*Revolutionaries, Monarchists, and Chinatown: Chinese Politics in the Americas in the 1911 Revolution*, p.94.

20　1920年代之前三藩市致公總堂之名為「美洲金門致公堂」。其名沿用至今。

其實自 1894 年 11 月興中會於檀香山創立至 1905 年 8 月同盟會在東京成立的十年時間裏，孫中山的革命運動始終在艱苦的環境下慘淡經營。歸根究柢是當時「民智未開」，國人視「君臣之義」為至大至要，不可稍移。變法有不少士大夫附和，而革命卻是大逆不道。這亦解釋了雖然興中會早已在美洲成立，而康、梁等的保皇會卻仍能得到當地華僑的廣泛支持。

吳敬恆（1865–1953）在〈我亦一講孫中山先生〉一文回憶道：

> 我知道孫中山先生的姓，是戊戌以前的。彼時我雖已自命為維新黨，其實傳統的腐頭巾氣習沒有一毫變動。我以為甚麼《申報》等等講到孫文，都要把「文」字旁邊加上三點水作「汶」，形容他與強盜亂賊一樣。我的意中，也就以為這位姓孫的，有甚麼紅眉毛、綠眼睛，是最厲害的公道大王。想不到他是美秀而文……我起初不滿意孫文，就是因為他不是科舉中人、不是經生文人，而且疑心他不識字。[21]

革命黨人自 1900 年惠州之役、1902 年廣州之役、1904 年長沙之役相繼失利，令孫中山及眾多革命黨人的行動受到諸多限制，亦不准在外國屬地居留。1905 年才在香港創刊的《中國日報》因資金短絀，經營困難，隨時有停頓的可能。孫中山在東京召開幹部會議，通過兩項方

21　吳敬恆：〈我亦一講孫中山先生〉，收於《中華民國開國五十年文獻》，第 1 輯第 9 冊，頁 11–13；轉引自亓冰峯：《清末革命與君憲論爭》（台北：中國學術著作獎助委員會，1966 年），頁 20–21。

案。第一，對香港、東南亞及日本各分會的革命工作，在沒有突變的情況下，採取原則性的守勢。第二，孫本人趕赴檀香山與北美洲，領導革命派同志對保皇黨在當地進行的宣傳攻勢迎頭痛擊。[22] 孫中山遂於 1905 年 10 月初離日赴檀。檀香山、舊金山、紐約漸漸成為兩派鬥爭和政治宣傳的陣地。

其實在戊戌政變前後，革命、立憲兩派曾多次醞釀合作，特別是光緒廿五年（1899 年）夏、秋之間，幾乎接近成功。[23] 當時梁啟超赴檀香山前跟孫中山共商國事。檀香山為興中會發源地，梁啟超請孫中山介紹同志。孫介紹其兄孫眉（1854–1915）及諸友人與梁認識，「而梁啟超到了檀香山後，都利用孫中山先生在華僑與會黨中之關係，挑着『名為保皇，實則革命』的幌子，從事保皇會活動，並且加入致公堂以為號召。會黨中原來贊成革命的人士，甚至興中會的會員，亦多受其蒙騙，紛紛投到康、梁旗幟下，於是兩黨交惡。」[24] 梁抵埗後即開始辦報，由陳儀侃主持的保皇黨機關報《新中國報》於光緒廿八年（1902 年）出版。檀香山華僑連孫中山兄長孫眉也曾捐款給梁氏，並讓其子隨梁啟超到日本入讀大同學校。[25] 興中會之會員又不抵抗，俟孫中山到檀後才重整旗鼓，收拾殘局。他將一家由香山同鄉程蔚南經營的老報館《隆記報》（*The Hawaiian Chinese News*）改為興中會報章，並自撰文章澄清立場，展開

22　甄冠南、譚永年編：《辛亥革命回憶錄》（香港：榮僑書店，1958 年），頁 165。

23　《清末革命與君憲論爭》，序，頁 1–2。

24　同上，頁 48。

25　孫必勝：《我的曾祖父孫眉》（廣東：廣東人民出版社，2011），頁 237–240。

新一輪筆戰。

保皇黨大量吸收會員，將立憲保皇宗旨說成是革命的過渡，即「名為保皇，實則革命之謂也」。孫中山於是駁斥謂：

今彼以君主立憲為過渡之時代，以民主立憲為最終之結果，是要行二次之破壞，而始得至於民主之域也。以其行二次，何如行一次之為便耶？夫破壞者，非得已之事也，一次已嫌其多矣，何必故意行之二次？夫今日專制之時代也，必先破壞此專制，乃得行君主或民主之立憲也。既有力以破壞之，則君主民主隨我所擇，如過渡焉。以其滯乎中流，何不一棹而登彼岸，為一勞永逸之也？[26]

在北美的戰場，保皇會對三藩市唐人街的最大貢獻可能是報業的經營。保皇會的文人較多，文風亦較盛，而當時在各地華人社區生活的華人多不諳外語，華文報紙幾乎是華僑社群中唯一的宣傳溝通媒介。因利成便，各地區友好報章經常轉載其內容；這對提升日後海外華人政治運動的意識，有深遠的意義。

三藩市最早的華文報章《中西日報》(*China West Daily*) 由伍磐照牧師在 1900 年創辦。該報獨立經營，言論是中間偏向保守。保皇會先後在美西和加拿大創立機關報《文興報》、《世界報》(三藩市)、《維新

26　〈駁保皇報〉，見秦孝儀主編：《國父全集》，(台北：台北近代中國出版社，1989 年)，第 6 冊，頁 226。

報》(紐約)、《新中國報》(檀香山)、《日新報》(加拿大)，後者與主張革命的《大陸報》(破產後易名為《大漢日報》，由革命派悍將馮自由為主筆) 針鋒相對。[27] 馮自由回憶謂：

> 總而言之，革命黨駐美洲各機關報之出世，遠在保皇黨各機關報全盛時期之數年。蓋總理……嘗於丙申 [1896 年]、癸卯 [1903 年]、己酉 [1909 年] 之三年三度遊美，極力為個人之奮鬥，然以缺乏同志文士襄助，且無言論機關為之宣傳，故收效不大。反觀康梁師徒自己亥 [1899 年] 之十一年間在美國、加拿大、檀香山、墨西哥、古巴各地無一處不根深蒂固。[28]

因為他們多來自士大夫階層，舊學基礎良好，文字功力較高，能撰寫議論文章，品評時世，故深得讀者之心。康有為派得力門生歐榘甲 (1870–1911) 往三藩市作主持。歐為廣東人，早年在鄉間加入洪門，由他說服黃三德和唐瓊昌創辦洪門機關報。是以 1902 年創刊了《大同日報》，並以歐榘甲為總編輯、唐瓊昌為經理。其後同盟會在三藩市成立少年學社，該社創辦《少年中國晨報》。以上皆為海外華僑報章。因為不同政治立場的報章在同一城市創刊，保皇黨跟革命黨遂常打筆戰，演變為保皇會與興中會之對壘。革命元老于右任 (1879–1964) 回憶道：

27　《洪門及加拿大洪門史論》，頁 102–104。以上報章名稱見《馮自由回憶錄》，頁 644。
28　《馮自由回憶錄》，頁 644。

　　保皇黨之新聞陣地，是以金山大埠之《世界日報》(?)、紐約
之《維新報》及檀香山之《維新週報》為主要基地的……[孫中山]
由自己執筆，也以長篇大幅的革命文章，除在檀香山各報逐日發
表，及分寄大埠紐約、芝加哥等地之中文報紙刊出外，並另行寫
出英文稿之革命理論，分交各埠之友邦英文報紙同時刊出。[29]

圖 3-3　馮自由

29　《辛亥革命回憶錄》，頁 166。

一些觀察

先前提到，無論是康、梁還是孫中山的政治活動，他們幾乎都到訪相同的城市，向同樣的華人社羣宣揚各自的政見，所採路線亦大同小異：首先乘船到檀香山，轉溫哥華或維多利亞，再轉乘火車到洛杉磯，途經西雅圖、波特蘭、三藩市或屋崙（Oakland），然後折返三藩市回亞洲；有時再乘搭火車到多倫多轉紐約，回程時經芝加哥重返三藩市。如經這樣的路線，便可接觸到三分之二在美洲的華人人口了。

保皇會因致公堂關係大大提昇了其知名度，尤其是在東南亞各地，因為當地有同門異名的義興公司。三藩市的金門致公總堂大力支持康有為的活動，特別是在 1900 年唐才常（1867-1900）起事期間，致公堂高層如會長黃三德及西文翻譯唐瓊昌予以熱心支援。他們兩人可能希望藉此在一片狂熱愛國運動中打響致公堂的名聲。[30] 再者，大多數致公堂會員的家園仍在廣東，為了維繫與祖國的關係，盡力投入這些運動以換取發言權亦是可以理解的。另外，在祖國受到諸多列強欺凌的時候，洪門兄弟挺身而出亦完全是情理之內。

從上述的史實，可以歸納出以下結論：

（1）1898-1905 年間因為內憂外患，美洲華人社會開始意識到國家的重要。皆因祖國積弱，他們在國外任人魚肉。1903 年開始，三藩市華人便要求清政府拒絕延長 1882 年的《排華條約》。他們亦懂得以請願

30　*Revolutionaries, Monarchists, and Chinatown: Chinese Politics in the Americas in the 1911 Revolution*, p.55.

的方式，向美國政府表達訴求。失敗以後，又採取「文明」手段（而非義和團的暴力方法），號召各地僑胞杯葛美貨。此舉得到加拿大各埠、檀香山等華資公司支持。三藩市的華人基督教人士和中華總會館[31] 均贊成此舉。致公堂會長黃三德更到美國各地華埠演講，爭取支持，將地方利益延伸為國家實力的視點。各華埠羣情高漲，情況與孫中山 1896 年第一次到訪時截然不同。

（2）保皇會 1898 年首次將改革中國問題放到美洲華僑面前。他們走的路線，似乎跟孫中山日後走的分別不大。就方法而論，兩者亦相若：號召羣眾、宣傳政治理念，開了「羣眾運動」的先河。保皇會創立的報章和機構，有一些日後成為同盟會以至國民黨絕好的宣傳基地。

（3）洪門致公堂自民國以來嘗言遵守明末清初「前五祖、後五祖」的「反清復明」遺訓，各堂忠貞不二，期望英主降臨，事實卻並非如此。美加地區致公堂不少會員加入了保皇會，期望創設君主立憲政體。因美加兩地的洪門「大佬」親履其事，動員了龐大人際網絡，故為保皇會募集了不少捐款。而在利益與自身有關的問題上，洪門人士像美洲其他社羣團體一樣，希望促使清政府改變外交政策，與美國聯邦政府重新訂約，令華人在美可以有較大和較舒適的生活空間，以期改變他們在華埠的待遇，更期待一個富強的祖國能夠照顧到華人的合法權益。他們支援了中國有史以來第一次杯葛洋貨運動。

（4）保皇會領導層清楚知道致公堂在美洲華人社團中的重要性，康、梁為當時有名文士，他們派會員加入洪門，掌管辦報和宣傳工作。

31　1878 年中華公所改組為中華總會館。

在輩份、學養、社會階層各方面而言，康、梁等遠比孫中山等革命黨人優勝。孫中山是華僑背境，出身寒微，受西方教育但缺乏明顯的傳統士大夫階級觀念。康、梁有科舉功名，屬於士紳階級。他們重視聯繫華埠具影響力的商賈，惟對致公堂領導以下的販夫走卒，沒有多少興趣拉攏。這與孫中山日以繼夜地在華埠街頭演說，大力強化與致公堂上下關係，冀將同人一併編入革命隊伍的策略迥然不同。

圖 3-4　《民報》

孫、梁兩人在兩、三年間內因為政治活動需要走遍了北美多個城市。孫中山到處糾合人群，宣揚革命，是一個專業革命的活動分子。梁啟超對當時歐美社會缺乏認識，更談不上認同，且亦不諳英語。他是一個傳統士大夫的典範，仔細將異國事物和華人政教風俗互相比較，寫成《新大陸遊記》，冀能啟牖國人。兩人先後到北美從事政治運動，鼓動了

日後海外華人投身祖國政治的熱誠，況且在清末專制統治下，人們根本沒有表達政治訴求的權利和方法，只有通過海外華僑中文報刊一途，始能將自由訊息傳遞回祖國大地。這無疑拓展了同胞的視野。他們的政見各有市場，有時難免令海外社羣和組織出現分歧，但這亦同時體現了自由意志之可貴。

歷史往往以成敗論英雄，康、梁保皇黨政治重要性雖遠不及孫中山的革命運動，但康、梁因宣揚政憲政運動理念而創辦之諸報，可説是開近代中國報章雜誌新聞傳播的先河。在中國本土如是，在海外亦如是。因是之故，日後革命黨、國民黨對掌握海外宣傳媒介亦相當重視。

本章綜述康、梁領導的保皇黨在北美的政治活動和與致公堂領袖的往來。下一章則主要討論孫中山與洪門的關係。

第四章

孫中山與洪門

孫中山與洪門關係溯源

　　1866 年 11 月 12 日，孫中山在廣東香山縣翠亨村出生。1877 年，兄長孫眉回鄉結婚，孫中山向父親提出要求，欲跟隨孫眉到檀香山生活。1879 年 5 月 2 日，孫中山與母親楊夫人同赴夏威夷（Hawaii）。兩母子先乘帆船至澳門，然後再乘英輪往檀香山。孫中山時年僅 13 歲。

　　年幼時在鄉間長大的孫中山，對天地會並不陌生。天地會即三合會，又名三點會，於乾隆廿六年（1761 年）年由洪二和尚（俗名鄭開，又名提喜）創立於福建漳州，其後經水陸兩路傳到廣東廣州府、香山、東莞、南海、花縣、三水等地。

　　天地會能夠急速散播的主因是當時廣東人口增長帶來的經濟壓力，令大量農民失去耕地而變為游民，再加上廣東商品經濟比別省發展為早，種種因素奠定了天地會會眾的基礎。與此同時，清政府又在廣東採取限制和打擊宗族勢力的政策，削弱了地方士紳的管治職能。由於上述各種原因，年前從福建潛入廣東的天地會，到了嘉慶（1760–1820）年間漸漸由「受道者變成傳道者的角色」。天地會勢力除迅速蔓延外，內部組織層次、結構、禮儀隱語和誓詞等亦漸漸形成，有雄霸一方之勢。[1]

　　天地會的各地組織雖然略有差別，然皆以「團結互助」、「搶劫分贓」為主。廣東主簿傳自福建，載有「反清復明」字句，而在廣東各地破獲的其他天地會組織，除博羅縣的天地會之外，不見有反清的意圖和舉動。盟書如何並不重要，他們主要糾人拜會，透過集體暴力施行搶劫。

1　《近代廣東會黨：關於其在近代廣東社會變遷中的作用》，頁 20–41。

劫掠成功後便瓜分財物。[2] 然而，到了嘉慶中期，廣東南海縣天地會首領顏超等四處傳播「反清復明」的理念，並於兩廣地區建立了相當一批以「反清復明」為宗旨的天地會組織。道光（1782-1850）年間，「反清復明」、「順天行道」更為大多數會眾所認同。洪秀全在 1851 年初發起的太平天國起事得到廣泛勝利，更激發了「反清復明」的意識，找到「反清復明」最好的時機和實證。

圖 4-1　明朝流傳於民間的朱元璋畫像，
民國前懸掛在致公堂內。
三藩市致公總堂所藏檔案

但此號召只可以團結內部，與官兵展開鬥爭。然而，因為種種原因，太平天國最後以失敗告終。[3]

　　孫中山家鄉是天地會活動的地方，其家附近的石門村有三合會武館，孫中山曾前往觀看練武。[4] 他在家鄉聽過有關太平天國的故事，曉得「反清復明」是甚麼一回事。

2　同上書，頁 51-52。可閱另一本詳細研究三合會源流的著作 Dian H. Murray, *The Origins of the Tiandihui in Legend and History*, (Stanford: Stanford University Press, 1994)。作者也以為該會最初沒有反清意圖，且起事者對政治意識形態亦無多大興趣，見該書頁 82。
3　同上書，頁 165-166。
4　陳錫祺：《孫中山年譜長編》（北京：中華書局，1991 年），頁 8。

　　孫中山正式與廣東會黨交往始於 1886 年。當時他認識在博濟醫院
附屬南華醫學堂的同學鄭士良（1863-1901）。鄭士良是廣東惠陽人。
他是三合會首領人物。孫中山謂與鄭士良「及交愈稔，始悉彼為三點會
頭目之一，於是賴以得知中國向來秘密結社之內容，大得為予實行參考
之材料。」[5] 這就是說，孫中山開始意識到在將來的反清活動中，廣東
秘密會黨是一股可以倚仗的力量。

　　其他兩個孫中山在香港認識的三合會朋友是尤列（1866-1936）和
陸皓東（1868-1895）。尤為順德人，而陸為孫中山的香山同鄉。此後，
陸皓東等香港朋友開始跟廣東會黨分子接觸。

圖 4-2　中年孫中山

　　1894 年夏，甲午戰爭爆發，7 月清軍戰爭節節敗退，孫中山自上海重赴檀島，「擬向舊日親友集資回國，實行反清復漢之義舉」。冬 10 月間，遂舉行興中會成立大會，「會員須納會銀五元，另設銀會集股舉辦公家事業，每股科銀十元，成功後收回本利百元」。[6]

　　國安會館洪門大佬程蔚南向諸位洪門兄弟介紹孫中山，中和堂餐館的宋居仁等全體員工參加，惟出席人數不多，只籌得現款美金 6,000 元，交由孫中山帶回香港從事拓展革命工作。[7] 盟書中內容有「驅除韃虜，恢復中國，

5　《孫中山全集》，卷 1，頁 584。
6　《革命逸史》第 4 集，頁 3。
7　〈洪門兄弟協助孫中山創立興中會〉，資料室編：《150 週年特刊》，頁 80。

創立合眾政府」等語。他首度將推翻清政府與建立民主政府連在一起，作為政治綱領。

1894 年 2 月 21 日興中會在香港成立香港總會，以中環士丹頓街（Staunton Street）13 號乾亨行為地址。為避開港英政府警務人員的干涉，建會章程只言救亡，未敢明言排滿及明確宣示合眾政府之宗旨（只限宣誓時用）。會旨為「專為聯絡中外有志華人，講求富強之學，以興中華，維持國體起見。」[8]

1895 年 3 月下旬，孫中山偕同陸皓東、鄭士良到廣州成立興中會分會，並親自策劃第一次武裝衝突——廣州起事（1895 年 10 月）。孫中山這次起事其中最重要的一環是聯絡會黨。他委派曾是三合會骨幹的鄭士良、李杞、侯艾泉等分頭聯絡北江、西江、汕頭、香山及順德一帶的綠林以及香港、九龍、新安等地的會黨（即今天的珠三角一帶），以及三元里的民團，希望能組成一支強大的武裝力量。[9]

筆者於歷史檔案中找不到早期起義者中三合會會員所佔比例的可靠數字。我們知道頭領中的尤列、陸皓東、鄭士良，以及後來加入的孫中山、馮自由等皆為三合會會員，但下面參與的羣眾（rank and file）並無名字記載。在馮自由記憶中，興中會有會籍的成員是 286 名，然當時興中會為造反團體，三合會更然，敏感資料當然不便公開。馮自由紀錄中亦只有名字、籍貫、職業，然而他也不知道各人是否與三合會有所

8　《孫中山年譜長編》，頁 18。另可參李金強：《一生難忘：孫中山在香港的求學與革命》（香港：香港歷史博物館，2008 年）。

9　茅家琦：《孫中山評傳》（南京：南京大學出版社，2001 年），頁 125。

聯繫。[10] 惟於 1895 年 3 月 1 日，日本駐港領事中川恆次郎向首相原敬 (1856–1921) 報告，稱孫曾向他求助，並說孫謂三合會人數眾多，以福建為基地，試圖推翻清廷云云。[11]

綜合以上所述，孫中山對三合會的認識，始自年幼鄉居歲月的耳濡目染，同時從父輩的口中得知太平天國曾經從事「反清復明」的活動，但是直至青年習醫其間，才跟三合會人物有實際接觸。他開始從朋輩方面對三合會的源流、宗旨和組織有更深入的了解。孫中山在 1893 年至 1895 年間組成了第一個革命團體興中會，基本上包括粵港的三合會會員為骨幹。因此在後來參與廣州起義的同志當中，亦有不少是三合會會員。

孫中山對聯合會黨促成革命有他的見解：

> 乙酉（按，1900 年）以後，余所持革命主義，能夠相喻者不過親友數人而已。士大夫醉心功名利祿，惟所稱下流社會，寓反清復明之思想於其中，雖時代湮遠，幾無數典忘祖，猶較縉紳為易入，故余先從聯絡會黨入手。[12]

10　《革命逸史》，第 4 集，頁 65。

11　《孫中山先生年譜長編》，頁 81。

12　馮自由：《革命逸史》（上海：商務印書館，1946–1947 年），第 3 冊，頁 126。

浪跡天涯

　　1895 年 10 月底，孫中山在廣州第一次武裝起義失敗後返港。因有可能被清政府引渡，他遂遵照律師之意見，趕緊離開香港。11 月初抵神戶（Kobe）和橫濱（Yokohama），獲得橫濱華埠粵僑馮鏡如的支持，在橫濱成立興中會。其實孫氏在無意之中建立了另一個日後重要的革命陣地，成為聯絡日本政商界以及東亞同文會為首的犬養毅（1855–1932）、宮崎寅藏（1871–1922）等「浪人志士」的契機。[13] 時中日甲午戰爭剛結束，兩國復交，而清政府駐日公使行將到任，日本政府有可能照章引渡孫中山等人，故日本亦非久留之地。孫中山於是決意立刻啟程前往檀香山，並在 1896 年 1 月抵達該地。1894 年，他在此成立興中會，當時仍為名譽會長，到埗後從當地華僑籌募了一筆小經費，組織了一個名為「軍事教育會」的團體，招攬了數十名華僑青年參加。他剛巧碰到他在香港華人西醫書院習醫時的老師康德黎（James Cantlie, 1851–1926）醫生夫婦，遂與同遊，並為響導，又向他們透露即將作環球之遊，後會有期云云。當時意想不到的是，數月後孫中山由紐約前往英國，在倫敦受清政府密探的誘捕，被關押於清政府位於波特蘭坊（Portland Place）的公使館，後來幸得康德黎出手營救，得以脫險。

　　1896 年 6 月 18 日孫中山離開檀香山赴舊金山。這裏聚集了許多為淘金而來的粵僑。他暫住沙加緬度街（Sacramento Street，時人謂「唐

13　《一生難忘》，頁 111。有關這一課題，可參 Marius B. Jensen, *The Japanese & Sun Yat-sen* (California: Stanford University Press, 1970)。

人街」)706號的聯勝雜貨店內。最初他憑基督教教友的介紹,持函往見
徐翰芬牧師。之前他曾由鄭士良口中得知有關洪門的一些知識,故抵美
後屢訪洪門致公堂父老,宣揚他的革命理念,聞者無不以瘋漢視之。奔
走數月,毫無結果,乃將新成立的興中會事務委托鄺華汰(1866-1906)
辦理。鄺肄業於史丹福大學,娶美婦為妻,熱心革命,並以他的住址華
盛頓街916號為興中會通訊處。[14]

　　這是孫中山第一次踏足美國本土。他多次接觸致公堂,嘗試宣傳
排滿革命。他到各堂口演講,但招不到會員。他感到奇怪,因為這與他
從鄭士良處所知道的洪門人士不同。孫這樣回憶道:

　　　　雖然美洲各地華僑多立有洪門會館。洪門者,創設於明朝遺
　　老,起於康熙時代⋯⋯以反清復明之宗旨,結為團體,以待後有
　　起者,可藉為資助也⋯⋯國內之會黨,常有與官吏衝突,故尤不
　　忘其與清政府居於反對之地位。[15]

　　第一次北美之行無甚成效,原因之一是他不是洪門中人。洪門會
員不會向外界透露堂內事務。二是他認為那裏的華人缺乏政治意識和
愛國情操,使他非常失望。當時他指責三藩市洪門會員謂:

　　　　海外之會黨多處於他國自由政府之下,其結會之需要,不過

14　馮自由:《中國革命運動二十六年組織史》(上海:商務印書館,1948年),
　　頁27-28。
15　《辛亥革命資料叢刊》,第一卷,頁6,轉引自《孫中山評傳》,頁151。

為手足患難之聯絡而已，政治之意味殆盡全失矣。故反清復明之口語，亦多有不知其義。當予之在美洲鼓吹革命，洪門之人初亦不明吾旨。予乃反而叩之反清復明何為者，彼眾多不能答也。後由在美之革命同志鼓吹數年，而洪門之眾乃始知彼等原為民族老革命之黨也。[16]

由此可見迄至 1896 年中甲午戰爭之後，美洲華僑對祖國政治仍屬相當冷感，其中會員最多的堂口致公堂，上下仍以生計為務。孫中山抵北美數月，毫無成績可言，自己也不禁嘆息，謂「美洲華僑之風氣蔽塞，較檀島尤甚」。[17] 後又回憶道：「然當時予之遊美洲也，不過為初期的播種，實無大影響於革命前途也。」[18] 孫中山所說的是實情。後來他離開三藩市前往紐約，前後在美國逗留了 3 個多月，更於 1896 年 9 月 23 日離開紐約，前往倫敦，繼續其環球之旅。

孫中山 9 月 30 日抵利物浦（Liverpool），即赴倫敦往見其師康德黎。孫氏於倫敦為清使館禁錮事這裏不再詳述。簡單來說，他在 10 月 11 日被綁架，直至 10 月 23 始行釋出，前後共 12 天。[19] 在英國，他拜會學者、記者、政客、舊友，及到大英博物館閱讀參觀，惟欠缺能與他討論革命的同道。他以「時歐洲尚無留學生，又鮮華僑，雖欲為革命之

16　《孫中山評傳》，頁 152。
17　《孫中山評傳》，頁 262–266。
18　《建國方略》，收於《孫中山全集》（北京：中華書局，1981 年），第六冊，頁 232–233。
19　《孫中山年譜長編》，頁 112 及 124。

鼓吹，其道無由」。故此他想回到日本，「以其地與中國相近，消息易通，便於籌劃」。[20] 很明顯的，他外遊目的是要找尋華人社會中的革命同道，英國、歐洲找不着，而美國已經在月前到過，因此值得親身赴加拿大一次，於是他經加國回亞洲。

孫氏遂於 1897 年 7 月 1 日用 Y. S. Sims 名字乘坐努美丁號（S.S. Numidian）輪船由英赴加拿大，7 月 11 日抵達蒙特利爾（Montreal），13 日坐火車至溫哥華，20 日前往西岸域多利，在該鎮逗留了 13 日後，8 月 2 日坐船回日本橫濱。此為孫氏第一次踏足加國，宣傳革命。

孫中山在域多利一直由美以美教會華人牧師陪同，又結識了當地華埠店主李其燦、李勉辰父子，其他活動卻沒有記錄。但他一定知曉洪門致公堂在當地的勢力，更相信要在美洲籌款和宣傳革命，一定要得到致公堂的支持，而加入致公堂為會員乃最佳之法。黎全恩謂當時加拿大保皇會勢力十分蓬勃，孫顧及自身安全，故急欲離開。[21] 此說筆者認為不能成立，維新運動於 1898 年 9 月 21 日正式告終，康、梁出走日本，而康有為 1899 年 6 月始抵達溫哥華並創立保皇會。孫中山過境溫哥華時戊戌變法仍未開始，「保皇會之勢力在加拿大正蓬蓬勃勃」是不太可能的。他並非重視自己安危的人，日後在波士頓遇上一羣保皇派分子時，不但沒有躲避，還相約對方作公開政治辯論，這或許是他曾受西洋美式教育的作風吧。筆者推測像孫中山年前經過三藩市華埠一樣，當時加國華人政治仍未覺醒，處處避談革命，所以人們對孫中山提倡的革命

20　《孫中山年譜長編》，頁 137。
21　《洪門及加拿大洪門史論》，頁 109–110。

尚未感興趣。迫不得已，孫中山只好提早回到亞洲，繼續宣揚革命。

　　孫中山在往後著作中嘗謂「華僑為革命之母」，他在《中國革命史》回顧辛亥革命之歷程時更寫道「綜計諸役，革命黨人以一往直前之氣，忘身殉國；其慷慨助餉，多為華僑；熱心宣傳，多為學界；衝鋒破敵，則在軍隊與會黨。蹈厲發奮，各盡所能，有此成功，非偶然也。」[22] 孫中山為了革命，走遍亞洲、歐洲、美洲，而革命團體興中會、同盟會皆在海外始創，往後的國民黨、中華革命黨甚至中國國民黨均有大量海外華人參加。而對辛亥革命捐輸最多的華埠，首推位於美洲西岸、屬海外最大的華人社區的三藩市、維多利亞和溫哥華。

　　孫中山在 1896 年至 1897 年間初次向北美華人社會鼓吹革命，因為時機未成熟，得不到積極的和應。北美華人日後成為革命發展的重要力量，全賴 1900 年以後華人社會的政治覺醒，筆者在之前一章業已述及。加上在此數年間中外發生了幾樁重要的衝突，激發了中國民族主義的興起。這都是當時清政府無法解決內憂外患的結果。

22　陳錫祺：〈華僑是孫中山革命事業的支持〉，收於中山大學孫中山研究所編：《孫中山與華僑：「孫中山與華僑」學術研討會論文集》(廣州：中山大學出版社，1996 年)，頁 1-2。

政治潮流轉向革命

19 世紀末帝國主義侵略加劇，清政府在對外戰爭中屢次戰敗。自 19 世紀中葉以來，侵略多由英國主導，主要目標為奪取從倫敦通往東亞沿岸港口的貨棧和碼頭，從而成立便利商務的據點，促進商貿往來，提升英國的國力。另外，英國又致力於確保關稅穩定，保障英國在全球的商業利益。他們又不惜推行「炮艦外交」(gunboat diplomacy)，以期達到目的。可是到了 19 世紀末，歐洲各國，甚至日本、美國等皆先後受工業革命的洗禮，船堅砲利已非英國獨有。這些後來居上的列強希望透過強佔方式和更加霸道的手法，打破英國對商貿的壟斷，例如割地駐兵，以貸款方式強奪鐵路和和沿路礦山以鞏固自己未來在軍事和產業開發的實力。這股新帝國主義 (Neo-imperialism) 力量遠非只要求「通商互利」般簡單。英國殖民主義開始受到前所未有的挑戰。

1895 年，清政府在甲午戰爭中大敗於日本，作為求和條件，朝鮮落入日人手中，且割讓台灣予日本。1898 年德國強佔山東的膠州灣，1900 年義和團事件引發八國聯軍之役，清政府危在旦夕。上至封疆大吏的督撫，下至一生追逐功名利祿的傳統士大夫，均知道中國傳統政治制度不足恃。如果仍是墨守成規，只會以貧召亡。這種憂危國事的焦慮，1900 年後廣泛傳到海外華人社羣之中，與他們所在地的政府相比，清政府之無能不言自明。

清政府在內政上謀求改革屢次失敗。在 1898 年的戊戌維新當中，康有為、梁啟超師徒想藉着日本明治維新方式扶助光緒皇帝改革，由此而觸發反對。康派絕地反擊，圖發動政變扭轉劣勢，惟最後以失敗告

終。兩人連同少數參與者最終亡命海外，以勤皇為幌子，號召海外華人參與憲政改革行動，並組織政治團體、辦報和演說，喚起華人對國家族羣的認同及對政治改革的興趣。這股力量潛力很大，如運用得宜，可以左右大局。

　　三藩市當地華人要維持地方團結，才可以捍衛本身利益。1905 年取消《排華法案》失敗，海內外華人社會瞬間發起杯葛購買美國貨運動。這是民族主義驅使下愛國總動員的高峰。

留日學生與革命潮

　　除美洲為數甚夥的華僑外，20 世紀初給孫中山的革命事業注入新動力是中國各省大批赴日的留學生。據統計，1901 年赴日留學生為274 人，1902 年 608 人，1903 年為 1,300 人。他們渴求真理，更急於為中國未來尋找方向。[23]

　　幸好當時日語尚未改革，當中仍保留了許多漢字。中國學生只需學習數月，便能閱讀簡單日文。由於中國留日學生甚眾，各省學生都自辦報紙，一為傳播新思想，二為互通聲氣，因此當時的學生報如雨後春筍，百花齊放。其中較著名的有《浙江潮》、《湖北學生界》(後改為《漢聲》)、《江蘇》、《遊學譯篇》等。孫中山資助出版《國民報》月刊，大倡排滿思想。他又在 1903 年 9 月 21 日《江蘇》創刊號發表〈支那分割保全合論〉，力言「支那國土統一已數千年矣」，「就國勢而論，無可保存之理也；就民情而論，無可分割之理也」。他並對列強警告謂：「分割之日，非特支那人屠戮過半，則恐列強無安枕之時矣。」[24]

　　中國學生在日本的反清活動、他們在報刊的言論，以至孫中山偶爾在當地中文報章撰寫的文章，以當時世界資訊流通狀況而論，北美華人社區一定曉得。留日中國學生的反清思潮和言論、對列強瓜分中國的恐懼及焦累，他們當然完全明白。

　　以上的政治宣傳活動，同時在北美各華埠報章中也充份反映出來。保皇及革命兩黨的政治活動、所控制報章互相攻擊，前章業已述及，在此不贅。

23　《孫中山評傳》，頁 262–266。

24　《孫中山全集》，第一卷，〈支那分裂保存合論〉，頁 218–224。

再訪美利堅

甲午之戰，中國大敗於日本。之後清政府在外交方面屢受挫折。列強眼見中國處於弱勢，遂爭相謀奪勢力範圍；中國有被列強瓜分之虞。加上海外華文媒體的興起，及中國民族主義的崛起，種種原因令政治氣候為之一變。孫中山睽違美土十年。這次重來，他感到華人已不再如前敵視革命。革命思想傳播開始漸入坦途。

1904 年 3 月 11 日，孫中山第二次踏足美國本土。他乘搭「高麗號」從檀香山進入三藩市。他為捲土重來作了充份的準備。

赴美前夕，孫中山在檀香山的母舅楊文納有見孫 1896 年首次遊美的成績不佳，缺乏同志襄助，且北美為保皇會發源地，保皇機關林立，因此楊認為「倘不與洪門人士合作，勢難與之抗衡」，遂勸孫中山加入洪門。孫接納建議，由洪門叔父鍾水養介紹，在檀香山加入國安會館，正式宣誓加入洪門，並受封為「洪棍」（元帥）一職。[25]

三合會於 1854 年傳入檀香山，最早在馬諾阿（Manoa）創辦，屬聯誼會性質，主要是協助客死異鄉者運載骨殖回鄉安葬。1869 年演變為以歃血為盟方式入會、位於角蔓區（Kaneche）的同興公所，創辦人計有彭玉璉、鍾富、陳義貴、何茂等，兩年內「入闈者超過千」，先易名為同興公司，後再改名為國安會館。據悉在會員當中，客籍人士佔

---

25 馮自由《革命逸史》，第二集，頁 101，轉引自《孫中山評傳》，頁 271。而《孫中山革命與美國》則謂孫的介紹人為鍾國柱。鍾國柱即鍾水養。詳參《檀香山國安會館成立一百周年紀念大慶特輯》（夏威夷：檀香山，1969 年），頁 7。

多數。1899 年又遷到松山疆省，並向政府立案，會員增至 500 人。[26]
另一洪門會館的會員則多為本地人，另設分堂，位於檀香山，兩者互
不統屬。俟 1892 年本地洪門會館才跟金山致公總堂結盟，易名為致
公堂。[27]

梁啟超 1903 年春抵達溫哥華，其後便到北美洲各地遊覽旅行、建
立保皇會及募款，當年 10 月從溫哥華返抵日本；剛剛相隔二年，孫中
山於 1905 年 10 月由日本重返檀島。其間遂掀起保皇派與革命派的報
章筆戰。過程至為明顯：革命派的興中會自孫中山 10 年前離開後幾已
寂寂無名，潰不成軍，而康梁保皇黨在文攻武衛的宣傳下，發展蒸蒸日
上，如日中天。

革命派估計保皇派會設法運動美國政府不許孫中山入境，且有引
渡他返國之虞。為避免意外發生，多名鄉親遂向檀香山當局作證，替孫
中山弄到檀香山的出生證書，以防萬一。[28]

孫中山於 1896 年 4 月 6 日抵達三藩市，豈料當時關員的翻譯者為
保皇會會員，收到檀香山方面黨員的訊息，事先通知清公使何祐。何遂
請求美方阻止「亂黨」入境，時值李鴻章 8 月訪美，正是敏感時刻，孫
中山遂被關進碼頭附近的木屋待查。恰好孫中山翻閱《中西日報》，看

26　此處有兩個不版本。郝平在〈孫中山與致公堂〉中謂創會者為當地富商之一的
　　鍾木賢，而此人當時仍健在，離創會時的 1869 年已經三十五年，因此不太可
　　能仍為國安會館主席。此處根據《特輯》，頁 6。可能因遷址關係，重新招募會
　　員，故會員達 500 人之數。
27　*Revolutionaries, Monarchists, and Chinatown: Chinese Politics in the
　　Americas in the 1911 Revolution*, p.26.
28　《孫博士與中國洪門》，頁 91–92。

到主編伍盤照的名字。伍為牧師，
之前曾有基督教教友為孫中山撰寫
信函，介紹孫給伍盤照認識。孫遂
寫便條託西童遞送給伍盤照。伍
見字後即往疏通何祐，連同致公堂
「大佬」黃三德、翻譯唐瓊昌，由致
公堂支付 500 元向移民局擔保釋出
孫中山，並延聘律師那文向華盛頓
方面上訴。[29]

圖 4-3　伍盤照

29　此處根據馮自由〈致公堂與總理〉一文為主。馮自由當時仍在日本，此事與他
　　無涉。馮後來追隨孫中山，於香港及北美辦報，宣揚革命。從他遺留下來有關
　　革命的記述，可見他是一個洞察及記憶力特強的人。馮氏亦謂黃三德收到伍
　　盤照通報，始知其事。詳參馮自由：《馮自由回憶錄》（北京：東方出版社，
　　2011 年），頁 923。據洪門人士出版的刊物記載，孫中心總共被羈留 17 天，
　　其間伙食由金山致公總堂代辦。見李炳富：〈洪門與華僑革命史〉，《紀念五洲
　　致公總堂成立 150 週年》，頁 13–14。洪門人士特別標榜他們的角色： 他們
　　不提孫中山首先求救於伍盤照。有些記載更明顯與事實不符。黃三德謂：「孫
　　文初進洪門，在檀香山，由黃三德策劃……孫文在檀香山加入洪門之時候，為
　　前清光緒廿九年 [1903 年]，由黃三德先寫介紹函，寄到檀香山正埠國安會館
　　各昆仲，許其加盟……至光緒卅年甲辰 [1904 年]，三德又致函檀香山洪門昆
　　仲，請其資助孫文來美國……。」見黃三德《洪門革命史》（三藩市：自印本，
　　1936 年），頁 2–3。我們可以推想，當時的華人有在碼頭迎送的習慣，何以孫
　　中山被困木屋 10 多天而致公堂人士全然不察覺？一謂康黨傳譯華工，一謂檀
　　香山保皇會陳儀侃等通知舊金山黨羽，謂孫中山的出生證明書偽造。後者見蘇
　　德用：《國父革命運動在檀島》，收於蔣永敬主編：《華僑開國革命史料》（台
　　北：正中書局，1977 年），頁 80。然孫中山由鄉親在檀島發假誓，證明孫
　　中山在檀香山出生一事，當地保皇會人士知悉後，轉知舊金山黨羽，再告密移民
　　局扣留一事則無可疑。原文如下：「伍氏謂孫獲釋後晚間下榻致公堂，日間寄
　　食位於樸斯茅斯公園斜對面的《中西日報》報社，往來只須步行兩個街區。」

圖 4-4　伍盤照與同寅之合照

圖 4-5　《中西日報》

這是歷史事件中的偶然小插曲，試想像若孫中山不能登岸而被遣返檀香山，歷史又將會如何發展？

1904 年第二次訪美是孫中山整個革命過程中的重要分水嶺。當時革命形勢如下：日本是一個宣傳和滲透中國大陸武力反清政府的中心，以學生為主，流動性頗大。其餘兩個革命基地為香港及美洲。這幾個革命基地各有優劣：香港是計劃及財務的總指揮部，若然不是明目張膽「動武」，那邊的英國人還可以忍受，而北美是革命軍的糧倉，三者缺一，革命難成。孫中山安抵三藩市後，正式開展與致公堂的交往。

在往後的 10 年裏，憑藉致公堂的名聲和廣濶的人脈，再加上堂內領導人物的全程投入，孫中山領導下的革命運動逐漸在海外華人社會得到認同和支持。洪門人士則從每天受到的歧視和生活的重擔中抽離，將國家的未來視作個人的未來。大家都熱切期盼着一個富強的中國。

孫中山在檀香山加入三合會，其後到舊金山聯繫致公堂，目的是要擴大革命隊伍，其中經過周詳的策劃。于右任對此有十分精要的回憶：

在興中會尚未展開美洲組黨工作之前，美洲華僑社團中，可以稱得有組織的會黨，除老康等之保皇會外，自然要推致公堂。致公堂歷史之長，與力量之大，當然駕乎保皇會之上的，而且致公堂的分支機構，還要遍佈於南北美洲之大小城市，其會員之眾、力量之雄，自然可以想見了。誰都知，致公堂這個組織，是由反清復明為主義之一洪門三合會而構成的。它的性質與行動，簡直是革命集團的定型。況且他的會員種子，散佈於各種階層、各式組合之中……不論在海外那個地區都有他的組織。……

　　根據于右任的回憶，孫在三藩市曾拉攏致公堂，且對這組織也十分了解：它可算是最大的華僑團體，會員為各階層人物，分佈於海外華人社會，以反清復明為目標，典章制度也非常嚴謹莊重。唯一缺點是「組織上有散漫的症狀，行動上也有各自為政的缺憾，形成一個首尾都似乎不能連繫與指揮的情勢」。因是之故，于右任以為保皇黨「就無時不思千方百計，希望把這一股人力引誘過去。因為保皇黨在新聞宣傳上全面失敗，造就了致公堂與興中會合作的契機。[30]

　　本章詳細討論了孫中山與洪門錯縱複雜的關係。下一章將深入剖析致公堂與中國的革命活動的進展。

30　于右任：〈辛亥革命回憶錄〉，譚永年主編，（香港：榮僑書店，1958 年），頁171-172。

第五章

致公堂與革命運動

孫中山在北美宣揚革命

　　1904 年，孫中山第二次踏足北美。從 1904 年 4 月 6 日抵達三藩市至 12 月 14 日離開紐約前往英國，他在美國總共逗留了 8 個多月。革命形勢朝着好的方面邁進，革命思潮越發得到知識分子及日本留學生的共鳴。孫中山這次遊美有以下目的：一，跟北美致公總堂建立適當的關係，以利日後革命的進行。在檀香山成長的他，對金門大埠有一定的認識：那裏窮苦的華人較多，然而開店做生意的也大有人在。後者可說是海外華人社會中生活較好的一羣。二，在籌款支持革命方面，作為美洲最大的華人社羣，總會較容易籌募資金。三，宣傳和鼓吹革命。四，恢復興中會的政治活動。五，打擊保皇黨活動。康梁先後訪問北美。他們將所見所聞以遊記形式發表在橫濱出版的《新民叢報》中。因為《新民叢報》在中國和海外均廣泛流通，康梁鼓吹變法，曾為光緒帝之輔弼，在中外華人當中聲名鵲起。孫中山要從康梁手中爭取更多支持者。

　　孫中山抵美未久，便託伍盤照的《中西日報》印製 11,000 冊鄒容（1885–1905）的《革命軍》，分寄海外華人團體。鄒容是新生力量的典範，出生於一個四川的富裕家庭。1902 年留學日本，因在東京帶頭剪掉學監的辮子而被迫返回上海，後因撰寫《革命軍》一書下獄，1905 年死於獄中，年僅 20 歲。《革命軍》一書約 2 萬餘字，共分七章，內容是滿懷熱血地歌頌革命，建立美式或法式的「中華共和國」。他在書中吶喊：

　　　　我今日中國不可不革命。我今日中國欲脫離滿洲人羈縛，不可不革命；我中國欲獨立，不可不革命；我中國欲與列強並雄，

不可不革命；我中國欲長存於二十世紀新世界上，不可不革命；
我中國欲為地球上名國、地球上主人翁，不可不革命……[1]

鄒容認為，無論如何，只有革命才可以拯救中國黎民蒼生。這一觀
點影響了未來大半世紀的中國政治。

圖 5-1　鄒容與其《革命軍》

5 月初，孫中山正式展開他的革命宣傳活動。他先在華盛頓街戲院
發表公開演說，號召華人團結，推翻腐敗的清政府。此舉立即引起清使
館的注意。他們趕緊張貼公告，警告僑胞不要參加。

1　周勇主編：《鄒容與蘇報案檔案史料匯編》（重慶：重慶出版社，2013 年），
　　頁 393。

在美華人基督教徒雖僅佔少數，但他們大多傾向主張政治改革。孫中山遂以興中會名義在史托頓街 (Stockton Street) 網紀慎會 (Congregational Church) 召開興中會救國籌餉大會，由鄺華汰任主席。在演講中，孫中山剖析革命救國真理。他隨即請聽眾購買「革命軍需債券」，每張實收 10 元，革命成功後本息可獲兌換 100 元；購券者立刻成為興中會會員，日後可以享受國家的各項權利。教友對購券集資表示歡迎，但卻不願成為會員。因為他們不少親友還在家鄉，恐怕因加入革命黨而連累親友安全。最後籌得 4,000 美元，但沒人填寫表格入會。正式入會者只鄺華汰一人。興中會會員寥寥，會務無大發展。這是興中會的最後一次集會。[2] 教友們的態度令孫十分失望。

自 1902 年起。致公堂的機關報《大同日報》一直為康有為弟子歐榘甲所把持。惟歐的政見搖擺不定，曾以筆名撰寫〈新廣東〉，主張廣東獨立，康責歐此文欠妥。致公堂日與孫中山接近，歐撰文批評此是「不智之舉」。黃三德、唐瓊昌聞之不悅，遂請孫中山另介文士代勞。孫建議起用橫濱華僑馮鏡如子馮自由。馮因故未能到任，但推薦了劉成禺 (1876-1953) 為《大同日報》總編輯，事情總算完滿解決。劉原為公費留日學生，因編輯《湖北學生界》雜誌鼓吹革命，故清政府取消其公費，財政來源因而中斷。劉成禺 1904 年夏到舊金山上任，《大同日報》面目一新，刊登鼓吹革命的文章，在華僑中引起積極的反響。孫中山終於接收了一個重要的宣傳陣地，打響了向保皇黨宣戰的第一槍。[3]

2　〈舊金山興中會〉，載《馮自由回憶錄》，頁 583–584；《孫中山與美國》，頁 124。

3　《孫中山革命與美國》，頁 124–125。

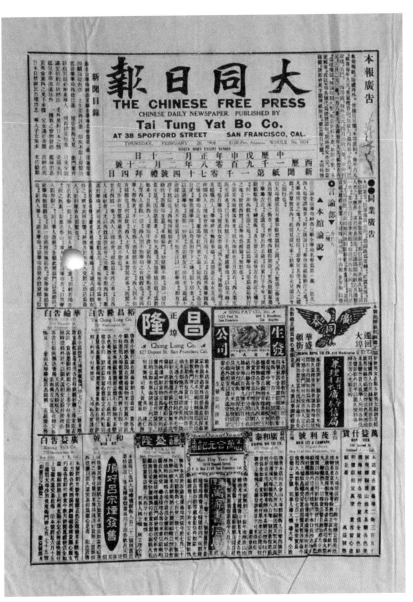

圖 5–2　大同日報。
三藩市致公總堂所藏檔案

這時孫中山差不多已屆不惑之年，為了革命事業，東奔西跑，足跡遍全球。之前兩次起事，即 1894 年的廣州和 1900 年的惠州起義，都有大量會黨參與。他對會黨的結構和領導有一定的了解：洪門致公堂是一個傳統堂口的組織，有強烈的宗派性，會員只是本着各自理解的「仁義」及誓詞中的「做」或「不能做」。由此可見洪門致公堂缺乏細緻的行動規則及程序。它名義上會員眾多，但會員都各有工作，除了三數名負責領導的職員外，其餘都是業餘會員，定期出席會議的只有 10 數人。更甚者，他們「多半泥守舊習，毫無遠大理想，而各堂對於總堂關係，大都陽奉陰違，有名無實，尤以美東各埠為甚」。[4] 因為美東距總堂較遠，往來自然稀疏。

圖 5-3　致公堂同寅照，左二黃三德、右二孫中山。
三藩市致公總堂提供

4　《孫中山年譜長編》，頁 313，引自馮自由：《革命逸史》，二集，頁 113–114。

起草新章

　　孫中山想出了兩個可以增加會員向心力的方法：一是實行全美會員重新註冊，二是重新釐定新的會章。孫中山遂建議實行洪門會員總註冊及重訂新章，兩者皆得到總堂首肯。註冊除了是為統計人數外，還希望能夠運用民主選舉方式運作，釐訂各職員之職能及會員的義務和權利，而背後的更大用意是希望透過會員繳納註冊費為革命籌募經費。當時洪門在美國有會員 70,000 至 80,000 人，如果成功推動註冊的話，可得美金 200,000 以上。致公堂亦可藉此整合力量，重振聲威。[5]

　　筆者細閱〈致公堂重訂新章要義〉，根據其內容思路推斷，且原文收錄於《孫中山全集》中，可見孫中山對其起草的貢獻最大。唐瓊昌和伍盤照可能也有參與其事。在海外華人當中，他們三人大概是少數有興趣和能力草擬這樣複雜文件的人。研究辛亥革命的史家，在重構 1904 年至 1911 年孫中山與致公堂往來的一段歷史時，主要是靠馮自由及黃三德的回憶錄作為材料，而致公堂現存檔案則對 1912 年辛亥革命前的活動全然沒有記載，而他們自己在會慶會刊中所撰寫的，也不出以上的範圍，且沒有任何分析。此事當時是否開會決定？還是檔案經已遺失？現已不得而知了。目前僅存的文件〈致公堂重訂新章要義〉，是由 1905 年 11 月 26 日革命黨於東京出版的《民報》第一號轉載來自美國金山來

5　《孫中山年譜長編》，頁 113–114。

稿，定稿公佈日期為 1905 年 2 月 4 日。[6]

圖 5-4　致公堂檔案。
三藩市致公總堂所藏檔案

　　全文共 7,000 多字，分八章，前有 1,000 多字的序言，申述訂立新章的原因。重要章節如下：一，綱領，主要是宗旨及職員數目。二，權限，主要是每個職員及部門的權限。三，專責，每種職級的責任。四，保衛，即法律援助的步驟。五，薪俸，訂明各職級工作人員的薪水。六，進款，年中各類收入明細。七，支款，年中各類開支明細。八，辦法，總堂與分堂和支堂關係。

6　《孫中山全集》，卷 1，頁 259-270。致公堂同人對草擬〈致公堂重訂新章要義〉的反應、當時有多少人參與？多少人贊成？程序如何？在所有檔案中均無一字提及。〈致公堂重訂新章要義〉收錄在《孫中山全集》中，皆因文稿出自孫手筆。數月後且為東京革命黨喉舌《民報》轉載，以為號召。

孫中山在前言開宗明義地指出：

> 　原夫致公堂之設，由來已久。本愛國保種之心，立興漢復仇
> 之志，聯盟結義，聲應氣求，民族主義賴之而昌，秘密會社因之
> 日盛，早已遍佈於十八行與及五洲各國，凡華人所到之地，莫不
> 有之，而尤以美國為盛。蓋居於平等自由之域，共和民政之邦，
> 結合聯盟，皆無所禁，此洪門之發達，固其宜矣。[7]

　孫一方面歌頌美國精神，一面暗指保皇會分裂華人社羣，即指摘謂：「近且有背盟負義，赴入歧途，倒戈相向者，則更為痛恨」。

　章程繼續陳述致公堂目前的三個任務：一，保護現居美國同胞會員，肯定洪門在移民社會中的作用。在「異鄉作客，人地生疏，言語不通，風俗不同，入國不知其禁」，「又或天災橫禍，疾病顛連，無朋友親屬之可依」的情況下，致公堂扮演「聯合大羣，團集大力，以捍御禍害，賙恤同人」的角色，這當然是大家可以認同的。二，孫中山援引社會達爾文主義，「順天行道為念」，「況當今為競爭生存之時代，天下列強高唱帝國主義，莫不以開疆辟土為心」，致公堂的義務是要「光復祖國，拯救同胞」。強調國運危在旦夕又是孫中山奔走革命的原因。三，消滅支持滿清政府的「漢奸」，由明末之降將異臣，到清季之曾、左、胡、李，而「今又有所謂倡維新，談立憲之漢奸以推波助瀾，專尊滿人而抑漢族，假公濟私，騙財肥己」，這裏當然是指康梁的保皇會，而致公堂

7　《孫中山全集》，卷一，頁 259

有義務「聯合大羣，團集大力，以先清內奸而後除異種」，明顯是拉攏致公堂，使其與保皇黨對立。

這文件目的在「必先行註冊，統計本堂人數之多少，以便公舉人員，接理堂務，必註冊者然後有公舉之權，有應享之利」，這是當今民主的程序。故此章程只是稿本，「先行刊佈，俾各埠周知參酌妥議。俟註冊完成後各埠公舉議員代表，擇期於三藩市會議討論，然後施行。」也就是說：這文件是建基於討論的底稿，用以徵求意見之用，日後由公舉代表議決才可以執行。

全文內容十分明確細緻。章程的基本精神，深受美國民主政治思想和體制的影響，其中組織理念更如是，可視作研究孫中山政治思想的最早文獻。

第一，採取聯邦式體制，將致公堂體制建構為一個行政實體。總堂的「大佬」儼如美國的總統，而各地方分堂或支堂分別就地設總理，扮演州長的角色。每堂按會員比例選出議員出席總堂年會，而議員任期一年，分三班更替，與美國聯邦政府參、眾議院形式相似。另外，還有相互制衡的機制。例如議員所決定事項要總理簽署方為有效，不合總理意者可退還再議，若是三分二人數通過便可執行。在收支方面亦然，每年預算由議員全體制定方可執行。當然支出時要經過多重副署，地方支堂可因時制宜設立專規，惟須先由總堂批准，主要是檢視是否與現行規定牴觸。總而言之，體制仿效美國的憲法架構和程序。

第二，一人一票選舉總堂各職，新章開辦繳交註冊費一元，成為正式會員後則年交二元，其中一元轉交舊金山總堂。這方面與聯邦稅及州政府稅對分相似，而總堂各職位要由註冊繳費會員選出。華人社區組

織的弊端之一，就是註冊後並無跟進會員是否有繳交會費，或者會藉是否已過期。因此，即便社團會員眾多，但因「事不關己」，且選舉時多基於鄉黨、長幼、親疏、利害關係，小數會員往往可以騎劫某些議案，結果由少數活躍分子操縱決議。總堂職員由各分堂會員投票決定，是理想的解決方法，但在遠距離而交通又不便的情況下，實行起來並不容易。

第三，致公堂機構採三權分立制度，「一曰議事權，一曰行事權，一曰判事權，而總權則集於堂友之全體。」也就是最高權力歸全體會員。

第四，通過法律途徑解決糾紛，將美國劃分為三區，每區成立保衛局，「每區聘定長年律師一人，派定值事若干人……凡受人凌屈或無辜枉累者，皆由本堂為之伸理，不受分文」。日後還會將此制度引入「日本、上海、香港等各處，以招待堂友上落，及帶引退遊觀名勝」，並使堂友受到保護。這又跟美國聯邦設立的巡迴法庭 (Circuit Court) 無異。[8]

要將一個以個人的「道義」維繫、源自中國下層農業社會的秘密組織，一變而為現代社會的非牟利團體，真是談何容易？可見起草者對會員素質及能力缺乏應有的了解。除了少數上層人物外，北美華人社會中大多是機層勞工和小商人，試問哪有經濟力量支持這麼龐大的官僚架構？誰有能力去處理繁複細瑣的往來文書？舟車往來的費用不少，當中所涉及的時間等難以一一計算。

孫中山留美期間，與黃三德的往來最為密切。身為舊金山總堂會長，黃三德應曾躬與其事。惟在其回憶錄中未見任何記載。在洪門紀念刊物中，也只有 150 週年特刊中提到「以洪門人數雖眾而散漫，乃建議

8　〈致公堂重訂新章要義〉，引自《孫中山全集》第一卷，頁 259–270。

舉行洪門會員總註冊之法」而矣。[9] 因為是孫中山有份起草的關係，文件得以保存下來。不過筆者頗懷疑，孫中山離開三藩市後，致公堂是否尚有人切實執行這一新章。

隨着新章的發報，舊金山總堂宣佈：「今幸遇愛國志士孫中山先生來遊美洲，本堂請同黃三德大佬往遊各埠，演說洪門宗旨，發揮中國時事。」這一行程有兩重意義。一，孫中山當然希望通過黃三德介紹，能籌得更多革命經費。二，黃希望透過廣泛介紹章程，能強化總堂的領導地位。

首站先到沙加緬度，後赴尾利允（Marysville）、柯花（Oroville）、高老沙（Colusa），然後折返三藩市。從 1904 年 5 月 24 至 6 月 6 日，共十三天，這些城鎮都在三藩市東北面，大概之前是華人眾多的礦區，後來他們改為務農。

出發前金山致公總堂向各埠發出公啟，力主排滿之說：

> 我洪門宗旨以反清復明為最緊要，而開基二百餘年來，事猶未舉，豈以時之未至，眾之未集耶？察今時局則清運已終，不可謂非其時也；觀今日的團體，則洪門最大，不可謂不眾也……

最後舊金山致公堂各會眾商議，「公舉黃三德大佬隨同孫文先生到來貴地，演說洪門宗旨」，希望各埠兄弟能竭力幫忙。[10]

9　〈致公堂重訂新章要義〉，引自《孫中山全集》第一卷，頁 90。

10　〈致公堂之公啟〉（1904 年 5 月 5 日發），載於《警世鐘日報》（1904 年 7 月 2 日，東京印行），轉載自《孫中山年譜長編》，頁 314。

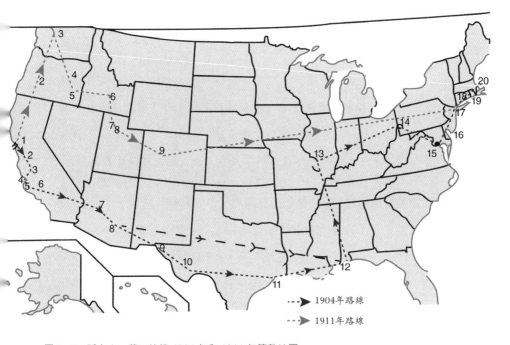

圖 5-5 孫中山、黃三德等 1904 年和 1911 年籌款地圖

孫中山、黃三德 1904 年 6 月 9 日從三藩市啟程，6 月 14 日兩人分道揚鑣，7 月 4 日於新奧良相會，然後一起東行。路程如下：

1) 三藩市（San Francisco）、2) 裴士拿（Fresno）、3) 北加裴（Bakerfield）、4) 洛杉磯（Los Angeles）、5) 聖地牙哥（San Diego）→ [厘化西（Reverside）]、6) 山班連拿（San Bernardino）→ [力連（Redlands）]、7) 裴匿（Phoenix）、8) 祖笋（Tucson），然後兩人各自上路。黃三德往 9) 巴梳（El Paso）、10) 山旦寸（San Antonio）、11) 加罅活頓（Galveston）。兩人於 12) 新奧良（New Orleans）相會。再赴 13) 聖路易斯（St. Louis）、14) 匹茲堡（Pittsburgh）、15) 華盛頓（Washington, D.C.）、16) 巴爾的摩（Baltimore）、17) 紐約（New York）、18) 哈佛（Hartford）、19) 欖物頓（New Providence）、20) 波士頓（Boston）。孫中山後返紐約，並在 12 月 14 日離開紐約往英國。資料主要來自《孫中山年譜長編》等。

四出宣傳

回三藩市休息了兩天之後，6 月 26 日兩人復乘搭火車，作跨洲長途宣傳兼籌款旅程，同時還與保皇會會員展開鬥爭。他在 6 月 10 日寫道：

> 今擬通遊美地有華人之處，次第掃之，大約三、四個月後將可就功。保毒當梁賊在此地之時，極為興盛，今已漸漸冷淡矣，掃之想為不難⋯⋯所幸此地洪門之勢力極大，但散漫不集，今已與各大佬商妥，設法先行聯絡各地洪家成為一氣，然後可以再圖其他也。[11]

跟據黃三德的紀錄，他們的路線如下：6 月 9 日抵裴士拿（Fresno，弗雷斯諾），11 日往北架裴（Bakersfield，貝克斯菲爾斯），14 日往洛杉機。7 月 1 日往山爹咕（聖地牙哥），7 日往粒巴西（Riverside，里澳賽德），8 日往山班連拿（San Bernardino，栢薩迪諾）等加州城市，9 日往力連（Redlands，赤域），10 日往亞里桑那州首府裴匿（Phoenix，菲尼克斯），13 日往孖李級巴（Maricopa），14 日往達祖笋（Tucson，圖森）[12]。兩人其後各自上路。

據悉，孫中山感到運動各埠致公黨修章不易對會員產生力量，故將重新修章註冊事交由黃三德主理。而他則先往紐約會晤留學生王寵惠（1881–1958）等，並與王共撰〈中國問題的真正解決〉（"The True Solution of Chinese Question"）。在聖路易斯完稿後，寄交黃三德舊識麥克威廉斯（C. E. McWilliams），向美國人民宣傳中國革

11　《孫中山年譜長編》，頁 313。
12　同上書，頁 316。

命。[13] 由此可見孫中山對鼓動地方致公堂的看法。他畢竟是有經驗的革命家，以目標為本，只會將時間投放在能看到結果的項目。可是會長黃三德在洪門內部工作繁重，修章一事他也不太熟悉，以後文稿除了以上紙上的討論外，也就沒有重提了。

黃三德向南進發：7 月 23 日抵巴梳（El Paso），26 日往山旦寸（San Antonio）。7 月 3 日黃三德往加罅活頓市（Galveston），8 月 3 日往布滿（Beaumont），4 日往紐柯文連（New Orleans，新奧爾良）。在此相約與孫中山會合，兩人遂於 8 月 18 日前往新薔（St. Louis，聖路易斯），並參加了自法國購買該城 100 週年紀念會。9 月 1 日兩人又向東行，沿途偶爾向會黨宣揚革命。9 月 5 日抵達匹茲堡（Pittsburgh），此地為美國重工業城市。兩人參觀了製鐵工廠。因此地洪門會員甚眾，入會註冊繁重，迫得在當地逗留了 10 天才向華盛頓（Washington, D.C.）進發，逮 9 月 14 日始到達當地。這裏為共和政治的革命聖地，象徵新政治體制的機構林立。他們參觀了標誌着代議制度的參、眾兩院，蘊藏着古今智慧的國會圖書館，以及促進近代金融經貿流通的造幣廠。適逢日前撰寫有關革命單行本將在《北美評論》（*North America Review*）[14] 出版，麥克威廉斯來信提議，在單行本封面寫上「致公堂」中文字樣。孫中山回覆謂：「我不敢說有些同志不會反對」，而且『致公堂』三字只在

13　《孫中山年譜長編》，頁 317。

14　1815 年在波士頓出版，是第一份以宣傳美國文化見稱的雙週刊或季刊，其後加入評論社會、文化、教育等方面的文章。眾多歷史名人均曾投稿該刊。麥威廉斯為紐約商人，是由黃三德轉介的。孫中山在美國跟正在耶魯大學念書的王寵惠撰寫〈中國問題的真正解決〉英文稿，刊登在該雜誌。參《孫中山年譜長編》，頁 316–317 及 www.North America Review。

此處流行，……我以為『革命潮』一名稱更為適合，所以我就寫了『革命潮』三個中國字，用作封面的提字」，可見孫中山做事很有分寸，尚未願將自己的革命跟當時致公堂的政治立場連在一起。[15] 他認為致公堂上下仍未決定追隨他所宣傳的革命道路。

　　孫中山深知跟致公堂仍欠親近，堂內尚有不少會眾反對革命，孫自知不好干預。

　　孫、黃二人由 1904 年 9 月 29 日抵達紐約，至孫 12 月 14 日離開前往歐洲，前後又在美國東岸活動了兩個多月，兩人又到訪以下城鎮：

　　一，他們以紐約為中途站，10 月 21 日前往波爾的摩、華盛頓然後折返紐約。12 月 4 日北上到乞佛、波士頓，途經欖問頓（Providence，普羅維登斯），由各埠洪門招待。這是當時美國文物較為昌盛的新英格倫州郡（New England States）。二，在紐約，孫寄居於前已在三藩市認識的許芹任牧師的教堂內，由此又可見他與洪門會眾的距離。三，兩人奔走各埠，孫每到一處，「必聚眾演說洪門反清復明，乘時救國之宗旨；而黃三德必開台演戲」，孫甚至在華人開設的洗衣店地下室內，也批評清政府腐敗及國民自救的必要。[16] 孫畢竟是一個廢寢忘餐的革命家，不斷向人們宣揚革命。

　　孫中山在美國的活動，在中國國內和日本的革命報章大肆宣傳，消息不外是孫中山的革命號召在北美如何成功、當地保皇會勢力如何懼怕革命浪潮等等。革命黨人成功地開始了跨地域政治宣傳。例如，1904 年 9 月 8 日的《警世鐘》轉載當年 8 月 7 日日本《二六新聞》報道：

15　《孫中山年譜長編》，頁 319。
16　同上書，頁 319–320。

支那革命黨領袖孫逸仙近遊美國各地，旅居美國的支那人大為歡迎，美國人中亦多表同情者。孫現創立報館三間，己身則以鳥約（New York）為本部，凡前為康有為保皇會員者，今殆盡化為革命黨。康黨之領袖大生嫉妒，謀暗殺孫，事未發而其謀已顯，孫幸得免於禍云。[17]

同年 8 月 15 日《廣東日報》轉載《大陸報》文章，謂自孫中山宣傳致公堂新章，會員重新註冊活動後，華僑始醒覺受騙：

美國羅省技利通信云：舊歲保皇黨領袖梁某未往該埠運動時，華人無知者，無不驚其氣焰，一時隨聲附和，竟由二十餘人增至千數百人。近以祖國革命之風潮逐漸輸入，而康、梁詐偽之伎倆亦暴露於世。故前入保皇會者，今已大悞，無不痛恨康梁，慨有食其肉而寢其皮之勢云。[18]

1905 年 6 月 12 日《大陸報》更刊登〈金山大埠致公堂特啟〉一則云：

洪門諸君大鑒：保皇會自為我洪門識破斥逐之後，每每誹謗洪門，可不惡已？除設法對待之外，仍恐各埠洪門諸君，不悉彼黨與洪門為難一切情形，尚有與彼黨交好者，特此佈告。又梁

17　《孫中山年譜長編》，頁 320。
18　同上書，頁 321。

啟超來美運動，藉口名曰保皇實則革命一語，本堂弟子有為所惑者，今則水落石出。彼黨無一點民族之心，不過欲利用本堂，藉以歛財。今康有為四處演說，無一語不是死心異族⋯⋯本堂弟子，萬毋再蹈前轍，以違本堂宗旨。本堂大佬先生，曾遍遊各埠，已將此意宣佈，另有註冊換票細章，係由本堂發出，不日遍寄⋯⋯[19]

由此看來，孫中山此行似將保皇黨盡滅。然此文於致公總堂文檔中並無收錄。鑑於該堂自辛亥革命以後，一直以支持愛國革命為號召，斷無疏忽之理，故筆者疑為宣傳偽報。

此時適逢世紀之交，電訊、輪船、鐵路交通漸次發達，資訊頻繁，商業性的現代新聞出版業開始在中國的通商口岸興起，新知識廣泛在中國傳播。另一方面，帝國主義侵略浪潮席捲中國，中國面臨列強瓜分的危機。許多中國知識分子對西方有很矛盾的看法，一方面對列強侵凌深惡痛絕，另一方面卻積極研習西學，留學英、美、日，專攻理化，希望透過學習西方，為中國富強作出貢獻。在這樣的背景下，一批具嶄新視野的中國知識分子在 19 世紀末、20 世紀初冒起。當時中國留日學生眾多，對於他們來說，拯救祖國比尋找真理、追求學問更為重要。同時，中國通商口岸和跟海外華人社會培育了一代新報人，他們外語閑熟，精通日語及英語，彼此互通聲氣，更經常轉載各自報章的鴻文，有時更互相派調人員，增加彼此交流的機會。這為往後幾十年海外華人就祖國論

19　《孫中山年譜長編》，頁 322。

政的傳統奠下了穩固的基礎。

　　革命黨人為了推進革命事業，刻意宣傳孫中山在北美的豐功偉績。然而，考諸孫本人及黃三德的記載，事實並非如此。

　　黃三德在回憶中對孫的能力、口才及見地皆不以為然。第一，黃比孫年長20餘歲，又是總堂大佬，對一個到處乞求資助的政客—革命活動分子缺乏基本認識和了解。第二，黃三德的回憶錄在1936年成書，當時孫已作古多年，由於辛亥革命後致公黨與國民黨交惡，黃三德退休後可能受到當時對孫「無知」的堂內非議，感到不是味道。他對孫諸多批評，自是可以理解。

　　根據黃三德回憶，孫中山在三藩市演講時因為清公使的呼籲，華僑不敢與他親近。孫中山某次在積臣街（Jackson Street）丹桂戲院之演講，黃評其「所發言論，不能感動華僑，聽者皆謂其無學」，又謂孫最初不想跟他到各地活動，經黃鼓勵後方勉強應允。[20] 以孫中山的性格和學問推測，黃三德所言似非實話。孫中山演講時用粵語，而且孫十分好學，手不釋卷，且精通英語，以當時三藩市華人的普遍程度而言，斷非「無學」。而且孫為革命奔走四方多年，加上革命黨連番起事，革命對大眾來說，絕非陌生。可見所謂未能感動華僑者，實因彼此思想而非言語上的隔膜。另外，孫在舊學方面的確不及康梁，皆因後者自少接受傳統教育。康梁文章當然精煉，行文用字都十分講究，但這與台上演講關係不大，況且當時華埠僑民，多為未受過正式教育的販夫走卒。

20　《洪門革命史》，頁7。

一些觀察

孫中山留美 9 個多月，奔走各方，到底成效如何呢？

第一，興中會自孫中山初到埠時於三藩市召開了最後一次聚會，成員多數是支持改革的教會人士，而孫中山的思想卻以革命為中心。相隔 10 年，孫中山跟致公堂的大佬認識，並建立了相互合作關係。

第二，雖然孫中山到處演講宣揚革命，但是保皇會勢力依然強大，孫中山在紐約由致公堂出面租借華人戲院演講，惟聽眾大半為保皇會成員，席間更有與會者提出「倡革命必流血而招瓜分之禍」。另外又有 10 多名保皇會會員約他到勿街（Mott Street）9 號東方俱樂部茶聚，討論「革命與保皇之孰優孰劣」。[21] 這是公開挑戰，保皇勢力強橫，不是一下子可以扭轉過來的。

第三，在籌款方面亦是強差人意。總堂的領導使他失望，他本以為通過修章，再由大佬到各地聯繫，然後由他陪伴講解世界弱肉強食、中國危機、清廷無能等，各地致公堂便會一呼百應。結果事與願違，令他對致公堂的組織和領導能力感到有點失望。一向詳盡記錄孫中山海外活動行止的馮自由憶述此行：

> 此次先生自西向東，橫貫美洲大陸，足履十餘州，每到一處，必聚眾演說洪門反清復明，乘時救國之宗旨，而黃三德亦必

21　轉引自《孫中山年譜長編》，頁 322，該書引吳朝晉口述、李茲漢筆記：〈孫中山三赴紐約〉，《近代史資料》，總 64 號。

開台演戲。惟是時洪門團體非常散漫，各埠分堂職員身跨保皇會籍者，實繁有徒。雖經先生舌敝唇焦，多方勸喻，而各分堂職員對於總註冊事，仍屬虛與委蛇，延不舉辦，各埠會員之報名註冊者，寥寥無幾……

孫又將推動及執行責任推到舊金山總堂上，特別是領導層的執行能力。馮自由繼續説：

舊金山總堂缺乏相當人材，推行新章使之有效，總堂職員贊成總註冊，乃因急欲徵集全體會員之註冊費，以充公堂基金，故對於新章條文，未加以詳細研究。即總堂本身亦未按照新章條款選舉各部職員，因此先生奔走半載，慘淡經營，稍獲端緒，而各分堂於先生去後，即已淡然若忘，不復存在提及登記事宜。……[22]

孫中山在旅途中知悉自《蘇報》案而繫獄的鄒容所著《革命軍》出版以後，革命情緒高漲，各省革命力量一時蠢蠢欲動，「造成士大夫豪傑氣氛」，孫中山寫信給劉成禺，訴説革命黨人在北美因無綱領組織，且單人匹馬，只通過三合會籌款，實難成大事。在歐洲留學的馮承鈞（1887－1946）將所撰《黃軍小報》寄他，激發起他創立同盟會之意，孫

22　轉引自《孫中山年譜長編》，頁 320，該書引《革命逸史》初集頁 153、二集 114－115、123。

有感而發，指出「在美華僑粵藉勞工，與中原士大夫毫不生關係。吾其有歐洲之行，見各省豪傑乎？」孫遂去電劉成禺，表示欲往歐洲一行。劉成禺（劉為湖北人）在湖北學生中籌得六萬法郎，寄付孫作旅費之用。[23] 他畢竟知道致公堂不足恃，推動改革非有綱領和一個固定組織不可。他在離開美國時已有這個念頭，故在美國尾段籌款已顯得不太積極。

黃三德謂孫中山到紐約後便萌去意，在黃三德鼓勵下，孫再訪波士頓等沿岸城市。最後黃三德給他 300 元，另外孫又向他人籌得 600–700 元，充旅費之用。孫中山於 12 月 14 日乘船離紐約往倫敦，黃三德則在 12 月 23 日乘火車經紐水牛城（Buffalo）、芝加哥（Chicago）等地向西行，終於在 1905 年 1 月 6 日返回三藩市。

然在美洲華人較多的大城市，可能中文報刊訊息較為發達，居民思想亦較前衛，孫中山奔走也不是全然白費。地方致公堂職員公開贊助新章者，計有洛杉磯的楊廷光、呂統績；聖迭戈的譚淦明；新奧爾良的陳秋譜；密蘇里之黃暖家；紐約的雷月池、黃溪記；波士頓的梅宗炯等。日後黃溪記成了同盟會紐約主腦人物，而梅宗炯亦在致公堂內支持革命。不過這亦是後話了。

孫中山欲將一個傳統基層組織如致公堂，改變為一個現代性的革命團體，當中的困難自然不少，原因亦十分簡單：傳統民間會社多屬聯誼性質，因為在社區中要達至「人面廣」，方算有地位，所以不可有任何排他性。孫中山漸漸走上革命道路，他需要一個高度集權，「非友即

23　《孫中山年譜長編》，頁 323。以下各段資料散見同書。

敵」的革命組織，這跟建基於鄉土、上下倫理關係，一切以和為貴的華
埠社會很不一樣。他在致公堂修章失敗，是可以預料的，即使由海外第
一個合法的洪門會所——金山致公總堂大佬大力支持和推動，也不能將
洪門轉化為現代政治團體。

　　本章綜論孫中山第二次訪美之行。下章討論孫中山重返亞洲其他
地方開展革命活動。

第六章

海外基地：香港、
東京和舊金山

內憂外患的時代

「世界潮流浩浩蕩蕩，順之者昌，逆之者亡。」孫中山曾經這樣説過。這是 20 世紀初強權即真理、優勝劣敗時代最好的寫照。這亦好像是英國小説家查理士‧狄更斯（Charles Dickens, 1812–1870）在他的名著《雙城記》（*A Tale of Two Cities*）裏傳頌一時的名言，「這是最好的時刻，也是最壞的時刻。」

面對 1900 年千禧年的到來，人們的心情相當矛盾，一方面是充滿着喜悦和希望，另一方面則是充斥着不安和恐懼。總的來説，1800 年至 1900 年這百年間物質、思想和社會的劇變使人難以適從。100 多年前源於英國工業革命的「無形之手」，到了世紀末已是無所不在。19 世紀下半葉，差不多整個歐洲，包括較為落後的東歐、俄國，甚至美加地區和遠在東方的日本，都先後受到工業革命的洗禮。

19 世紀初英國築建第一條鐵路，貫通曼徹斯特和利物浦。到了19 世紀末，鐵路已經成為遠程交通運輸的主要工具。橫跨北美洲的幾條鐵路亦已先後完工。負責北面跨洲鐵路運作的加拿大太平洋公司在1881 年成立，而到了 1885 年美國經已有四條鐵路通往美東、西各大城市。然而，當時最為觸目的要算是在亞洲剛建成由俄都聖彼德堡（St. Petersburg）至遠東海參崴（Vladivostok）的西伯利亞鐵路（Siberian Railway）。該鐵路全長 9,259 公里，跨越九個時區，由俄國皇儲尼古拉斯（即後來的尼古拉斯二世，Nicholas II, 1868–1918）在 1891 年訪日時奠基興建，1903 年正式全線通車。在這個列強環伺、萬國逞強的時代，誰有能力掌管延伸至中國及朝鮮的路段？中國肯定缺乏築路的財力

和技術。那麼，若是貸款築路，各國銀行團的份額應如何分配？鐵道設計及日後管理權誰屬？鐵路沿線的資源，尤其是礦藏的開採，連同駐兵護路，當然也成為日、俄兩國爭奪的目標。

科技發展不單給大陸國家帶來利益，對一直致力從事海上貿易的英國也帶來了不少利便。英國 1802 年開始採用蒸汽輪船，20 年後才以鐵板替代木料打造船身。到了 1869 年 11 月 17 日首航蘇伊士運河的是英國鐵行屬下的「道特號」(S. S. Delta)，然後便是埃及塞得港 (Port Said) 成為了英國的殖民地。逮 1890 年代，輪船加裝了四個機車，令速度和排水量大增。鐵行公司的航線則將英國經濟命脈所繫的港口，緊緊與母國串連在一起：倫敦、直布羅陀 (Gibraltar)、馬爾他島 (Malta)、亞力山大港 (Alexandria)、塞得港、也門 (Yemen)、新加坡、加爾各答 (Calcutta)、孟買 (Bombay)、香港、上海、天津、東京，然後是橫渡太平洋到三藩市或溫哥華。

更快速的資訊工具陸續出現：最初是電報，然後是電話，汽車運輸則仍處於起步階段。當代史家馬丁‧喬拔 (Martin Gilbert) 在他的三卷本巨著《二十世紀史》(*A History of the Twentieth Century*) 中的開首謂：

> 工業技術進步。大規模的製造技術，打造了帝國主義的信心。這促使歐洲列強、美國，甚至日本，一種可以、甚至應該去操控那些在物質和技術上缺乏相等條件的人之命運。[1]

1　Martin Gilbert, *A History of the Twentieth Century, I: 1900–1933*, London: HarperCollins Publishers, 1997, p.4.

　　結果 20 世紀初給人們帶來的是一連串的暴亂和不安。帝國主義在各地的侵略，引發當地人民的反抗。舊世界內部革命和保守勢力間反革命的鬥爭等，交織成一個洋溢着熱情希望卻又充斥着殘酷血腥的矛盾年代。攝影機的出現，不單如實地保留了社會面貌，還促使新媒體的興起。圖文並茂、外地特派員和通訊社的成立，加速了報道全球大事的報章雜誌的興起。世界不再有距離，天涯亦仿如比鄰。

　　惟科技的進步沒有為人類帶來安寧和祥和。1900 年伊始，英國便陷入南非的波爾戰爭（Boer War），同年 5 月，北京庚子拳亂起，北京東交民巷使館區被圍，英國當然不能獨善其身。最終，八國聯軍入京，營救被圍困多時的外國使團。德國、日本兩個新興科技工業國家尤為進取。在嗣後的劫掠中，兩者都得到了為數可觀的財物。就連一直重視「公義」的美國，亦在這一役中首度派遣海軍陸戰隊，以圖分一杯羹。這批軍隊是從新近佔領的殖民地菲律賓到北京來的。事實上，美國也染上了「殖民地症候羣」。在 1898 年，它發動美西戰爭，西班牙最終戰敗，古巴及菲律賓成為了美國的戰利品。

　　自 1842 年鴉片戰爭失敗以來，清政府處於弱勢，舉步維艱。到了庚子拳亂，清政府縱容拳民殺傷外人，最後列強採取報復手段，清政府兵敗如山倒。列強看到清政府的昏庸無能，深知它已無力維持。先是中國國土周邊非漢族地區受到帝國主義威脅。1904 年 2 月 8 日，日本對俄不宣而戰。日方海軍統帥東鄉平八郎（1848-1934）指揮日本聯合艦隊偷襲駐在旅順的俄艦。清政府事先已接到日方警告，故清廷恪守中立，只命袁世凱速調各營，在沿海及關外一帶嚴守。翌年，俄國在《樸茨茅斯和約》（Treaty of Portsmouth）中將盛京（即瀋陽）至大連段鐵

路讓與日本。在 1907 年 7 月 30 日《日俄密約》，日俄雙方劃分勢力範圍。俄方承認日本在朝鮮的勢力範圍，日本則承認沙俄在外蒙之特殊地位。國人民智漸開，清政府不能再如以往般奉行愚民政策。東京出版的眾多學生報、各省地方報章、上海商務印書館出版的《東方雜誌》等均大肆報道國外新聞。當時國人感到中原淪陷，迫在眉睫。

英國在 19 世紀末大力經營印度，兼併的方向漸往北移。為免西藏落入俄人之手中，英國遂先發制人。1904 年英國間諜兼探險家榮赫鵬（Francis Younghusband, 1863–1942）率領遠征軍數百人進入西藏，8 月抵達西藏首府拉薩（Lhasa）。達賴喇嘛由蒙古輾轉逃到北京，數千僧侶在槍林彈雨下與英軍搏鬥。西藏方面被迫簽署《拉薩條約》，將部分地區割讓予印度。在 1906 年中英簽署的條約中，清政府被迫確認這些條款。

1898 年德國佔領膠州灣。同年，戊戌政變發生，康梁出走。兩年後又發生庚子拳亂。清政府的管治受到動搖。未幾日俄戰爭爆發，英國勢力向西藏延伸。面對內憂外患，國勢日見傾頹，清政府窮於應付。部分封疆大吏認為，非實行像日本般的憲政改革不足以圖存。一時之間，各方有關改革兵制、學制、政制、刑制的建議和召令如雪片至，不少中央及地方督撫衙門更派大臣到日本考察。1905 年，清政府正式廢科舉。科舉沒有了，傳統的俸祿之途也沒有了，莘莘學子唯有另謀出路，往外國留學。東鄰日本因與中國相近，遂成為清末民初留學生的集中地。

一向以維護大義名份自居，而實際在鄉曲為所欲為的地方士紳也待時而動。他們開始為民請命，集合羣眾反對苛捐雜稅、反對清政府

向外貸款，有些地方的士紳更發動保路和保礦權運動，惟清政府一概視之為民變。清政府的管治思維老舊，從沒有認真想法子疏導這些民怨。事實上，在深宮中生活一輩子的皇親國戚，除了鎮壓外實在也想不到其他更恰當的辦法。

東洋之行

孫中山在 1904 年 12 月中跟黃三德在紐約分別，然後各自上路。翌年 1 月上旬抵達比利時（Belgium）的布魯塞爾（Brussels），與當地中國留學生討論推動革命的方法。他們有些人認為可以運動新軍。孫中山認為士兵以服從為務，「不能首義，仍需同志自己為之」。他主張從改良會黨入手，且更鼓勵學生加入三合會。他說道：

> 會黨之宗旨本在反清復明，近日宗旨已晦。予等當然為之闡明，使復原狀，且為改良其條款，俾爾輩學生亦得參加……當時陳近南先生以士人無行，往往叛黨，故以最粗穢之儀式及一切不通的文字為之教條，俾人見而生惡，不肯加入，因以保存至今。領袖若輩，始得有濟。[2]

孫中山隨即充當盟主，教曉眾人入會手勢及暗號，並稱之為「革命軍」，其後他又到巴黎、柏林建立類似組織。他們的誓言謂：「驅除韃虜，恢復中華，建立民國，平分地權。矢信矢忠，有終有卒，倘有食言，任眾處罰。」孫中山這些舉動大概是與洪門交往時學來的。後來賀子才告訴他東京有志革命的人甚多，於是他決心前往東京，爭取更多支持。[3] 可以說，孫中山在布魯塞爾與留學生會面後，促成了東京同盟會的創建。

2　《孫中山年譜長編》，頁 329。
3　同上書，頁 330。

孫中山在 1896 年被拘於倫敦清公使館,獲釋後有見當時歐洲華僑留學生不多,只好折返加拿大往日本。十年後的今日,湖北留學生從布魯塞爾集得 60,000 法郎,促請他前往會晤。他並先後到巴黎、柏林等地串連,會晤留學生兼成立革命組織。[4] 我們得佩服孫中山的先見、睿智和毅力。

1905 年 6 月 11 日,孫中山乘「東京號」郵輪自歐洲東返,中途短暫在新加坡和西貢(Saigon)停留。7 月 19 日他抵達日本橫濱,並在那裏逗留數日,稍後中國留學生代表百餘人邀其往訪東京。7 月下旬孫中山赴東京分別與黃興(1874-1916)、楊度(1875-1931)等會晤,籌建同盟會。與會者來自十個省,共有 75 人出席,再加上孫中山、日人宮崎寅藏(1871-1922)、內田良平(1874-1937)及末永節(1869-1960),合共是 79 人。[5] 最終同盟會於 8 月 20 日正式成立,誓詞為「驅除韃虜,恢復中華,建立民國,平分地權」,並以孫中山為總理,黃興為庶務。同盟會更將宋教仁(1882-1913)等 6 月 3 日創刊之《二十世紀支那》雜誌改名《漢聲》,是為同盟會的機關報。

同盟會的成立意味着革命的飛躍發展,直至 1909 年 9 月孫中山由歐第三次重回美國紐約為止,他在這 4 年多的時間裏大多在亞洲地方為革命組黨奔跑。隨着中國留日「新力軍」的加入,革命運動進入了新階段。其故如下:

第一,革命活動以東京為基地。1896 年清政府首度公費派遣 13 名學生往日本留學。自此以後的幾年間,公費、私費留日的學生持續

4　《孫中山年譜長編》,頁 323 及 330。

5　同上書,頁 339。

增加。據當時的統計，1899 年逾 200 人留日，建 1903 年，已激增至約 1,000 人。在日俄戰爭中，日本以一東方國家擊敗俄國，地位一躍而起，留學日本成為一時風尚。而且當時科舉行將廢止，負笈東瀛是新的出路，故當地的留學生幾達 8,000 人。[6] 在日本留學，對中國學生來説，相對便捷。當時日本尚未改革日語中的漢字，社會法律、人文名物等十之六七都由漢字構成，文法結構「疏闊」（意思是靈活，可以忖測），兼且當時日語文體跟中國古文相近。若是暫且不理發音，中國留學生閱讀報章書籍不成問題。[7] 另外，當時日本興辦了許多日語速成學校，幫助中國留學生數月內「掌握」日語，以便學生入讀各校本科。因為以上種種原因，中國學生對留學東洋趨之若鶩。

　　中國留日學生與日後前往歐美的留學生不同。歐美的中國留學生多修讀工程或自然科學，而留日學生多為曾參加科舉的成年人。後者多主修文學、政法及經濟。根據 1905 年 3 月 16 日一項官費學生入學調查，在 1,300 留日學生之中，1,100 人在「文科」，另外 200 人在「武科」學部攻讀。[8] 當時中國上下覺得清政府亟需改革，而且不再限於張之洞（1837–1909）倡議的「中學為體，西學為用」，而是中國人對世界各門學科都要有總體上的認識。他們普遍認為文化歷史、政治社會、法律軍事等各方面的發展，才是重新建構國家社會秩序的基礎，況且中國士林向以「治平」為己任，因此文化及法政科始為國家之大本。

6　　實藤惠秀：《中国人日本留学史》（增補版）（東京：くろしお出版，1970 年），頁 15。

7　　同上書，頁 33。

8　　沈渭濱主編：《中國歷史大事年表・近代編》（上海：上海人民出版社，1999 年），頁 611。

專業革命分子的興起

十多年來孫中山孤身隻影，為着革命事業，東奔西跑。然而成效始終不彰，追隨者只限於與他個人有關係的人：一，是在香港念書時所認識的同學和友人。二，是在夏威夷經商的哥哥、家人，以及洪門兄弟。宣傳革命，只有他一人，可説是孤掌難鳴。初時革命的宣傳文字亦由他一手包辦，沒有其他文士從旁協助。至於其他有基督教或會黨背景的成員，他們一般年紀較長，有正式的職業，沒有太多時間和閒情參與革命。除了香港少數興中會員外，檀香山及北美成員大多只能説是同情革命者，這與東京留學生羣中對革命全程投入、日後成為民初掌管黨政的幹部很不一樣。留日同盟會中成員如黃興、宋教仁、胡漢民、汪兆銘（1883–1944）、廖仲愷（1877–1925）、馮自由等日後都登上了政治舞台。留日運動更培養了一大批新型的知識分子。1904後留日學生人數增加，革命情緒高漲，中國不少志士因觸犯清政府之諱而逃往日本。這樣的反清鬥士更會受到學生的愛戴。不少學生一躍而成為

圖 6-1　黃興

革命分子，得到了同情中國革命人士的支援。因為日本為中國的東鄰，消息互通。中國革命分子失敗後亡命日本，變成學生。他們回國工作，或入官府，或從事文教出版工作；但在思想意識上，兩者幾乎不能區分出來。[9]

東京更成為鼓吹中國政治改革，或是主張推翻清政府的宣傳基地，梁啟超在日本創刊的《清議報》（橫濱，1898 年 10 月）及《新民叢報》（橫濱，1902 年 1 月）開其先河。其後中國學生不斷湧入，激進革命報刊數目有增無減，其中計有《湖北學生界》（湖北同鄉會，1903 年 1 月創刊於東京，後易名《漢聲》)、《浙江潮》（浙江同鄉會，1903 年 1 月創刊於東京）、《江蘇》（江蘇同鄉會，1903 年 1 月創刊於東京）、《遊學譯叢》（湖南同鄉會，1903 年 1 月創刊於東京）等。據實藤惠秀（1896–1985）搜集到的資料，1903 年至 1911 年於日本出版的學生雜誌多達 58 類。他並打趣謂，這些刊物並非「翻譯習作」而是「實彈射擊」（帶有政治意圖）的文章。[10] 值得注意的是，其中不少為來自不同省份的學生會刊物。學生在往返中日兩地的同時，將這些革命小冊帶回原籍，從而散播革命的種子。有見革命浪潮來勢洶洶，1905 年，清政府在各省發文，查禁革命派的《浙江潮》、《黃帝魂》、《自由書》及保皇黨的《新小說》、《新民叢報》。[11] 由是觀之，中國留學生透過閱讀明治日本流行的政經書籍，消化內容而撮寫成簡短的革命宣傳文章。他們置政治壓力

9　《中國歷史大事年表・近代編》，頁 611。
10　《中国人日本留学史》（增補版），頁 413。
11　《中國歷史大事年表・近代編》，頁 621。

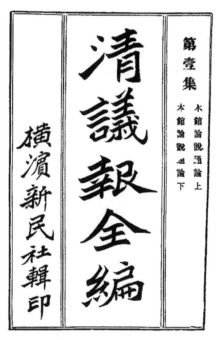

圖 6-2 《清議報》

於不顧，定期出版雜誌，發表政論及開通民智的文章。當時恐怕沒有甚麼地方，比日本更適合傳揚革命。清政府另一打壓革命的手法，是迫使日本將提倡革命的學生趕回中國去。1905 年 11 月 2 日，日本文部省應清公使的要求，取締參與革命的學生之在學資格。這引起了學生罷課抗議。結果，200 餘人中途輟學返國。他們回國後，仍然參與地方政治活動，且令學生與學生之間更為團結，將革命的星火在神州大地散播開去。[12]

---

12 《中國歷史大事年表·近代編》，頁 621。

革命組織支部於國內及亞洲各地成立

興中會於香港、夏威夷和美加等地推動革命工作十分困難。香港距離中國太近，要進行地下活動，困難重重。清政府每每向港英政府施加壓力。港英政府為保地方安寧，遂排拒革命派在香港的活動。所以孫中山等不敢在香港明目張膽地活動。其餘各地與中國相距太遠，且缺乏有力的執行幹部，故不可能成為指揮樞紐。東京則不然，因為來自中國各地留學生中人數眾多、流動性大，且各自在自己所屬省份有各自人脈，同聲同氣，自易說話和容易互相掩護。更重要是，他們有自己特有渠道，可以拉攏和擴大反清力量。

同盟會在東京成立以後，在傳播革命方面起了積極的作用；與革命黨有關的組織，一時如雨後春筍，紛紛在世界各地冒起。以下紀其較要者（見表 6－1）：

表 6－1

時間	活動
1906 年 1 月	日知會在湖北武昌成立，會眾達百餘人。東京同盟會派人為湖北分會會長，與日知會關係發展迅速。
1906 年 4 月	同盟會在新加坡成立。
1906 年 8 月	同盟會在吉隆坡成立。
1906 年 10 月	同盟會在上海成立，蔡元培（1868-1940）當會長。
1906-1907 年	同盟會在荷屬東印度、越南西貢堤岸、馬來亞檳城等地區成立，勢力伸展到東南亞次級城市。
1906 年 4 月	同盟會會員于右任在上海創辦《神洲日報》。

（續表 6-1）

時間	活動
1906 年 4 月	杜潛在開封成立同盟會河南支部。
1906 年 4 月	同盟會湘支部重新成立。
1906 年 12 月	同盟會檳港（檳城）分會成立。
1908 年 7 月	湖北軍人同盟會在武昌成立，易名羣學社。
1908 年 8 月	同盟會在仰光成立。
1908 年 11 月	岳王會在安徽成立。
1908 年 11 月	同盟會在暹羅成立。
1909 年 10 月	香港分會以外的同盟會南方支部成立，胡漢民為社長，汪兆銘為書記。
1909 年 11 月	同盟會成員柳亞子(1887-1958)等於蘇州成立文學團體南社。

資料來源：主要來自《孫中山年譜長編》及馮自由《華僑革命組織史話》(台北：正中書局，1954 年) 兩書所載，實際數目可能更多。

　　除東京為基地之外，革命黨更在重要地區如香港成立支部統攝地區分會。他們更盡可能於各大華僑聚居城市創立報刊，宣揚革命。東南亞華人多從商，而報刊登載廣告，極具商業價值，可以促進銷售。因為東京留學生眾多，出版了各式刊物或同人誌，當地革命同志更要求總會安排編輯至當地。馮自由便以辦報的專長，以及閑熟日語，遊走於日、香港、美西各地主辦宣傳報章，與革命同志聯繫。

彈性利用地方會黨關係

因為會黨為秘密社團，在中國及英、荷殖民地都屬非法，不可以公開活動。這些社團正好是同盟會各分會和屬會在當地突發事件發生時成為可資助力的對象。

遠在 1898 年 10 月孫中山於橫濱晤康梁分子畢永年（1869–1902）。畢排滿，與長江中游的哥老會相熟，遂偕哥老會龍頭到港見陳少白。1899 年 10 月 11 日興中會、哥老會、三合會在港成立興漢會，推孫中山為總會長。10 月 21 日「與會者分三路赴兩廣、閩浙、上海，將會議結果向各地同志傳達。」[13]

1904 年 7 月 3 日武昌科學補習所成立，暗中以排滿為宗旨，跟華興會有所聯繫，後來更配合武昌起義。[14] 同年 12 月，黃興在東京聯絡湘、滇、蘇、豫等省學生百人，組織了革命同志會。[15] 蔡元培在上海成立光復會，會員有徐錫麟（1873–1907）和秋瑾（1875–1907）。[16] 林述唐、黃興在湖南、湖北參加了哥老會；陶成章（1878–1912）、秋瑾等在浙江參加龍華會。在橫濱加入三合會的中國人「絡繹不絕」，一下子便有 20 多人。「蓋當時留學生多認為聯絡會黨為革命運動之捷徑」。[17] 東京中國留學生開始意識到利用各地會黨關係，進行反清活動。

13　《孫中山年譜長編》，頁 188–189。
14　同上，頁 316。
15　同上，頁 326。
16　《孫中山年譜長編》，頁 327。
17　《馮自由回憶錄》，頁 924。

在組織行動上，1905 年同盟會成立後，革命黨人將分散的會黨關係團結起來，由黨人領導。惟會黨重視個人的存在，故改組並不順暢。蔡元培、章太炎等江浙人所組成的光復會最初開設「會館」，作為革命黨與會黨的聯絡中心，後來又開辦學校練兵，入學者須為光復會會員，畢業後要受該會統轄和節制。其後秋瑾、徐錫麟也嘗試將會員分十八級，分別編成光復軍，由洪門首領領導。華興會於湖南組成同仇會，積極吸收會黨分子，黃興任會長兼軍事，另由會黨出身的馬福益（1865–1905）少將掌管會黨聯繫事務。[18] 小圈子組織好處是不會被「一網打盡」，壞處當然是行動不夠迅速，不利於快速軍事行動。

同盟會在各地日益發展，反對清廷的活動接踵而至，其中計有潮州黃崗起義（1907 年 5 月）、惠州起義（1907 年 6 月）、欽州起義（1907年 9 月）、鎮南關起義（1907 年 12 月）、欽廉防城起義（1908 年 3 月）、河口起義（1908 年 4 月）、廣州新軍起義（1910 年 2 月）、黃花崗起義（1911 年 4 月），全以失敗告終。清政府迫令其他國家將中國革命分子趕走。孫中山自嘆謂：「安南、日本、香港等地與中國密邇者，皆不能自由居處」，令他根本無法在中國立足。[19] 1908 年 11 月下旬，孫中山抵達暹邏。不到兩星期，清政府便逼令當地政府着他離開。

1907 年 12 月 1 日，中越邊境鎮南關起義前夕，孫中山去信黃三德，請致公堂籌募經費。黃在各地籌得 7,000 元，寄交孫中山。這次起事由孫中山及黃興親自指揮，惜彈藥用盡，七天後便潰敗。[20]

---

18 《會黨史》，頁 272。
19 《孫中山年譜長編》，頁 464。
20 《洪門革命史》，頁 15。

　　1908 年底，孫中山計劃再到歐美籌款，主要原因是慈禧、光緒先後去世，人心浮動，孫中山認為是起事的好時機，各地革命黨員亦爭欲舉事。孫一面囑咐同志派員到新加坡商討，一面計劃再到歐美籌募經費。[21]

21　《孫中山年譜長編》，頁 452。

三訪美洲

　　1909 年 7 月 17 日孫中山赴布魯塞爾，然後再到英國；10 月 30 日離開倫敦，最後在 11 月 3 日、4 日左右抵達紐約。孫中山年前跟黃三德出訪時認識的朋友黃溪記到碼頭接他。他下榻華埠巴也街 72 號店。

　　孫中山第四次重踏北美大陸，目的再簡單不過。第一，當然是為了籌款。連年起事，所費不貲，況且他想乘清政府羣龍無首之際，大舉起事，圖推翻清政府。第二，當然是在美國各大城市建立同盟會據點，儘量將以往個別的組織，統轄於同盟會一元領導之下。這是一勞永逸的方法：有了自己的嫡系渠道，在日後宣傳和籌款的問題上，可以自主，不用受人掣肘。在革命宣傳方面，最迫切的莫如出版報章，在華人資訊圈內互通聲氣。第三，除洪門舊識外，他更樂意與當地留學生接觸。過往與日本留學生交流的經驗，令他明白青年對中國未來舉足輕重。

　　抵美後不久，孫即與當時在哥倫比亞大學念書的顧維鈞（1888-1985）會晤，其後一起晚膳，飯後兩人一直談到零晨三時。孫確信終有一天，革命會推翻清政府。顧後來回憶謂：「他的確沒有說建立民國，[但]他談到有必要把中國建成一個強國，並強調中國具有成為強國的條件。他特別強調工業化和發展經濟的重要性。」[22] 其後孫中山又到波士頓向致公堂大佬梅宗炯求助。在波士頓時，一位廣東學生介紹孫中山與 20 多位來自各省的學生認識，惟最後因為他們對革命意見分歧，結果鬧得不歡而散。孫有此經歷，故在回覆王子匡的信謂：「致學界之聯

22　《顧維鈞回憶錄》，第一分冊，頁 67–68，引自《孫中山年譜長編》，頁 480。

絡無從下手」，不過他對前途依然樂觀，認為「然此事雖不成，無甚關礙前途。商界有路入手，則目的已可達矣。」[23] 這可能是他感到籌款事開始有些把握。

12 月 31 晚 [24] 紐約成立中國同盟會分會。孫中山於黃溪記家中親自主持成立儀式。出席者除孫之外，共有 12 人，包括先前由馮自由轉介入黨，日後成為美東同盟會靈魂人物的趙公璧（1880−1930）。

成立不久，當時在香港的胡漢民來電，謂廣州新軍運動業已成熟，要求孫中山籌餉接濟。孫即從波士頓和紐約兩埠同志集得港幣 5,000 元，並即匯胡漢民以作救急之用。

成立自己可直接指揮的革命組織是孫中山的夙願。同盟會成立不久，他便構思在華人集中且他又比較熟悉的三藩市成立分會。惟當時因華人不易入境美國，孫遂打消了念頭。1908 年冬，在美國出生的香港同盟會員李是男因事返舊金山，香港分會會長馮自由請他順道拓展會務。有見當時政治環境不利革命，直到 1909 年夏、秋間，李是男始糾合溫雄飛（1888−1974）、黃芸蘇（1882−1974）、黃傑廷、黃伯耀（1883−1965）、許炯藜等組織少年學社，暫以黃伯耀開設的永生殯儀館為通訊處。這成為三藩市革命分子一個據點。

1909 年 1 月 18 日，孫中山離開紐約赴芝加哥。芝加哥華僑設宴相

23　《孫中山年譜長編》，頁 482。

24　正確日期有多種說法。《長編》為 12 月 31 日。馮自由則沒記載日期。當時在場的吳朝晉後來回憶謂是 1910 年 1 月 6 晚上。吳朝晉口述、李滋漢筆記：〈孫中山三赴紐約〉，收於《近代史資料》1987 年總第 64 號，引自《孫中山年譜長編》，頁 483 及腳註。

迎。席間，孫中山發表演說，力陳革命之必要。當地的同盟會分會由是成立，參加者共 12 人，會眾推蕭雨滋、梅喬林為會長，並以梅麟耀的泰和號為會所。

這是孫中山首次到訪芝城。1904 年他第二次訪美時，曾跟黃三德經南部城市到東岸。他當時前往英國，而黃則經芝加哥返三藩市。雖然致公堂曾宴請孫中山，惟對募捐則相當冷淡，主要原因是「由於致公堂主事人梅宗周兼任當地保皇會會長」。孫逗留月餘，僅募得港幣 3,000 元，即使將紐約和波士頓所籌之款加起來，也只得 8,000 元，首批加入同盟會者的人是招待他飲食的上海樓主人、股東，經理及員工 10 餘人。[25] 可見直至 1909 年，保皇會在美洲勢力依然強勁。

孫中山明顯地利用了他致公堂的人脈關係來建立自己的革命組織，例如波士頓的梅宗炯和紐約的黃溪記（又名黃佩泉）是他的致公堂舊識。他在芝加哥的遭遇，又證明了金山致公堂的統攝能力有限。光緒帝雖已崩逝年餘，但海外追隨者依然忠貞不渝。這無疑妨礙了孫中山在美洲的革命事業。

離開芝城後，孫中山相約黃三德在德州巴梳埠（El Paso）會合，然後到訪鳳凰城、洛杉磯和軒佛（Hanford）等，為致公堂籌款，然後才回到三藩市。這次旅程共籌得 2,000 元。[26]

25　以上各段根據《孫中山年譜長編》，頁 483 及腳註。

26　《洪門革命史》，頁 15。有關此次相遇，除黃三德回憶錄外，其他文獻皆沒有記載。一般的説話是孫從芝加哥到三藩市時，馮自由等相迎。理由很可能是因為致公堂日後與國民黨交惡，而這一段歷史皆基於馮自由的記述。馮跟致公堂有隙，因此在記錄時刻意淡化三藩市致公總堂的角色是可以理解的。

　　2 月 10 日是農曆年初一，孫中山抵舊金山。美洲少年學社的李是男、黃伯耀到車站迎迓，並介紹學社最新發展近況。孫則跟兩人細述來金山的目的：目下皇族專權、攝政皇監國，排滿風潮，深入民心。革命黨已跟政府新軍有所聯繫，革命幾有一觸即發之勢，故海外工作務必是宣傳和籌款並重。因此，他提出將《美洲少年》改為日報，學社則可以公開改名為中國同盟會。惟因會員不多，加上正值新春，華人皆忙於度歲，故籌款強差人意，各人奔走數天，只籌得數十元而矣。不得已，只好找致公堂的黃三德大佬求援，於是堂內磋商，認為茲事體大，非即時可以解決。最後向李是男父親經營的和隆皮鞋店借用 600 美元，再湊成 1,000 美元應急。[27] 因時屆新年，孫中山原本打算在年前伍盤照牧師主持的綱紀慎教堂演講。伍為教會中人，對革命運動或有所保留，借故爽約。因此孫中山只得另租屋崙德國教堂替代。另一次便是由趙昱安排在柏克萊的演講，惟反應並不熱烈。[28]

27　邵雍：〈同盟會時期孫中山與美國致公堂的關係〉，《廣西師範大學學報》哲學社會科學版，42 卷 3 期，2006 年 7 月，頁 132-139。

28　《孫中山年譜長編》，頁 488。

美洲中國同盟會之創立

2月27日，少年學社正式改組為同盟會，對內會名為「中華革命黨」，孫自任主盟。第一批參加者有李是男、黃伯耀、趙昱、崔通約、張靄蘊、黃芸蘇等十餘人。張靄蘊、黃芸蘇為年前中華會館辦中華學堂時應聘來美當教師的，是革命支持者。[29] 舊金山分會為美國總支部，全美分會由總支部所領導。加盟儀式於夜間在朝兒街廣東銀行二樓西醫紐文診病室內秘密舉行。之後委墨林（Winnemucca）、軒佛、洛杉磯、沙加緬度、葛崙（Courtland）、北加非、非士那（Fresno）、埃崙頓（Isleton）、士得頓（Stockton）分會相繼成立，連同紐約、芝加哥分會定名為「美洲三藩市中國同盟會總會」。[30]

2月28日舊金山同盟會在華埠的麗蟬戲院正式成立。會友先刊登廣告，儀式由李是男主持，並由孫中山演講，主旨為「光復中華祖國，建立一個漢民族國家」，以及鼓吹革命神聖、人權天賦等思想。[31]

以上籌款失敗的例子令孫中山感到十分沮喪。致公堂屬於社區聯誼性質組織，凡事須公決和磋商。這與革命家隨時行動的原則大相逕庭。孫中山在3月1日寫給紐約趙公璧的信中謂：「此次廣州之役，波士頓致公堂認五千，僅收一千九百餘元，紐約致公堂擔認者則一文未寄……」然而三藩市及美國各地同盟會的成立使他鬆一口氣，「現下大

29　廖平子：〈美洲同盟會之歷史〉，見馮自由：《華僑開國革命史》，頁 140–141。
30　《孫中山年譜長編》，頁 490。
31　同上，頁 491。

埠人心踴躍，經已成立同盟會，訂妥章程，已抄一份至周超台兄處，請他招集同志，宣佈舉行，弟欲在大埠立妥一完善機關，然後往他埠演說立會……西方一帶立好團體，弟再來東方推廣本會於各處也……」[32]

在以上同盟會會員的名單中，趙昱、張靄蘊同時為致公總堂正式會員。同盟會能快速建立的城市，多在加州地區，其中泰半是兩次黃三德偕他到過的地方。一如前述，同盟會儘力沿着致公堂的脈絡吸收成員，創建自己組織，投入革命活動。隨着保皇會的消失，革命情緒高漲，革命派形勢向好，成功指日可待。

3 月 28 日孫抵達檀香山，旋改興中會組織為同盟會。1910 年 5 月 30 日東行赴日。1911 年 1 月 19 日他從巴黎重返紐約，這是他第四度訪美。在半年內他到過橫濱、新加坡、吉隆坡，然後往歐洲，足足環繞了地球半周。期間他不忘與三藩市同志聯絡，冀望他們能鼓勵洪門人士踴躍捐輸，支持革命。1909 年 9 月 12 日，他在檳城寫信給三藩市同志：

　　美洲各埠近日革命思潮初至，銳氣方新，且人數逾十萬，倘得十分之一贊成則有一萬人，人任五元則事可成。若能人任十元則五千人之力可以舉之……況美洲洪門不下六、七萬人，除一、二大埠人心渙散，其美西各坑上及美國東南各華人無多之埠之洪門人士，皆熱心贊成革命。倘能引導有方，則無不鼓舞向前也。弟今欲我同盟會同志於見信之日，即發起開捐軍費，隨捐隨收貯

32　《孫中山年譜長編》，頁 491–492。

入銀行，並公舉同盟內之洪門人往各埠各坑勸捐……並請大埠同
人選擇妥人或行信到紐約、芝加哥兩埠同盟會商量，請他照行自
行發起開捐，並向附近洪門勸捐……以上所言十萬乃以至少數
而言，若能籌過於此，則做事更易矣。今日之事，正所謂萬事俱
備，只欠東風耳。望同志各盡義務，則革命前途甚幸。[33]

語氣讀來十分迫切。及至 11 月，他再去信催促。他覺得日俄密約
加深了中國的危機，革命分子可以乘時而起，務必要進行大規模軍事行
動。故他「望美洲各埠同志各盡義務，惟力是視」，皆因「中國興亡，盡
此一舉。革命軍亦盡此一役也」。[34]

　　孫中山很可能對同志於美國各地籌款的進度不滿，故決定再到美
洲一趟。這次他由歐洲啟航，1911 年 1 月 19 日抵紐約市。這是他第
四次來美。

　　雖然國內革命形勢危急，第三次紐約之行並不順利。一年前由黃
溪記等領導的同盟會活動無以為繼。因為清領事的壓力，中華公所主
席、保皇黨人陳宗璜又阻止孫中山在會所演說籌款，各界對孫的革命綱
領反應冷漠。演講會遂淪為圓桌座談，會上保皇會人與之辯論。他只在
紐約停留了四天，便啟程赴三藩市。

　　1 月 31 日，也就是正月初二，孫中山抵三藩市。孫中山離開此間
剛好一年。據說初七日「人日」（2 月 5 日）晚上致公堂舉行春節聚餐，

33　《孫中山年譜長編》，頁 513。
34　同上，頁 518。

孫本應邀出席，不意馮自由急電請他前往溫哥華，迫得他當天上午不辭而別。黃三德對此甚為不滿。[35]

1905 年至 1910 年是革命蘊釀突破的年代。內外交困，使清政府無力招架。清室氣數將盡，已成定局。孫中山又鍥而不捨地動員愈來愈多的反清力量，革命狂瀾令清政府窮於應付。孫中山對革命充滿信心，他亦深信革命潮流銳不可當。他利用中國留日學生的網絡，在亞洲各地建立革命組織。他又利用昔日與北美洲致公堂的關係，將組織推展到歐美地區，又將香港、東京及三藩市幾個最多僑民聚居的城市連繫起來。

他第四次到訪三藩市，嘗試將部分致公堂會員吸收到革命黨嫡系的同盟會中，結果成敗參半。因為作為鬆散華人社區組織的致公堂，在結構及營運上與革命團體相距太遠，在革命形勢迅速發展時，致公堂傳統的組織結構不能迎合步伐急速的革命的需要。同盟會欠缺的，是地方的社會人脈關係，無法擔當大額的革命籌款。革命黨人總算在美洲創設了自己的組織，但在人脈聯繫上仍依賴致公堂。孫中山的革命黨仍未強大至可以自立門戶。

孫中山一直在加拿大從事政治活動，因為那邊是保皇會的大本營。他全憑馮自由的政治睿智，給革命打開了一扇窗。

35　黃三德以為孫氏爽約，感到沒有面子。《洪門革命史》，頁 15。孫氏以籌款為先，遂於初七離開舊金山，初八抵達溫哥華。見《孫中山年譜長編》，頁 525。

第七章

美洲洪門籌餉局的成立

美洲革命派的輿論攻勢

　　19 世紀廣東和福建兩省人民生活艱苦，饑荒連年。當時美洲新大陸需要大量勞工掘礦、種植、築路、墾荒。廣東靠近英國殖民地香港，大量沿岸無業者因地利之便，以「賣豬仔」方式移居美加西岸，甚至墨西哥、千里達、古巴等地。這是 19 世紀大移民潮湧入美洲的重要插曲。

　　本書在第三章經已明言加拿大洪門與美國洪門的密切關係了。1858 年加拿大菲沙河（Fraser River）發現金沙，加洲金礦在 1850 年初枯竭，於是大批淘金華人由美國湧入加拿大，舊金山致公堂約於 1870 年成立。1876 年林立晃、趙喜、葉惠伯、李祐耀等由美國西雅圖到域多利，倡議組織致公堂，時有會員 30 多人。到 1880 年初加國兩埠洪門統一稱為洪門致公堂。[1] 據 1884 年當地英文報章報道華人 Chen Chu 的葬禮，稱他為中華共濟會的首領（Grand Master of the Chinese Masonic Fraternity）。1879 年舊金山致公堂向州政府註冊為非牟利團體，中譯即為「中華共濟會」，英文則為 "Gee Kung Tong, The Chinese Free Mason of the World"（中譯名為「義興會」）。由是觀之，加拿大致公堂由舊金山致公總堂衍生無疑。[2]

　　事實上，舊金山致公堂至 20 世紀初跟美西及墨西哥沿岸洪門組織關係非常密切，舊金山致公堂大佬時常「遊埠」，與南北各堂口保持聯繫。地方堂口遇事不能解決時，會向舊金山總堂求援，請其主持公道。

1　《洪門及加拿大洪門史論》，頁 111–112。
2　同上書，頁 95。

這樣的情況在檔案中屢見不鮮。跟舊金山有聯絡的洪門堂口，沿用總堂的習慣，在英文稱呼上常冠以 "Chinese Free Mason" 之名。其實都是美洲的洪門組織。

戊戌政變以後，康梁先後到訪美洲西岸，故保皇會在美西建立了鞏固的活動基地。及至 1906 年，革命派已形成一股銳不可當的力量，正面迎擊保皇派。當時溫哥華數位支持革命的致公堂會員新辦《大陸報》，與一直獨領風騷的保皇黨報《日新報》展開筆戰。未幾，前者因興訟引致破產而終。逮 1909 年，溫哥華致公堂大佬以革命事業非有自己輿論宣傳機關不可，遂收購《大陸報》資產，重整旗鼓。1910 年正式成立《大漢日報》，鼓吹洪門參與革命，並致函香港《中國日報》社長馮自由，請其介紹主筆。馮「以加拿大為保皇會之發源地，向為革命黨人足跡所不及」，同時亦想藉此機會為革命開闢新財路，所以辭去了香港工作，以教員身份進入加拿大，擔任該報主筆，大力宣揚革命。[3]

3　《革命逸史》，第四集，頁 218。

馮自由一夫當關

　　馮自由原名懋龍，祖籍廣東南海，在日本橫濱出生。馮自由年幼時，父親馮鏡如送他回中國學習。1895年隨父叔輩在橫濱加入剛成立的興中會。馮自由父為該會會長，當時馮自由年僅14歲，為興中會最年幼會員。1900年，馮因反對康有為，遂改名「自由」，同年進入早稻田大學（Waseda University），一面讀書，一面開展他的革命寫作生涯。1903年馮自由加入橫濱洪門。他是孫中山的忠實支持者，奉孫中山命與日本志士聯絡。1905年為日本同盟會成立的首批會員，孫中山隨即派他等到香港成立同盟會支會。馮任書記，並兼《中國日報》記者一職。

　　馮自由主《大漢日報》報政後，積極鼓吹革命。換句話説，《大漢日報》成為了革命派的陣地。自光緒帝崩逝後，保皇黨勢力日漸衰落，為了扭轉劣勢，該黨的《日新報》連發專論，挑戰《大漢日報》，與馮自由針鋒相對，彼此駁論竟達200餘篇，為海外兩黨最持久之筆戰。[4]

　　半年後，時局發展令馮對革命形勢十分樂觀，加上得到域多利致公堂高層的大力支持，且保皇黨登報脫黨者顯著增加，馮感「人心可用」，又得悉前年10月黃興、胡漢民等於檳榔嶼開會，決定在廣州起事，並號召各方踴躍捐輸，以成大舉。馮自由遂電告孫中山，請其赴加一行，謂革命「必得巨款」。[5]

4　《洪門及加拿大洪門史論》，頁103–104。
5　《革命逸史》，第四集，頁218–219。

孫中山親臨域多利致公堂

孫中山在 1911 年 2 月 6 日（即舊曆正月初八）抵達溫哥華後，獲洪門大佬陳文錫等歡迎。未幾，孫中山在當地進行演講，反應熱烈。有見及此，馮自由遂提議成立洪門籌餉局，推劉儒堃為總理，又請孫中山手訂〈革命軍籌款約章〉，其中提到「凡捐軍餉在美金五元以上者，發給中華民國金幣票雙倍之數收執，民國成立之日准作國寶通用；在百元千元以上者，分別記功，與革命軍士一體論功行賞。」因此項「金幣票」已繪圖樣，即囑舊金山同盟會李是男印製並郵寄至加國備用。溫哥華致公堂首捐 10,000 港元。孫又往訪域多利致公堂，因該堂為加拿大各埠致公堂之首，具領導地位。馮自由又提議以公產抵押作革命捐款，大會決議通過，共得 30,000 港元。多倫多致公堂亦仿效域多利的做法，從抵押中得到 10,000 港元。通過這些方法，致公堂很快便籌得 50,000 港元。

2 月中，黃興等覆電向加拿大各堂致謝。他們預算黃花崗一役需款 140,000 至 150,000 元。馮自由將港幣 70,000 餘元電匯香港統籌部，輸款之額是黃花崗一役各地籌餉的第一位。據事後革命軍統籌部出納課報告收支總數，共收海外各地義捐 157,213 元。以捐款金額而言，加拿大榮膺各地之冠，反觀美國致公堂則強差人意，舊金山僅籌得 10,000 港元、紐約 2,000 港元、檀香山亦不過 3,000 港元而已。[6]1911 年，孫

6　《革命逸史》，頁 219–223。

中山在加拿大共籌得 112,000 多加幣。[7]

孫中山偕馮自由 3 月 19 日由温哥華啟程東行往加國各地，同時向 56 處加國境內的致公堂勸捐，並親到以下城鎮的致公堂：紐威明士達（New West Minister）、多倫多（Toronto）、金巴倫（Cumberland）、奶磨（Laval）、滿地可、魁北克（Quebec）、渥太華（Ottawa）、坎文頓（Edmonton）、卡忌利（Calgary）、温利辟（Winnipeg）、笠巴士篤（Kamloops）、列必珠（Lethbridge）、雷振打、京士頓（Kingston）、山打允、把利佛、沙士加寸（Saskatchewan）、那士比及蘭頓（London）。[8] 他在温哥華與日本記者談話，呼籲日本率領亞洲各國反對英、美、德和沙俄，並強調「唯有中國發生革命，印度亦從睡夢中覺醒，亞洲各國方能聯合起來，實行亞洲門羅主義。」[9]

7　《洪門及加拿大洪門史論》，頁 129。

8　《中國革命運動二十六年組織史》，頁 220–224。

9　《孫中山年譜長編》，頁 529。

洪門籌餉局的創立

1911 年 4 月 19 日孫中山由加拿大再進入美境，抵達紐約，28 日抵芝加哥，得悉黃花崗一役失敗，孫遂去函詳詢該如何善後。（黃三德則謂此時在芝加哥見孫，並一同返回三藩市。惟其他文獻並無記載。）他跟芝加哥同志商量，組織公司籌餉，目標是集資 200 萬美元，惟後因無人供股而作罷。他先後赴波士頓（5 月 21 日）、華盛頓（5 月 21 日）、洛杉磯（6 月 8 日），然後在 6 月中旬抵舊金山。

抵舊金山後，孫中山於 6 月中、下旬間，由同盟會員張藹蘊等陪同下在加州附近城市進行革命宣傳、籌款及創建同盟會分會活動。據《少年中國晨報》記載，他們先後到過沙加免度、士得頓、埃崙頓、汪古魯（Walnut Grove）、葛崙（Courtland）等地。孫中山並受邀請在致公堂分支出來的士得頓萃勝堂演講，在葛崙則建立了同盟會分會。[10]

孫中山以加拿大致公堂革命籌款成績卓越，大感意外；而舊金山同盟會得不到致公堂合作，僅籌得港幣數千元。馮自由認為「蓋洪門歷來門戶之見極嚴，恆稱會外人士為『風仔』，即漢奸之謂也，在彼中明白主義者，亦常卑視洪門以外之革命黨為後生小子，不願與之合作。」[11]由此可見，舊金山同盟會跟致公堂兩組織未能充分合作。有見加國致公堂籌款十分成功，而三藩市同盟會仍在僑界中缺乏號召能力，因此孫中山定了以下方針：

10　《孫中山年譜長編》，頁 537–538。
11　《革命逸史》，第四集，頁 223。

　　第一個方針是舊金山致公堂與同盟會組織革命聯合體。他首先要徵得大佬黃三德及《大同日報》社長唐瓊昌同意同盟會之會員一律加入致公堂，致公堂方面則開特別拜盟會，刪除一切繁文褥節，以優待同盟會員「入闈」。同盟會會員遵從孫中山命令，全體受盟。最初李是男以洪門儀式鄙俗、手續繁瑣而有難色，後來採用簡易入盟方式始同意接受。[12]

　　雙方隨即同日（5 月 22 日）在《大同日報》及《少年中國晨報》各自刊登啟示。今比較兩份文件，文義大致相同，惟細節則有異。第一，看來各方意見仍有分歧，尚未達真正共識。致公堂文件以孫中山為洪門一分子引薦同盟會員加入，洪門以「招賢之義，以示優遇」，同盟會文告則基於前「致公堂之改良新章，更與本會三民主義相合」。之前曾提到，致公堂上下對所謂「新章」早已不了了之，因此孫中山可說是自欺欺人。第二，致公堂文件只稱「總堂之主義」，惟對其他分堂則不置可否。然而同盟會則明言「招納本會會員之未加入洪門者，本會集議全體贊成，各埠會員一體遵照」。[13] 孫中山希望美洲各地同盟會可以與地方的致公堂合作，並鼓勵雙方地區組織聯合起來，惟實際如何則不得而知。然而洪門山頭林立，在孫中山、黃三德監督下的三藩市致公堂辜且未能全面與同盟會通力合作，其他地方不問可知。

　　無論如何，舊金山致公堂自孫到埠以來，便積極加入反清陣營。1911 年 6 月前後該堂發表了〈美洲洪門總會檄張鳴歧李準文〉，控訴廣東總督及提督在黃花崗殺害革命黨人事件：

12　《革命逸史》，第四集，頁 223。
13　《華僑開國革命史料》，頁 137–138 及《孫中山與美國》，頁 198。

前者革命事業多年，學子爭生力行。我洪門之眾尚遲以有待。今者時事日亟，滿虜自知其族之死期將至，故頻借多債，迭讓利權，以實行「寧贈友邦，不益漢族」之政策……故我洪門人事決然奮起，與少年志士合一，誓師掃滅胡塵，廓清華夏。[14]

第二個方針是成立洪門籌餉局。促成統一戰線後，孫中山的第一個行動是成立專責為革命籌款的「籌餉局」。有了在溫哥華成功的經驗，他親自撰寫了〈洪門籌餉局緣起〉一文，刊登於致公堂的《大同日報》上，又制訂了〈革命軍籌餉約章〉。籌餉局於 1911 年 7 月 21 日正式成立，為了避開美國稅法的干預，籌餉局遂易名為「國民救濟局」(Kwok Min Charity Bureau)，地址設在三藩市波福街 36 號致公堂二樓。局中職員既有致公堂會員，也有同盟會成員。大佬黃三德為監督，朱三進、羅敦怡為正副總辦，三人均是致公堂職員。李是男是籌餉局中最高級的同盟會成員，是局中的會計。籌餉局旋即全體決定付寄 10,000 港元給黃興作為暗殺之經費。孫中山希望用舊金山總堂的名義及人力，透過全美各地 100 多個致公堂為革命籌款。（在美洲洪門籌餉局的 44 職員中，同盟會只佔 13 人而已。）[15] 他在〈洪門籌餉局章程〉開宗明義假借總堂洪門人士的口氣說：「茲當人心思漢，天意亡清」，而將屢次革命失敗歸咎於財力不足，又稱「內地同胞捨命，海外同胞出財，各盡所長，互相為國……所謂反清復明者此也」。[16] 至於籌款與同盟會有何關係，則

14　黃彥、李伯祈編：《孫中山藏檔選編》（北京：中華書局，1986 年），頁 43。

15　《華僑革命組織史》，頁 83–88。

16　《孫博士與中國洪門》，頁 106–107；《革命逸史》，第四集，頁 223。

隻字不提。他又指出,「洪門革命」者即「反清復明」,又或有意不提「建立民國」。這道討伐張鳴歧(1875-1945)、李準(1871-1936)的檄文,目的是將救國救民重擔放在海外洪門人士身上。很明顯,羽翼未豐的同盟會,則隻字不提,充其量只能擔當協作的角色。

　　第三個方針是以債券形式集資,用債券形式集資借貸。19世紀末,這一集資在國內經已非常普遍。當時發生過以地方公債向外商收回鐵權和採礦權的運動。其實早在1910年2月孫中山到訪三藩市時,他已囑李是男印制債票以供發行。[17]或許孫中山曾參考美國入籍法例,在〈籌餉局章程〉細項中跟國籍也拉上了關係。例如第三條謂:「凡事前曾捐軍餉十元美金者,皆得列名為優先國民。他日革命成功。概免軍政府之約束而入國籍」。反之,「凡事前未曾捐過軍餉的人,他日革命成功,須照軍政府條件的約束而入國籍」。究竟屆時軍政府訂定在甚麼條件下可以取得中國籍呢?此卻為未知之數。總之,這樣條款似予人強迫之感。美國是移民國家,往往以參軍或購買國家債券為入籍條件。然而在清末中國如此推行的話,確是有點奇怪。洪門大佬黃三德也在回憶錄中認為不妥,然而他當時沒有察覺。後來他在《洪門革命史》寫道:

　　　　由今思之,此種章程實在不妥。同是國民,無所謂優先。捐軍餉非做股份、救國家非做商業,凡是國民皆有國籍,就算未捐軍餉,亦不能將其國籍除去。至於軍政府之約束,人民亦

17　《孫中山年譜長編》,頁530。

例當遵守，不能謂捐了五元錢，就可以犯軍政府之約束，自由行動也。[18]

　　繼續下去更有論功行賞的〈革命籌餉約章〉。第一款是「凡認捐軍餉至五元以上者，發回中華民國金幣雙倍之數。民國成立之日，作民國國寶通用，繳納稅貨，兌換寶銀。」第二款是「凡認捐軍餉至美金一百元以上者，除照第一款辦法外，另行每一百元記功一次，每一千元記大功一次。民國成立之日，照為國立功之例，與軍事一律論功行賞。」第三款是「凡記大功者，於民國成立之日，可向國民政府請領一切實業優先權利。」為促使華人立即捐款，第四款更訂明「以上章約，祇行於革命軍未起事來之前。至革命軍起事之後，所有報效軍餉者，須照因糧局章辦理。」文件日期為辛亥年七月二十九日（1911 年 9 月 21 日）。[19]

　　第四個方針是用致公總堂各義，分成南北兩路，親往各埠籌餉。決議籌款之後，致公堂將以上資料印成勸捐冊，寄呈各埠分堂，又派演說員兩隊親臨籌款。其詳細路線圖如下（請參閱頁 123 地圖）：

　　（甲）美國北路。七月初二日（陽曆 8 月 25 日）[20] 孫中山、黃芸蘇等往訪美國各地。計有撥崙（Portland，即波特蘭）、次舍路（Seattle，西雅圖）、抓李抓罅（Walla Walla）、迫加失地（Baker City）、杭定頓（Huntington）、南巴（Nampa）、貝士（Boise）、都喇士（Douglas）、惡頓（Ogden）、梳力城（Salt Lake City，鹽湖城）、哥那納都士披

18　《洪門革命史》，頁 20。
19　《孫博士與中國洪門》，頁 110。
20　《孫中山年譜長編》作 9 月 2 日，即七月初八，詳見頁 546 腳註。

令（Colorado Spring，科羅拉多泉）、登佛（Denver，丹佛）、堪薩斯城（Kansas City）、士卜頃（Spokane）、聖路易（St.Louis）、芝加古（Chicago）、先先拿地（Cincinnati，辛辛那提）、必珠卜（Pittsburgh，匹茲堡）、保利摩（Baltimore，波爾的摩）、華盛頓（Washington, D.C.）、費利爺花（Philadelphia，費城）、紐約（New York）、哈佛（Hartford）、士炳非而（Springfield，春田）、波士頓（Boston）、冰亨頓（Binghamton）、保夫盧（Buffalo，水牛城）、克利芙蘭（Cleveland）、的彩（Detroit，底特律），密地遜（Madison，麥迪臣）、勝保羅（St. Paul）、緬梨坡利斯（Minneapolis）、柯美賀（Omaha）、達歌打（Dakota）、積爹對活（Deadwood）、比利（Pierre）、納碧城（Rapid City）、些尼丹（Sheridan）、亞爾高（Elko）、委林麥加（Winnemucca）、密爾城（Mill City）、李糯（Reno），至卡臣雪城（Carson City）而還。

（乙）美國南路。張藹蘊及趙昱同日出發，計劃路線為美國南路的24 個城鎮。

墨西哥方面在七個月內，另外派人到訪設有致公堂的城市，籌餉目的跟美加同，並響應金山致公總堂的籌餉活動。[21]

不久，致公總堂再派了許炯黎、劉冠辰等人沿着加省就近如轟步碌、北架非、美利賀、委路士、委羅、沙臣、聖地牙哥、沙加緬度、聖荷西（San Jose）等小鎮，發賣革命軍債券，共籌得 30,000 多美元。[22]

21　馮自由：《中國革命運動二十六年組織史》（上海：商務印書館，1948 年），頁 240–242。

22　〈同盟會時期孫中山與美國致公堂的關係〉，頁 132–139。

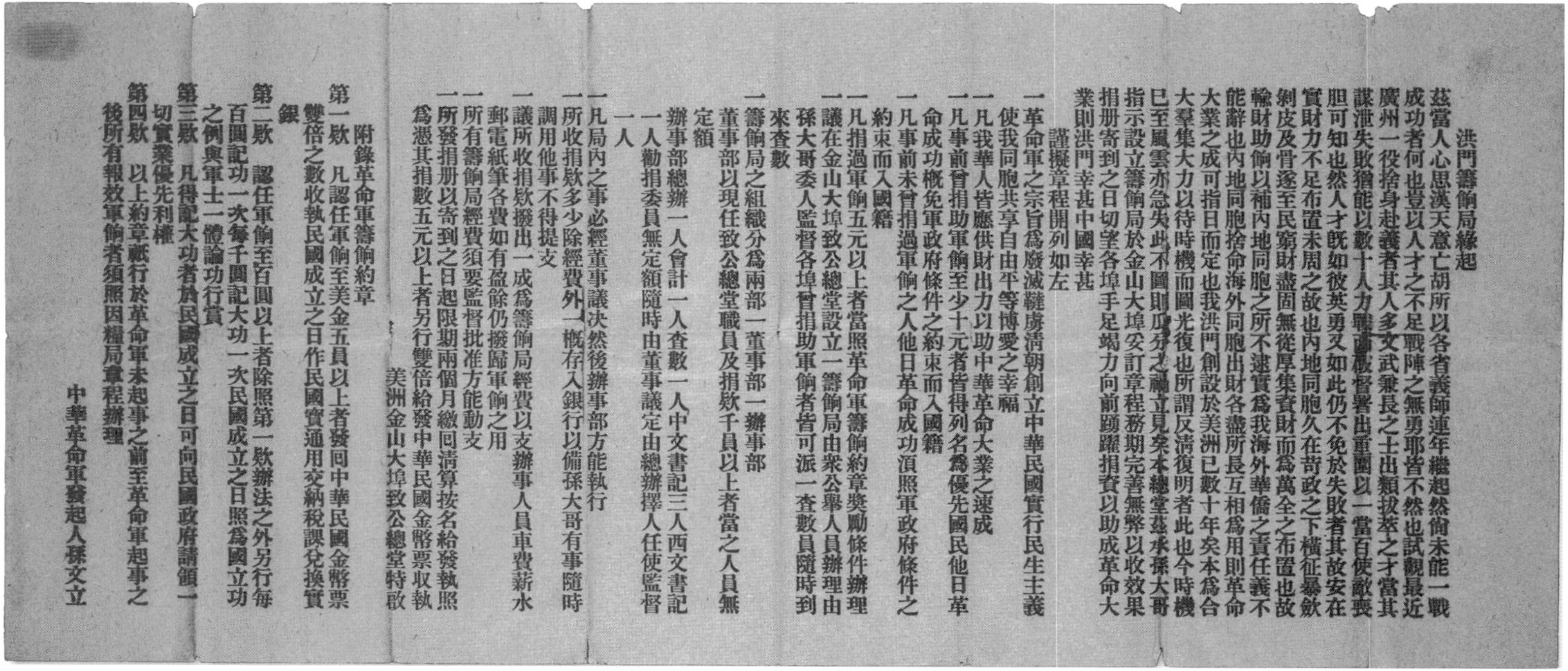
洪門籌餉局緣起

茲當人心思漢天意亡胡所以各省義師連年繼起然尚未能一戰成功者何也豈以人才之不足戰陣之無勇耶皆不然也試觀最近廣州一役捨身赴義者其人多文武兼長之士出類拔萃之才當其謀泄失敗猶能以數十人力戰攻破督署出重圍以一當百使敵喪胆可知也然人才既如彼英勇又如此仍不免於失敗者其故安在實財力不足布置未周之故也內地同胞久在苛政之下橫征暴歛剝皮及骨遂至民窮財盡固無從厚集資財而爲萬全之布置也故輸財助餉以補內地同胞之所不逮實爲我海外華僑之責任義不能辭也內地同胞捨命海外同胞出財各盡所長互相爲用則革命大業之成可指日而定也我洪門創設於美洲已數十年矣本爲合大羣集大力以待時機而圖光復也所謂反清復明者此也今時機已至風雲亦急失此不圖則瓜分之禍立見矣本總堂茲承孫大哥指示設立籌餉局於金山大埠妥訂章程務期完善無弊以收效果捐冊寄到之日切望各埠手足竭力向前踴躍捐資以助成革命大業則洪門幸甚中國幸甚

謹擬章程開列如左

一革命軍之宗旨爲廢滅韃虜清朝創立中華民國實行民生主義使我同胞共享自由平等博愛之幸福

一凡我華人皆應供財出力以助中華革命大業之速成

一凡事前曾捐助軍餉至少十元者皆得列名爲優先國民他日革命成功概免軍政府條件之約束而入國籍

一凡事前未曾捐過軍餉之人他日革命成功須照軍政府條件之約束而入國籍

一凡捐過軍餉五元以上者當照革命軍籌餉約章獎勵條件辦理

一議在金山大埠致公總堂設立一籌餉局由衆公舉人員辦理由孫大哥委人監督各埠曾捐助軍餉者皆可派一查數員隨時到來查數

一籌餉局之組織分爲兩部一董事部一辦事部

董事部以現任致公總堂職員及捐款千員以上者當之人員無定額

辦事部總辦一人會計一人查數一人中文書記三人西文書記一人

一人勸捐委員無定額隨時由董事議定由總辦擇人任使監督

一凡局內之事必經董事議決然後辦事部方能執行

一所收捐款多少除經費外一概存入銀行以備孫大哥有事隨時調用他事不得提支

一議所收捐款撥出一成爲籌餉局經費以支辦事人員車費薪水郵電紙筆各費如有盈餘仍撥歸軍餉之用

一所有籌餉局經費須要監督批准方能動支

一所發捐冊以寄到之日起限期兩個月繳回清算按名給發執照爲憑其捐數五元以上者另行雙倍給發中華民國金幣票收執

美洲金山大埠致公總堂特啟

附錄革命軍籌餉約章

第一欵　凡認任軍餉至美金五員以上者發回中華民國金幣票雙倍之數收執民國成立之日作民國寶通用交納稅課兌換實銀

第二欵　認任軍餉至百圓以上者除照第一欵辦法之外另行每百圓記功一次每千圓記大功一次民國成立之日照爲國立功之例與軍士一體論功行賞

第三欵　凡得記大功者於民國成立之日可向民國政府請領一切實業優先利權

第四欵　以上約章祇行於革命軍未起事之前至革命軍起事之後所有報效軍餉者須照因糧局章程辦理

中華革命軍發起人孫文立

圖 7–1　洪門籌餉局的緣起和章程。
三藩市致公總堂所藏檔案

圖7-2　1911年洪門籌餉局部分職員：右起：黃石公、趙昱、伍梓南、李務明。其餘為同盟會會員。
三藩市致公總堂所藏檔案

武昌首義

　　孫中山在旅次，不斷收到黃三德發自三藩市的報告，討論整體情況，包括當時致公堂高層對寄款往香港支持革命有不同看法。他在10月15日的信中謂：

　　敬啟者：昨付上函，料必收到。為籌款局最熱心者、協力者，杰亭、菊波、瓊昌、公俠、籌餉局司數員……諸君正派人才也。如總辦三進、羅怡、劉學澤形同怪物，種種無才無學，屢聽外邊奸人謠言，生事生端，欲攬財政，欲收全盤銀兩執掌，內中等人，鬼鬼蜮 [蜮] 蜮 [蜮]。昨得黃興君來電六、七封，催迫匯款，又得先生來電云，盡將籌之款盡匯，三進、羅怡、任賢、學澤等不允，弟與 [馮] 自由先生適戰他幾人，然後盡匯付二萬港銀。目下幾人毀謗弟，與弟反對，多生謠言，不稱責任，不理各事。自開辦以來集議，[朱] 三進並無到議，至今他等又不敢出名。現下見革命成功，又生出異心，總攬金權。此等行為不端，不能共謀大事，弟傷心矣！……他幾人又云，先生遊北方，便無有銀付出……此等諸人妖物，非係人也。他又奪公俠之任，弟力抗，萬萬不能，寧可散了此局。弟端不能任他所為也。[23]

　　他們各自購買了9個月內有效的火車票，每到一埠可以選擇下車

23　《孫中山藏檔選編》，頁 50。

停留，遂往訪當地致公堂，進行演說勸募。至 10 月 11 日晨，孫中山在科羅拉多州（Colorado）首府丹佛（Denver）早上偶然閱報，得悉武昌起事成功。至於另一說法，則謂兩組人恰巧當時在墾士斯城（Kansas City）相遇，然孫中山則謂武昌起義時，他正在丹佛旅館。兩地相距甚遠，而且對這件事當事人是不會弄錯的。[24] 因此後一說法自然不能成立。孫遂不復依原定計劃，轉而前往紐約市，目的要向美國人民宣傳中國的革命。

在未出發前先夕，孫中山恐怕離開三藩市後，同盟會跟致公堂的會員在人事上仍多有隔閡，故特電囑馮自由從加拿大來三藩市視事。主要原因是馮為洪門中人，與黃三德、唐瓊昌、劉成昌諸人舊誼猶在。馮遂於 1911 年 9 月上旬抵美。[25]

至於在孫中山方面，曾接待孫的各地方支堂均先後向舊金山總堂報告孫等到訪的情況。埃崙頓的致公堂謂：「先由主席宣佈開會理由，次請孫公演說，發揮三民主義，及革命難易問題。末由黃芸蘇、張藹蘊二君繼演講革命為國民之義務，同心協力之易成功，不革命之招瓜分。演說畢，座中熱心志士，多願擔任勸捐軍費值理，人心踴躍，可見一斑。」

葛崙方面的代表則在信中謂：「葛崙同盟會開幕，並歡迎孫先生……備極熱烈，可見該埠全體之趨向革命矣……張藹蘊君演說，大意謂各國革命，以致富強者，不可勝數；而印度、高麗、安南等，不早振奮，遂為奴隸，吾人當及早為計等語。隨請孫先生演說革命免瓜分問

24　《孫中山年譜長編》，頁 548 腳註。
25　《孫博士與中國洪門》，頁 110。

題、革命難易問題。聽者鼓掌不已。」[26]

砵崙方面致公堂函云：「本埠自革命領袖與先生與黃芸蘇君，到埠演說後，人心傾向革命，如水就下。即平時最不喜歡談革命者，至今亦連聲諾諾，以革命事業為救國之惟一上策，復連演說兩次。孫先生將歷年革命之歷史，及將來革命之方法，解釋無遺，聽者均為感動⋯⋯是日致公堂請宴，到者六十餘人⋯⋯次日各商店復請宴，賓主一堂，更形熱鬧。」

甚至如士卜頃般華盛頓州鄰近加境的小鎮代表也來函報告謂：「今年來本埠同胞，無論農、工、商界，皆熱心趨於革命一途，捐款尤以工人為多，且有無工棲身而借債捐助者，人心足見一斑矣。」

惡頓（Ogden）是猶他州鹽湖城以北的小鎮，當地致公堂各兄弟赴車站迎迓，更有地方英文報章記者出席採訪。肯薩斯州首府肯薩斯城的致公堂成員，與客人在當天下午 1 時「在公堂演說革命真理，聽者滿座，踴躍非常。勾留一日，即晚返李糯（Reno）。同胞間有為工羈身，不及一瞻風彩，無不嘆息。雖平日反對革者，亦轉而歸化，人心大有可為也。」[27]

革命派分子在美國東北部的波士頓便受到保皇黨的追擊，因為「該埠除小數熱中革命外，餘均屬保皇黨」。波士頓區大學林立，華人中由清政府保送或北方富裕士紳子弟就學的相信為數不少，大多都不是廣東勞工。這些留學生在社會階層上跟在美工作的廣東勞工差別很大，政治

26　蔣永敬編：《華僑開國革命史料》（台北，正中書局，1977 年），頁 121–123。
27　以上各段，同上。

傾向等均與後者迥然不同。孫中山等人當晚在保皇會會所演講,「壁間有懸掛者,盡保皇黨員照像,不下百數十幅,每幅必以清皇帝載湉之像冠其上,且題『保救大清光緒皇帝』字樣。孫中山當然十分生氣,以為彼等無知無識,既給康梁等出賣,[孫]即將種族主義,痛加發揮,良心尚在者,正若一棒當頭,豁然[醒]悟…而一般死心大清皇帝者,聆排滿之論,大為不悅……」結果雙方不歡而散。[28]

　　細觀整個旅程,大概可得以下結論:

　　第一,孫中山等人利用致公堂網路宣揚革命,同時也儘可能建立同盟會直接網路聯繫。招待孫中山的皆以致公堂人物為主,尤其是觥籌酬宴,偶爾亦可見同盟會員的身影。惟同盟會並未普及,孫中山只好努力替同盟會建立關係和交結盟友。

　　第二,舊金山致公堂素以總堂自居,如要建立分堂,支堂便要向總堂領取憑證許可。自跨洲鐵路營運以後,越來越多華人往內陸遷移、到美東口岸念書或經商。紐約當時為致公堂的「總分堂」(今天則自稱為「美國洪門致公總堂」,以示與三藩市的「五洲致公總堂」有所區別),那些距離總堂較遠而人力、財力雄厚的支、分堂,因人事及其他種種緣故,跟金山總堂的關係日漸疏離。這是革命黨人一直埋怨不能通過總堂推展革命的原因。

　　這次孫中山為着宣揚革命到美洲各分堂聯繫,對致公堂而言,實在是維繫彼此往來的上好策略。及後黃三德於回憶錄稱當各省投票選舉孫中山為臨時大總統時,舊金山致公堂運動美洲其他總支堂及華僑組織

28　《華僑開國革命史料》,頁 124。

投票支持孫中山，「日發電報三十，電報費過千」，令孫能成功當選，又復自誇「孫文之臨時大總統係三德一手做成」。[29] 此完全是罔顧歷史之氣言。孫中山被選為臨時大總統是形勢使然，而在當時國內政治勢力當中，同盟會的力量較強，且又在報章大肆宣傳辛亥一役的成功。各地致公堂爭相領功，特別是金山總堂。在利益紛爭的問題上，同盟會與致公堂事事不能步伐一致。須知致公堂是洪門「山堂」、「頭」、「堂口」，理念與革命派完全不同，故革命黨與他們漸行漸遠。然在武昌起義前後，金門致公堂上下投入籌餉，成績輝煌卻又是事實。

第三，馮自由收錄的文件缺少紐約來件，波士頓華人更大唱反調，可見當時美國大城市華人漸多，思想各異，不像小鎮華人那麼容易達成共識。況且，對於居住在美國偏遠地區的華僑來說，有朋自遠方來，意味着是全城盡興的大日子。相信當時不少參與者以聯誼心態出席活動。至於這些活動是否與革命有關，他們並不在乎。

第四，根據當時的史料，當時華人中較為富裕者是在舊金山從事進出口和批發貿易的商人，其次是店東，在中、小城鎮謀生的除傭工外，就是開設餐館或洗衣店的東主，所以捐獻支持革命的多為華僑中較貧困者。

第五，因為北美偏遠城市資訊流通困難，孫中山等到訪，是首度將祖國革命訊息帶到那些城鎮去。這可說是政治宣傳的勝利。

第六，從 7 月籌餉開始，至 12 月孫中山電令結束，合共進款 144,130.41 美元，全部皆匯交香港的革命報章《中國日報》及金利源商

29　《洪門革命史》，頁 21。

店等革命機關代收。[30]

　　武昌首義未久，美洲洪門籌餉局、致公堂、同盟會三團體共同推舉馮自由為美洲革命黨歸國參與組織共和政府的代表，並將籌餉局一切進支簿繳呈革命政府「銷號」。熟悉內情的馮自由回憶，武昌首義後，海外人心益為振奮。洪門籌餉局所募集匯回款項，為數不少，且遠在南洋羣島之上。[31] 由此可見革命黨人對該次共同籌餉活動之肯定。

　　武昌起義並不是募款的結束。芝加哥同盟會的梅培向籌餉局建議撥款購買飛機充革命軍之用。他向寇締士廠（Cutis）購得飛機六架，並聘請美國機師一人，連同助手兩人抵達上海。時為臨時大總統的孫中山下令撥南京後湖空地為機場。1912 年 2 月中旬某日進行第一次試飛，飛機不幸僅飛數丈便下墮損毀，然上海各報對此均有報道，袁世凱遂利用這一事件為迫清帝遜位之材料。[32] 事件為募款之小插曲，但由此可見當時華僑對革命之熱忱。

　　辛亥一役告成之後，美洲籌餉局仍然運作。10 月 17 日黃興來信催款，謂日前收迄之 20,000 元未敷應用。[33]27 日，黃三德又去函孫中

30　此數字根據《美洲金山國民救濟局革命軍籌餉徵信錄》，見〈同盟會時期孫中山與美國致公堂的關係〉，頁 132–139，腳註部分。這一數字跟郝平所列的 140,410 美元相差不遠，詳見《孫中山與美國》，頁 230。據馮自由的記錄，孫中山在倫敦時促電匯美金 3,000 元旅費，未知是否包括在內？這就不得而知了。此 140,000 多之數，亦包括在孫中山自己籌到的 400,000 餘美元之中，詳見劉偉森：《全美黨史：中國國民黨歷程與美國黨務百年發展史》（三藩市：中國國民黨駐美國總支部，2004 年 -2009 年），第一冊，頁 163。

31　《中國革命運動二十六年組織史》，頁 238；《革命逸史》，第四集，頁 226。

32　《中國革命運動二十六年組織史》，頁 173–174。

33　湖南省社會科學院編：《黃興集》（北京：中華書局，1981 年），頁 69。

山（在歐洲回國路途中），稱「昨共匯港銀八萬元」，「各州府來電之款，弟使各州府直匯港，亦不下數萬也」，惟各籌款人員未回，故實際數目未詳。[34]

民國成立後，孫中山作為臨時大總統在 1912 年 2 月 25 日建議將美洲籌餉局易名為「中華民國公會」，金門籌餉局便成為美洲華僑同胞民間組織之總機關，以別於當時國民黨（前身為同盟會）轄下，同時位於舊金山的全美國民黨總部。前者的宗旨為「聯合全美羣體，組織政黨，協贊共和政治」，反對共和者不得入會。金山致公堂除於各華埠報章刊登廣告外，並擬定章程，派人前往各埠，遊說有志之士加入組織。

革命成功以後，基於種種原因，孫中山為首的革命派與致公堂領導的分歧日趨明顯，分裂只是遲早的事。下一章將會談到革命派與致公堂民國成立最初幾年的分歧。它主要源於致公堂在革命成功後，對孫中山政權的期望。

34　桑兵編：《各方致孫中山函電匯編》（北京：社會科學文獻出版社，2012 年），頁 50。

第八章

武昌首義以後

光復之後

武昌首義勝利的消息迅速傳遍全中國，各省紛紛響應。經歷了 200 多年滿族政權下的中華帝國體制，從此一去不復返。

自道光以降的幾十年，清廷能夠苟延殘喘下去，無疑是一個奇蹟。自太平天國起事後，中央的政治、經濟、國防，甚至外交等管治，逐漸轉移到各省督撫手中。到了最後 10 年，清政府只能倚靠族羣式的家族統治，危如累卵；地方大員則割據一方，各有自己的盤算，直至武昌首義槍聲響起，清政府一步一步走向滅亡。地方掌握權力的人合縱連橫，建立並拓展自己的地盤。

革命動力主要來自體制外力量。許多革命分子都是沿海成長、受西方文化影響的知識分子，以及一些來自社會低下階層的會黨成員。立憲派的力量亦不容小覷。這一派的支持者多曾得過科舉的恩澤，或曾留學東洋，受彼邦社會文化影響，政治意識高昂，對中國的政治和發展有憂戚相關之感。他們積極參與各省的地方政經改革，是地方開明的士紳階級。

武昌首義後湖南省率先響應。11 月底四川宣佈獨立；在短短兩個月內，十四省先後宣佈獨立。11 月 17 日，湖北都督黎元洪首先致電各省獨立軍政府，提出建立中央政權的問題。首先是決定討論地點是在上海還是在武昌。此事十分重要，因為這樣或會演變為都督之間互相爭奪日後籌備中央政府的話語權。隨着漢口、漢陽相繼失守，而江浙聯軍攻克南京，遂壯大了以上海為根據地的江浙派之聲勢。各省代表遂在上海英租界開會，會上決定各省在七天內選派代表至南京開會，選舉臨時大

總統，到了 12 月 12 日，其中十四省的 39 位代表抵達南京，並定 12 月 16 日為選舉臨時大總統之期。然此事未跟黎元洪商妥，且與會者又各持異議，故決定改期舉行。

湖北代表轉達了黎元洪的意見，要求暫緩選舉總統，原因是黎從內閣總理大臣袁世凱派到武漢議和的代表唐紹儀（1861–1938）處得悉，「袁亦主張共和，但須由國民會議議決後，袁內閣據以告清廷，即可實行遜位」。[1] 選舉大總統的問題瞬間變得複雜起來，成為了各方討價還價的政治買賣。

袁世凱為官數十年，向以精明幹練見稱。他仕途得意，一直扶搖直上，雖曾一度遭醇親王載灃（1883–1951）之忌，被迫因「足疾」暫時退隱洹上，但政治勢力仍在，足以左右大局。清政府在滅亡前夕，再一次起用袁世凱。袁為總理大臣，實權在握，洞悉各方虛實，且黎元洪又早與他互通聲氣。他多次致函黎元洪，表達自己對時局的看法。他認為事已至此，故宜設法「和平了結，不獨不究既往，尚可定必重用，相助協理朝政」。[2]

為了達到裏應外合的效果，袁世凱、黎元洪更向各方喊話，製造輿論效應。11 月 9 日，江漢關稅務司英人蘇古敦向總稅務司報告，指出「黎元洪宣稱，他已通知各都督，有七個都督已經同意成立一個共和國，推舉袁世凱為第一任大總統」。[3] 列強考慮到在華利益，認為袁世凱

1　《辛亥革命回憶錄》六集，頁 205。引自《孫中山評傳》，頁 387。
2　《時報》，辛亥年九月二十四日（1911 年 11 月 14 日），轉引自《孫中山評傳》，頁 388。
3　《中國海關與辛亥革命》，轉引自《孫中山評傳》，頁 388。

可以控制大局，保護它們的既得利益，維持門戶開放。革命黨人來勢洶洶，會否承諾保護現存體制仍為未知之數，況且當時歐洲各國已成兩大陣營，正展開激烈的軍事競賽，對遠東事務不欲分心。日本則不同，年前才吞併朝鮮，對中國具領土野心。歐洲列強雖與日本的處境不同，然皆視中國為弱國，欲掃除一切不確定因素，故列強亦傾向支持袁世凱。

代表地方士紳勢力、年前組織諮議局並促請清廷召開國會的張謇（1853–1926）也致函表態擁袁。張謇認為他是唯一可以統攬全局的最佳人選。1910 年前後，張謇推動諮議局聯合會，聯絡各省政團、商會及僑商代表，再次為了成立國會而向清政府請願。張謇及其他立憲派人物主張採用日本明治維新的政制，將清室改為君主立憲政體。他們希望中國能夠走上富強之路。這些立憲派人物大多是地方社會的頭面人物，懼怕動亂和政權更迭，影響一己家族地位；由一個強而有力的人總攬全局是當前急務，總比社會失序好。他們是社會精英，當中不少人是知識分子，政治意識強烈，亦清楚明白清政府現況，知道清室命不久矣，對滿清政權早已沒有任何奢望，絕不會捨命勤皇。基於這樣的考量，立憲派也積極參與政治，以圖鞏固自己未來的政治資本。

一直矢志不渝推翻清政府的是孫中山、黃興、宋教仁等領導下的同盟會。如前所述，同盟會在 1905 年始創於東京，會員多是來自各省、具文化素質的中國留學生。這個革命團體之所以命名為「同盟會」，是因為最早的會員來自興中會、華興會、光復會、軍國民教育會、科學補習所等組織。史家唐德剛（1920–2009）喻之為「革命大拼盤」。[4] 會員

---

4 唐德剛：《晚清五十年・伍 袁世凱、孫文與辛亥革命》（台北：遠流出版社，2003 年），頁 210–211。

誓詞為「驅除韃虜，恢復中華，建立民國，平均地權」。

同盟會從成立至辛亥期間，歷經幾次內部分裂。先前的小圈子組織基於鄉黨、師友關係，且小圈子方式對推動武力革命活動比較方便。成員返國後更以文社、報社、學社方式為掩護，進行反清活動。然而，在武昌首義之後，各地同盟會會員與光復會會員發生不少磨擦。[5]

由於報章的不斷宣傳，同盟會予人印象是一個氣勢澎湃的革命團體。因為孫中山致力經營革命，會址眾多，會員分佈廣泛，談革命的文章在不同報章轉載，革命形象經營得有聲有色。

事實上，同盟會組織鬆弛渙散，武昌首義的成功是偶然的，領導層在武昌首義後也不知該如何走下去。孫中山在武昌首義後離開紐約，途經歐洲、南洋，還一面宣傳一面籌款。直到 12 月 21 日才抵達香港，因此同盟會領導層一直未有機會商議革命後中國的種種可能轉向。不單如此，資深的同盟會成員其間尚各自作政治表態，例如章太炎在 11 月 15 日從日本歸國，首先主張黎元洪該當總統，隨即又轉而支持袁世凱。汪精衛更公開表示總統非袁莫屬。[6]

5　《孫中山年譜長編》，頁 642–643。

6　《孫中山評傳》，頁 388。

孫中山性格剖析

革命黨人力量薄弱，終讓袁世凱能當選為民國第一任大總統。主要原因是孫中山對權力缺乏認識，且對國內政治亦十分隔閡。孫自 1895 年 10 月第一次興中會廣州起義失敗，11 月初離開香港後便一直流亡海外，所以對中國情況認識不深自是可以理解。另外，他缺乏實幹的領導能力，亦不了解人性和權力的互動。

在中國近代政治家當中，具廣博世界知識的幾乎只有孫中山一人。他除了從閱讀書報得到新知識外，更先後在國外居住多年，環繞地球旅行三次，足跡遍及美加、歐洲、日本及東南亞不少城市，從行萬里路當中培養了宏闊的視野。他個性堅毅、擇善固執，有超乎常人的忍耐力。這些性格特質可能是他自少放洋孕育出來的獨立性格。孫中山來自廣東農民家庭，所以沒有階級觀念和架子。他為人真摯、誠懇而又無機心，所以結交了許多中外朋友。為了推翻清政府，他可以在舊金山唐人街等候華工下班後傾談籌款，隨即又自薦往見美國政要及富商大賈。法國、英國、日本外交部也要約見他，一方面是要知道他的行蹤，一方面是因為清政府的壓力，希望他能從速離開，免生事端。他到處為革命籌款，不遺餘力。

值得一提的是，辛亥革命恐怕是近代中國唯一沒有外國勢力參與的政治運動。當時美國仍未積極參與東亞外交事務，歐洲形勢風雲變幻，列強自顧不暇，倒是日本朝野時思利用孫中山以遂他們的政治企圖。日本的真正干預則在革命之後。

孫中山這樣寬廣坦蕩的性格可能跟他的成長有關。孫中山 13 歲時

便離鄉別井，隨兄長移居夏威夷，大概一面幫補家計一面念書。他在年青時已接觸到西方事物。1883 年因受洗入基督教事被兄驅逐。到香港後，他先後入讀拔萃書室和中央書院 (即今天的皇仁書院)，後又在香港習醫和到澳門行醫等。雖然列強覬覦，祖國局勢危如累卵，他仍相信世界大同，列強入侵只是清政府無能而引起。基於「優勝劣敗，適者生存」的社會達爾文主義構想，他確信漢民族只要推翻落後的清政府，中國便可躋身大國之林，佔據應有之一席位。像其他偉大的革命思想家一樣，他對革命後國家和國人的將來充滿希望。

孫中山欣賞的是美國政治社會模式。跟當時眾多清末改革者不同，他對當時歐洲的窮兵黷武不大關心，在政治上他強調「五權分立」的共和政體。他也肯定集資興建實業、修築鐵路、振興商業等「軟實力」對提升綜合國力的重要。他不執迷於武力，輕視謀略，重視宣傳，相信工商業對富國強兵的作用及明文的法律承諾——這一切都是他在夏威夷接受美式教育所得來的。

然而他缺乏對政治社會運作的實際了解，也解決不了革命後錯縱複雜的政界關係。他時常單獨奔走，缺乏組織經驗，對作官興趣不大，以為既已驅逐韃虜，而袁世凱又是漢人，只要袁承諾保衛共和政體就足夠了，反正「只要真能擁護共和，總統可以讓他」。[7]

7　《孫中山評傳》，頁 393。

退位讓國

　　1911 年 12 月 29 日上午 10 時，來自十七省的 45 名代表在江蘇省諮議局正式選舉臨時大總統。孫中山獲 16 票，黃興則是 1 票。孫中山成功高票當選。這反映了孫中山在革命過程中有着崇高的地位，而最重要的是因為代表們希望借用孫的威望，穩定南方秩序，俟袁世凱「反正」後再作長期打算。故在代表名單中沒有掌實權的督撫名字，知名的立憲派人物如張謇、湯化龍 (1874−1918)、黎元洪等人均不在名單內。[8]事實上，只有這兩股力量才真正能夠左右大局。他們一直在觀望，冀收漁人之利。

　　孫中山終於在 1912 年 1 月 1 日在南京宣誓為中華民國臨時大總統。隨着忙於籌組政府內閣、發行公債、向外借款解決財困、改組同盟會成公開政黨等一連串問題一一浮面，孫中山等窮於應付。

　　另一方面，袁世凱掌握了清政府全部軍政大權，且跟南京對峙。自1911 年 12 月 17 日袁世凱委派唐紹儀到上海參與南北議和會議以來，和談一直在進行。至 1912 年 1 月 14 日，孫中山任臨時大總統不到兩星期，唐紹儀奉袁命轉達同鄉孫中山，向孫探詢袁世凱獲選為大總統能有多大把握。[9]最後袁氏當國鬧劇正式上演。2 月 12 日，宣統皇帝下召退位，15 日南京臨時參議院十七省全數通過袁世凱為第一任大總統。以孫中山為等首的革命黨人中了袁的圈套。根本原因是孫中山抵達香

8　《孫中山評傳》，頁 395–396。
9　同上書，頁 440。

港時急於北上，沒聽從胡漢民力主孫先留粵防袁之忠告。[10] 如是這樣的話，討袁之役可能提早上演。

4月1日，孫中山離任臨時大總統一職，強調日後會致力於民生主義。他謂：「今日滿清退位，中華民國成立，民族、民權兩主義俱達到，唯有民生主義尚未着手，今後吾人所當致力的即在此事」。[11]

圖 8-1　坐者為孫中山，後穿西裝者為王寵惠。

10　《孫中山評傳》，頁 389。另見《孫中山年譜長編》，頁 592–593。

11　《孫中山全集》卷 2，頁 319。引自同上書，頁 455。

華僑與民初政治

　　武昌首義消息很快便傳遍世界各地的華僑社會。1911 年 12 月 25 日孫中山抵達上海時，連同黃興及陳其美（1878-1916）電告各省代表聯合會，支持革命的歸國華僑將參加臨時政府一事，馮自由代表致公堂、美洲同盟會及洪門籌餉局三個團體出席，惟據《臨時政府組織大綱》，其中並無海外華僑參與的規定，結果馮自由等只可留在旁聽席。

　　華僑參與民初國會體制，一直是斷斷續續。南北統一後，廣東省議員在參議院提案，謂華僑應該享有參政權，國民黨議員隨即附和。議決結果，華僑獲六個名額，由所在地的中華總商會、中華會館及書報社三種團體代表中央政府在所在地就地選出。這樣的代表架構，很可能是對北美華人社會熟悉的人如馮自由等所擬定的。

　　1910 年，中華總商會在舊金山成立，代表當時華埠的小商戶；中華會館成員則是幾個規模較大的同鄉會。至於書報社，則當然非海外國民黨宣傳單位莫屬了。

　　1913 年，檳城華僑同盟會同仁在上海組織華僑聯合會，會長除南洋華僑外還有馮自由，致公堂的英文書記唐瓊昌則被選為華僑參議員。[12] 通過這些渠道，國民黨一直與傳統華埠社團保持聯繫，因此得到很多華僑支持。後來繼承同盟會的國民黨海外黨部及書報出版組織眾多，他們當然有義務為在地的兩個機構及其領導人作宣傳隊，協助鞏固

12　《華僑革命組織史》，頁 89-90。

他們在當地的勢力及形像。無論來自哪一個組織，獲選回國當參議員的多為長期生活在海外的黨員。孫中山民元前跟致公堂的關係，逐續蛻變為華僑與祖國建立政治紐帶。惟致公堂會員反而沒有代表席位，或許因致公堂為幫會組織，不時捲入刑事案件；反觀中華會館及中華總商會是較有名望的組織，會員都是華埠中的翹楚。

五洲致公堂上下為着革命，十多年來通過洪門兄弟情誼，用自己名字作號召，出錢出力，跟着孫中山東奔西跑，冀革命能有成功之日。時至今日，三藩市致公總堂尚掛着 1911 年 10 月 11 日報導武昌起義的當地英語報章頭版，慶祝中華民國成立時的巡遊照片，以及一面經歷過不少風霜的青天白日旗。聽說該旗幟是遊行時用過的。此外，牆壁上還有孫中山、黃興、陳炯明（1878–1933）等的往來書信、照片、捐款名單，數額清單及電匯往來收據更是多不勝數，彷彿訴說着五洲致公堂往昔的豐功偉績。

民國創立時的最初數月，舊金山致公總堂對剛成立的共和國充滿憧憬。在百廢待興當中，臨時革命政府也能訂下一些政策，希望與華僑保持聯繫。第一，設立稽勳局，以馮自由為局長，目的是獎勵那些為革命捐獻或犧牲的僑胞。第二，既然革命目的已達，孫中山便提議將致公堂併入先前負責籌餉的國民救濟局，而國民救濟局則易名為「中華民國公會」，目的是「共謀公益，協助民國」。在 1913 年 7 月 3 日晚舉行的會議止，全體出席會員均贊成加入，並要求各地致公堂響應，另又當場籌集旅費以便派員到各地遊說。

在孫中山的設想中，這是當時嫡系同盟會外的核心外圍組織，主要還是致公堂有獨立的宣傳報章、財政及人脈網絡，這些正是從政所

需的本錢。[13]

　　1913 年 6 月 21 日致公堂議案提及收到廣東省長胡漢民有關債券事的電文。胡囑將債券收集、派人回國參與公議云云。中華民國臨時政府之參議院決議華僑有六個名額，金山致公堂的西文秘書唐瓊昌是獲選的其中一人。唐旋即回國就任。惟在不到兩年的時間，袁世凱解散國會，唐遂無功而還。

13　有謂民國成立後，孫中山一度主張與北美致公堂合併，後因種種原因告吹。詳
　　見〈同盟會時期孫中山與美國致公堂的關係〉一文。

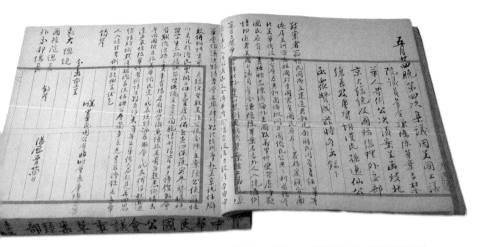

圖 8-2 致公堂上書袁世凱總統，要求外交部出面交涉各國排華法例。
三藩市致公總堂所藏檔案

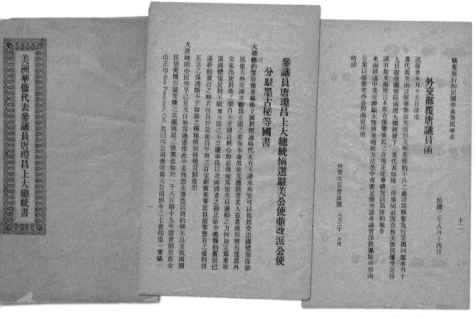

圖 8-3 唐瓊昌上書袁世凱總統。
三藩市致公總堂所藏檔案

致公堂請求在中國註冊失敗

首義大功告成，革命同仁喜出望外。革命得以成功，海外華僑功不可沒，特別是多年來往來於各大埠籌款致公堂大佬們，如果沒有他們從中活動，一切皆無可談。傳統華人死後希望落葉歸根，又或是為祖國大地作出貢獻。致公堂的領導則希望日後能在政治及商業活動兩方面能有所發展。因此，致公堂總堂對孫中山領導下的軍政府有以下要求：

第一，要求在廣東註冊為中國的合法機構。回溯首義成功後，黃三德在 1912 年 3 月 1 日抵上海，旋即代表致公堂往見孫中山，要求該組織在國內立案。孫中山認為此事自無難度。惟因孫當時經已辭去臨時大總統一職，遂將此案轉交粵督胡漢民辦理。其後黃三德多次跟進，均無成果，遂至不歡而散。黃三德認為這樣簡單的事也辦不到，感到非常憤怒。[14] 他也許不知道胡漢民當時的處境：胡內要維持地方社會秩序，外要跟北京政權及各省割據勢力較勁，因此問題就變得相當複雜了。

武昌首義後，清政府距大去之期已經不遠。八旗鄉勇解體，地方控制真空，代之而起的是會黨，綠林也大為活躍。湖南的會黨率先起來響應革命。結果，革命黨人除了攏絡少數頭目，甚至在革命組織中空掛一些會黨領袖的名字外，實沒有足夠能力控制會黨。當然，革命黨人在革命活動中利用會黨，依靠他們的支持，力抗清軍。武昌首義後，會黨當然不會脫離他們的原來組織，完全聽從革命黨人的指揮。當革命黨成功地掌握了部分政權，他們反過來開始打壓會黨的活動。

---

14 《洪門革命史》，頁 23–24。

1912 年革命完結後，各省會黨均相當活躍。它們力圖擴大自己的地盤，在陝西、貴州、四川等地跟革命黨爭奪地盤。各會黨圖謀不軌，走私槍械，組織民眾拒納租稅。另外，在民國成立以後，政治環境較前放鬆，各式政黨紛紛成立，會黨遂滲入政黨當中，以求得到合法身份。比較著名的有「中華民國共進會」，由青幫、紅幫、公口三大幫派在 1912 年 7 月 1 日成立於上海，目的是「組織純粹民黨，實施取締會員；各處支部成立後，可以在外私開香堂，另立碼頭……總期力圖改良，維持國內和平，增進國民道德」。[15]

因此，民初中央及地方政府面對會黨問題，都感到難以處理，他們紛紛明令打壓。貴州都督唐繼堯（1883-1927）稱：

> 本省反正以後，[會黨]轉見繁滋，大至省垣，小至鄉邑，莫不堂口林立，棍徒遍地，人民因而受害，雞犬為之不寧。其初不過因一二人勾結徒眾……一倡眾隨，遂成黔省亂象……[16]

身為臨時政府陸軍總長的黃興也認為會黨不利於新生政權的運作。孫中山、陳其美亦然。袁世凱當上總統後，更明確將會黨定性為對國家社會為害嚴重，是非法的組織。各省對會黨採取了鎮壓政策，雲南、湖南、貴州在 1912 年初發佈文告，取締會黨組織。袁世凱更於 1912 年 9

15　《申報》，1912 年 7 月 21 日，轉引自《近代廣東會黨：關於其在近代廣東社會變遷中的作用》，頁 222。

16　《貴州辛亥革命資料選編》，頁 122。轉引自《近代廣東會黨：關於其在近代廣東社會變遷中的作用》，頁 223。

月 29 日以大總統身份頒佈〈嚴禁秘密結社集會令〉。[17]

廣東省對會黨的壓抑尤甚。在經濟分配上，革命黨人的軍餉比會黨隊伍高得多。在革命過程中，以會黨為骨幹的民軍起義，包圍了廣州。當時兩廣總督張鳴岐微服出奔。儘管會黨對光復廣東作出很大的貢獻，然而政府成立後，沒有一位會黨分子能當上軍政府要職。俟 1912 年 3 月同盟會在南京招收新會員，資格之一是要有「普通知識」。會黨分子多為中下階層，哪會有「普通知識」？因為同盟會定出了這些標準，故招攬了不少官僚、政客或投機者為會員。

廣東光復後，革命黨人對會黨組成的民軍的態度產生了根本變化。在南京的胡漢民聞說廣東民軍入城，勸孫中山回廣東鎮壓民軍。陳炯明任代理廣東都督，在未跟民軍領袖協商下便解散民軍，並且殺害民軍首領，而這一切，都得到孫中山及黨人的支持。[18]

由此可見，擱置洪門在廣東立案一事與廣東當時會黨猖獗有關。1915 年，孫中山謂：

> 為洪門立案之事，弟在南京首先除去黨會之禁，悉使自由立黨立會⋯⋯及解職回粵，以粵為洪門最發達之省，故思從吾粵入手。弟遂授意黃三德上呈以請，而適時陳炯明為軍統，握兵權，銳意辦匪，而彼并嫉會黨，力阻其事，謂彼必俟土匪蕩平之後，否則土匪竄入，會黨更難收拾⋯⋯此事應追怨陳炯明。其次胡漢

17　《貴州辛亥革命資料選編》，頁 122。轉引自《近代廣東會黨：關於其在近代廣東社會變遷中的作用》，頁 224。

18　《近代廣東會黨：關於其在近代廣東社會變遷中的作用》，頁 229–231。

民身為都督，而不能制陳，致受阻撓，亦非無過？若弟則係發起洪門立案之第一人，今聞三德發佈傳單，並謗及弟身，則不顧事實，不明事非者也。[19]

1919 年 10 月 10 日孫將中華革命黨改組為中國國民黨，明確將原有革命黨人及洪門分子劃一為會員，海外亦然。

如據以上觀察，實在是陳炯明、胡漢民兩人一再阻撓致公堂在廣東註冊。洪門是一個「跨國」的秘密組織，革命黨人實無能力全面駕馭。萬一洪門跟國內弟兄結盟，其力量將一發不可收拾。陳炯明、胡漢民缺乏孫中山跟致公堂的感情及聯繫，更有可能將致公堂視為廣東三合會組織。

第二，償還通過致公堂籌集的捐款及債務。這些款項應分為兩部分。一，是不同時期各地成員之自願捐款；二，是孫中山簽發的債券，承諾民國成立之日，持有此等債券者除得到各種榮譽及獎勵外，尚會收到「中華民國金幣雙倍之數，作為民國國民通寶用，可用以繳納稅貨，兌換寶銀」。（見本書第七章）也就是說可以收到雙倍值的國家通用貨幣。黃三德要孫歸還的，還有幾筆從典當物業得來、用作革命的捐款。這些借款經歷多年，由多人經手，又電匯到不同地方，收據亦不全，甚至連黃本人也不曉得正確數目。黃不過藉此作要脅，以為註冊討價還價的籌碼而已。[20]

惟致公堂內早在辛亥年間已對革命籌餉一事看法互有分歧，例如

19　中國國民黨中央黨史委員會編：《國父全集補遺》，1985 年，頁 348–350。轉引自《孫中山與美國》頁 152–153。

20　最少他說話的語氣如此，見《洪門革命史》，頁 24。

籌餉局中洪門分子如朱三進等缺席會議,又反對將捐款寄到中國。因此遂由黃三德和馮自由作決定。[21] 黃三德1913年6月至7月間為了討債,除跟孫中山面談外,還先後跟粵督胡漢民、汪精衛接洽,最後胡漢民贊成此款歸廣東政府償還,並宣佈美洲、南洋各款在案。可是事與願違,黃三德在信中跟三藩市的同志報告說:

> 不料港商先行反對,省議會復盲從而附和之。查去年政府已將香港借款本利清償,共計數百萬元……此次胡督宣佈償還美洲、南洋借款……乃港商暨省議會等,不反對胡督償還港款,而獨反對胡督償還美洲、南洋借款,可謂謬妄已極。[22]

甚至在20多年之後,黃三德對多次向胡漢民討債不得要領,猶有餘怒,謂:

> 孫推歸胡,胡推歸孫,兩人扯貓尾,有意壓迫洪門,不准其正式立案。蓋為自己組織政黨起見,欲消滅洪門而吸收之,不願意洪門再成勢力也。此種心理,真是對不起洪門。[23]

其實在革命以後,國庫一貧如洗,孫中山路經歐洲回國途中,已

21　《孫中山年譜長編》,頁560-561。

22　1913年7月4日黃三德函,引自趙善璘:《五洲致公總堂:百年革命歷史回顧》(稿),頁53。

23　《洪門革命史》,頁5。

在到處打聽如何可從外國貸款。臨時大總統席不暇暖，便批准發行公債，同時又委託日本人阪谷芳郎（1863-1941）設立中華民國政府中央銀行。[24] 最大的項目則莫過於 1912 年 1 月 26 日南京政府通過漢冶萍煤鐵廠礦有限公司與日本三井物產株式會社（Mitsui & Co.）訂立中日合作草約，向日本舉債。[25]

廣東的經濟情況也好不了多少。胡漢民隨孫北上，陳炯明為代都督，決定遣散 20,000 民軍；20,000 則轉移到南京，由中央負擔；20,000 編成工兵團，在廣東修橋補路，餘下 20,000 餘改編為警察及河警巡邏。[26] 胡漢民到了南京後，不無感慨地說：

> 軍餉更為重要問題。各省方憂自供不足，遑論供給〔中央〕政府。千萬之公債，雖通過參議院，而未嘗得一錢以應急，則政府日謀以借債。俄債千萬，幾有成議，為參議院所拒否；日商之款五百萬，則為滙豐銀行抵制，至不能成交，實受帝國主義者之打擊……以南京之軍隊，紛無紀律，既不堪戰鬥，而乏餉且虞譁潰……[27]

事實上，戰爭和革命非但造成破壞、塗炭生靈，更是擾亂經濟秩序，是古今最浪費的「奢侈品」，尤其是在民初新舊交替、法制未臻完

24　《孫中山年譜長編》，頁 623。

25　同上，頁 639。

26　段雲章主編：《孫中山與廣東——廣東省檔案館庫藏：海關檔案選譯》（廣州：廣東人民出版社，1996 年），頁 14。

27　中華民國史料研究中心編：《胡漢民先生遺稿集》（台北：中華書局，1978 年），頁 447。

善的時代更然。孫中山對其幾十年為革命起事所欠下的債務，根本無法償還。1916 年 12 月 22 日，孫中山致函參、眾兩院，表示自革命成功以後他一直希望償還之前為革命籌募的款項，惟他掌握不到財權，這有如調動不了軍隊，甚至沒有自己的「地盤」，他陷入了一籌莫展的境地。他語帶無奈地說：

> 辛亥革命過程中所借募款項至今未償，反袁又舉新債，計募借華僑款 170 萬元，借入日本商人債 100 萬元。共和既復，而一不恤，是則在國家為寡恩，在國民為負義，故請政府代為償還，非徒保個人之信用也……前此所借，用之國事；今此之還，還之本人，文憂無所與也。其謬最甚者，謂以此項巨款，飽私人之谷壑，此則直為誣謗。[28]

在此兵荒馬亂、軍閥割據、政經敗壞的年代，唯武力是尚。孫中山以個人信用向華僑勸捐，然而革命後孫中山退處無權，除了發出蒼白無力的呼籲外，可做的實在不多。當時孫中山被華僑稱之為「孫大炮」，非無因也。

28　引自《中華新報》1916 年 12 月 22 日，載《孫中山年譜長編》，頁 1014。

袁世凱打壓異己

1912 年 4 月 1 日孫中山退任臨時大總統。後袁世凱正式出任中華民國第一任大總統職務。孫中山被任命為「籌辦全國鐵路全權」，往日本參觀各項實業，不意袁世凱就任大總統後，竟大力整肅國民黨人。

同年 8 月 16 日，袁世凱串謀黎元洪，殺害武昌起義有功的革命黨人張振武（1877–1912）。1913 年 3 月 12 日，袁世凱買兇殺害國民黨代理理事長宋教仁。宋為國會選舉往各地演講，主張責任內閣，評擊袁政府，遂招致殺身之禍。5 月 21 日，袁宣稱將「舉兵懲罰」國民黨。6 月 14 日和 30 日，廣東都督胡漢民和安徽都督柏文蔚（1876–1947）相繼被革職。

1913 年 4 月至 5 月間，孫中山囑胡漢民、陳炯明籌募軍費。7 月 15 日，黃興在南京通電誓師討袁，柏文蔚隨即回皖統一討袁軍。陳炯明於廣東起兵討袁。袁世凱下令褫奪造反人士榮典、軍職，連孫中山有關鐵路職銜在內。9 月 12 日，重慶軍討袁失敗，革命黨人再一次流亡海外。這一次是發動討袁。[29]

29　各史事時序及概略根據《孫中山年譜長編》，頁 712–851。

中華革命黨

　　1913 年 8 月、9 月間孫中山、胡漢民、廖仲愷等逃亡至神戶。9
月底，孫中山與逃日的革命黨人籌組中華革命黨，積極吸收黨員。[30]10
月 23 日孫覆三藩市前同盟會員黃芸蘇函，解釋重建新黨事：

　　　　究其失敗原因，乃吾黨分子太雜、權利心太重，推其究竟，
　　若能倒袁，亦不免互有戰爭。有此一敗，為吾黨一大淘汰，亦不
　　幸中之幸也……弟今從新再做，合集此純淨之分子，組織純粹
　　之革命黨，以為再舉之圖，務期達到吾黨人純粹革命目的，即民
　　權、民生主義是也。吾黨雖全然失敗，然有此抵抗之事實，能使
　　袁氏不敢公開稱帝，雖敗猶勝也。[31]

　　討袁失敗後，孫中山在日所組織的中華革命黨已不再以「民族」為
綱領，皆因滿人已除，重點改放在「民權」和「民生」。實際上，孫中山
用強制的方法，將原本三權互相制衡的國民黨，改成由他個人領導的
「中華革命黨」。這可說是國民黨成立後的第一次「清黨」，被清走的是
興中會、同盟會以及辛亥革命中的一些元勳，如黃興、胡漢民、汪精
衛、陳炯明、于右任、柏文蔚等。孫中山意識到，革命要通過獨裁的個
人領導、「軍政」階段的軍事鬥爭、烽火平息後要經過監控式的「訓政」

30　事情經過詳見《孫中山年譜長編》，頁 712–851。
31　同上書，頁 857。

期，使社會回復秩序。最後方可進入「憲政」真正民主共和的階段。[32]
這是他政治思想上一大轉折點。

他就組織新黨致書南洋同志解釋謂：

是凡此次重組革命黨，首以服從命令為唯一之要件，凡入黨
各員，必自問甘願服從文一人，毫無疑慮而後可。若是口是心
非、神離貌合之輩，則寧從割愛，斷不勉強……本黨係秘密結
黨，非政黨性質，各處創立支部，當秘密從事，毋庸大張旗鼓，
介紹黨員尤宜審慎。[33]

新組的黨與秘密會黨相似，都是盡忠於他個人。最後黃興因章程
問題未有入黨，陳炯明、李烈鈞亦謂「惜乎你（孫中山）總章不善，易
惹國人反對，未敢妄從」。[34] 中華革命黨遂於 1914 年 7 月 8 日正式於東
京精養軒成立，會員共 205 人。

32　事情經過詳見《孫中山年譜長編》，頁 151–152。
33　《孫中山全集》卷 3，頁 92–93，引自《孫中山年譜長編》，頁 887。
34　《孫中山年譜長編》，頁 922。

歧路的開端

　　如前所述，黃三德 1912 年春抵達上海，前往南京，要求洪門立案在國內成為合法團體，同時要求革命政府償還美洲華僑債務。當時孫中山已經從臨時大總統一職退下，故此黃三德無功而還。黃為此感憤怒。他先後到過澳門、香港，又曾回台山修墓，然後再到北京向袁世凱政府重提償還債務事。財政部答謂，孫中山離任前未有交待此項借貸，故不能代其償還。.

　　黃三德這次長達一年多的中國之旅，雖然未能替致公堂在中國註冊，以及未能討回舊債，可是他對國內政治的了解加深了。首先是他出席了各式各樣的活動，擴闊了他的政界人脈。在同盟會中，除了一直與他往來的孫中山外，他也認識胡漢民、黃興、唐繼堯、陳炯明、岑春煊（1861-1933）等人，這對日後致公堂在國內的聯繫起了重大的作用。其次，他開始意識到在共和政治的進程當中，不可由他人代表海外華僑，且必須有自己政黨。最後，他在旅途中一直十分關注孫中山被迫下野，以及袁世凱打擊國民黨的種種卑劣手段，同時亦看到列強在權力鬥爭中互相猜疑、強迫中國借款的醜態。1913 年 5 月 19 日，他向三藩市的兄弟匯報 3 月 20 日宋教仁在上海遇害一事時說：

　　　　弟自金門與列位同志袂別回國，經亦有年餘之久，在祖國毫（無）建（樹），目覩此中情形，不堪設想……今略將目前事急言之。袁世凱、趙秉鈞主謀暗殺宋教仁先生，又大借款、許六國銀團監督中國財政之死命，此問題明召六國瓜分，亡中國也……

（袁世凱）又不經議院通過，私行秘密簽約，動起全國人共憤，將來袁世凱實行帝皇專制手段，如宋案、大借款兩款問題不能解決，動起南北決裂，戰禍亦難收拾……[35]

6月27日，他又再向致公堂兄弟、當時金山致公堂會長梁菊東訴說「袁世凱專橫種種，違背約法，全無民意……並殺害宋教仁、張振武、方維……私簽大借款」，並預計國內必有大亂，而中華民國公會（即致公堂）當顧全大局，勿聽嫌疑」。[36]

黃三德於1913年秋、冬間，從上海乘搭輪船返三藩市，他知道孫中山在日本，故前往

圖8-4　岑春煊

東京頭山滿（1855-1944）家，欲與孫晤，可惜緣慳一面。他遂失望地於1913年11月30日到達三藩市。眼見袁世凱踐踏共和，遲早必與革命黨一戰，黃三德知道是時候開始籌款，於是立即將致公堂以華人義興會名義擁有的唐人街新呂宋巷會址及附近另一產業作抵押，共借得

35　黃三德致中華民國公會同志函，1913年5月19日，引自《百年革命歷史回顧》（稿），頁58。

36　同上，6月27日，頁59。

29,000 元，訂明五年內歸還。[37] 此外，又於 1914 年 7 月再組織「洪門籌餉局」。

以上舉動，似跟孫中山無關。抵押借款事大概是黃三德返美後即着手進行，而孫當時在日本正忙着籌措成立新的革命黨。中華革命黨終在 1914 年 7 月 8 日正式在東京成立。

1914 年 6 月 20 晚致公總堂會議中已經表態支持香港洪門同志籌餉討袁。7 月，致公堂印製外發的〈美洲洪門籌餉總局緣起〉文件雖云：「所收款項概存貯銀行，以備革命黨領袖孫逸仙有軍事隨時調用」。致公堂推動這次籌餉運動是因為「近接內地洪門機關函電，謂祖國風雲日急，起義討袁，請速籌軍餉接濟，以成大功」。[38]〈美洲洪門籌餉總局緣起〉與 1911 年 7 月辛亥革命前的舊金山〈洪門籌餉局章程〉相比，有以下幾點差異：

第一，在獎例方面，這一次只謂「捐助軍餉十元以上者，於革命成功之日，得為民國元勳公民，享有參政執政之優先權利；捐百元以上者記功一次，千元以上者記大功一次，捐五元以上者照酬勳章程辦理」。這似只是一種榮譽性質，再沒有如先前所説的，獎以「優等國民」，「免軍政府條件之約束而入國籍」，更沒有革命成功之日可以領回金幣「作為國民通寶，交納稅課，兌換實銀」，或者從政府中獲得甚麼「實業優先權利」。換言之，這是一種曉以大義式的國民倒袁捐獻，且沒有任何還款承諾。

37　《致公堂檔案》，1913 年 12 月，引自《百年革命歷史回顧》(稿)，頁 62。
38　〈美洲洪門籌餉總局緣起〉，《致公堂檔案》，1914 年 7 月，同上書，頁 63。

第二，在監督方面，以舊金山總堂為籌餉總局，各埠公堂作為分局協辦，而曾捐款者皆可隨時派人到總局查數。辛亥革命前章程則名言眾人辦事，「由孫大哥派人監督」。

第三，在收益處理方面，雖然兩者皆謂存入銀行，之前的章程謂「以備孫大哥有事隨時備用，他事不得提支」。〈美洲洪門籌餉總局緣起〉則云，「以備革命黨領袖孫逸仙有軍事隨時調用」，對孫的稱呼明顯欠親暱，以示內外有別，且暗指孫中山不過是眾多革命領袖之一而已。[39]

洪門與革命黨開始出現分歧。1914 年 10 月 1 日中國洪門總部將一份〈敬告海內外手足書〉郵寄給舊金山洪門籌餉局，號召洪門兄弟反袁，文件洋洋萬言，基本上是洪門人士對建立民國的詮釋。首先，該文推本溯源，談到洪門花亭結義之心及前明遺老反清復明之志，他們將之理解為「革命」。隨後孫中山多次在舊金山受到洪門襄助，兄弟們出錢出力，捨命將「專制掃除，共和建立，滌一百六十餘年之腥羶……洪門革命之力，豈不偉哉！」，惟孫中山「秉政不久，退位讓賊」，並無確認洪門兄弟協助之勞。當中對胡漢民批評尤烈，指出「胡漢民等復是非顛倒，功罪混淆，不准洪門立案，凡我手足，無辜被害，功成身戮，思之悚然！」[40]

39　〈舊金山洪門籌餉局章程〉（1911 年），見《150 週年紀念特刊》，頁 86–87。
40　《致公堂檔案》，《百年革命歷史回顧》（稿），頁 45。

洪門與倒袁

　　當然，這道討袁檄文主要針對袁世凱而發，就連年前「華僑百餘萬之首義助款，堅不認還……國庫視如私產，國權等於弁髦」都算在袁的身上。文中認定胡漢民辛亥革命之後在廣東打壓洪門會員，又不讓洪門註冊，亦提到後來他親到北京要求袁世凱領導下的財政部還債被拒等事。檄文以「中國洪門」的名義寄到海外，五洲洪門致公總堂亦知悉此事。馮自由認為這份文件是黃三德經過香港時偽造，目的是要攻擊孫中山及胡漢民。[41] 馮說看來也有可能，原因有二。一，全文頗長且文理通順，似非出自美洲金山致公堂同人手筆，很可能是由黃三德授意香港或國內的洪門人士撰寫。第二，洪門在國內仍未註冊，「中國洪門」名從何來？因此，筆者認為馮自由所言較可靠，此檄文很可能是以「中國洪門」名義在香港起草。文中並未直指孫中山，而只歸咎掌管其事的胡漢民，然已足夠反映致公堂對革命黨之不滿。

　　在倒袁一役，舊金山致公堂籌款的總數沒有具體數字記載，留下來的檔案顯示捐款來源非常廣泛。有來自個人的，例如黃乾慷慨捐了100元、林德備捐了20元，山多些埠（San José）五人合捐40元、德州巴梳埠（El Paso）致公堂共捐400元。波士頓廿九人共捐款186元，並明言「煩速電匯孫中山先生」。檀香山《漢民報》言，因「受反對黨之籠絡」，「已經直接電匯數千元往日本孫先生」。[42] 其中有華僑對袁所作

41　〈馮自由上總理函〉，1914年12月20日，環0868，《環龍路檔》，中國國民黨黨史館藏。

42　原函見《百年革命歷史回顧》（稿），頁73。

所為非常憤怒，郵寄了 20 元支票，並付便條謂：「思袁賊頭如此為人，若不碎焚其屍，無以洩我洪門人之憤。」加拿大安大略省（Ontario）米敦鎮（Milton）一家洗衣店捐了 20 元。多倫多致公堂響應募款，承諾派人「沿門勸捐，竭力鼓吹，同盡義務，相共維持民國，擁護共和，誅戮袁賊，還我民權，此我洪門之責任」因為入數繁瑣，總會要求各支堂捐款直接匯往三藩市。

　　此外南非、巴拿馬、墨西哥數城市皆有捐輸，後者當時經歷內戰，「白人板偈公司盡行閉停，僑胞等無工棲身者十居其九」，但在兩次勸捐之下，他們亦略有捐助。其中一人捐美銀 5 元。一封從英屬昔儉摩士揭

圖 8–5 巴拿馬致公堂同人合照
三藩市致公總堂所藏檔案

帽上來信更加感人，信中寫道，我國僑胞在本處車站地方兩間旅館做工
者有 10 人，今願捐軍餉者有 4 人，另有在車路面做工之鄭廉一人，共
捐銀 55 元。[43]

圖 8-6 巴拿馬中華民國公會同人合照
三藩市致公總堂所藏檔案

43　《百年革命歷史回顧》（稿），頁 72。以上籌餉局所收到信函散見該書頁 66-
77。

合流的幻滅

一直以來，革命籌餉用洪門致公堂名義呼籲五洲各堂響應，而1910年於三藩市創建的同盟會會員則擔任協作角色。因為當時孫中山恐怕兩個組織不能協調，乃勸同盟會員加入洪門致公堂，並成立「美洲洪門籌餉局」為革命籌款。民國成立後，該組織又改名為「中華民國總公會」，希望囊括全部洪門會員。為何在選名上有這樣的考慮呢？筆者猜想孫的意圖有二：第一，革命黨人受近代西方文明洗禮，對於洪門這套傳統意識及禮儀一向十分反感，如今革命經已成功，當然再不用以洪門的反清復明為號召。第二，「公會」在當時辭彙中即「公開」集合大羣之意，不再囿於籌餉，更非傳統秘密會社，未來更可推動祖國經濟實業的建設，寓義深長。無論如何，中華民國總公會的名稱更具現代意味。

舊金山致公堂正要展開募款之際，7月8日孫中山在東京成立中華革命黨，隨即在22日致函致公堂，要求致公堂提供100,000元，並謂前後兩次致函，均「未見示覆」，可能是遺失了。然而更可能的是，黃三德因對孫所為大不快意，故將來件擱置。無論如何，信函中未提及共同籌餉事。

黃三德並沒有直接給他回覆，但金山洪門救濟局書記周黃一幾天後便向孫覆函，指出洪門人士多不了解政治革命，幸好黃興及林森（筆者按，後者代表中華革命黨駐三藩市）赴美公開演說，向他們解釋，才令他們明白。周稱「或將來籌餉，問題大有起色，亦未可料」。他表示

籌款成績未如理想，並謂袁世凱派特使徐桂來美活動。[44]

其實，孫中山同時也命令年前在三藩市建立的國民黨進行反袁籌餉活動。國民黨在袁世凱打壓議會下，在國內經已不能運作，但海外及南洋各支部仍然繼續活動，遙遵孫中山命令。[45]而籌款的更大壓力，便由美洲國民黨支部承擔，例如華盛頓州舍路埠（即西雅圖）的支部領導去信孫中山謂該埠43名黨員「經認定軍需約美金三十萬元」，[46]着實有點不切實際。

孫自民元以後，經已名聞中外，再不用通過致公堂這一組織來籌款。除他直系的國民黨外，他同時去信由幾個最大華埠社團組成的中華會館，期望它們能提供協助。1916年2月4日，他去信該館的董事局，解說討袁之必要及列強環峙之危機，「務望諸公毋望〔忘〕祖國之難，籌捐鉅款匯東，以充軍用」。[47]而在檔案中，亦發現金山中華會館代轉義捐與廣東軍政府。所以在倒袁之役，五洲致公堂在北美並非唯一的募款來源。

從長遠考慮，洪門致公堂最有價值的，應是其跟海外華僑的網絡，以及其在各地出版的報章雜誌。如要妥善利用洪門致公堂，必須依革命需要將之改組，再重新納入自己革命組織內，令它可發揮積極作用，這亦是孫中山更重視的。他曾在1906年第二次來美時，令嘗試替洪門編

---

44 〈美洲金山洪門救濟局上總理函〉，1914年7月28日，環07890，《環龍路檔》，中國國民黨黨史館藏。

45 《孫中山年譜長編》，頁865。

46 同上書，頁895。

47 同上書，頁975。

修章程，但他東去後章程變成了一紙虛文，洪門情況依舊，沒有絲毫改變。1911 年春、夏間，孫中山第三次到訪舊金山。他囑新近成立同盟會員加入金山洪門致公堂為洪門一分子，又成立洪門籌餉局，借助洪門名義及關係在北美為革命募款。辛亥之役大部份軍餉均出自洪門等組織。這次是他第三次的嘗試。他努力吸納美洲致公堂洪門分子為新近創立的中華革命黨黨員。

中華革命黨在東京成立不到四個月，孫中山去函各埠致公堂，要求即行改組洪門，「共圖革命事業」，並着「全部重新填寫誓約（按，即效忠於孫一人），加入中華革命黨」。[48] 吸收致公堂會員參與討袁行列。

黃三德年前在國內跟革命中人來往，從不同的人脈圈中知悉他們對孫的評價。返美之後，一定知悉黃興（時在美國）、陳炯明（時在南洋）、李烈鈞、柏文蔚、譚人鳳（1860-1920）、張繼（1882-1947）等資深革命黨人因章程誓言要向孫一人效忠，及着蓋指模兩事，各持異議，不肯加入新的組織。最重要的是，他為致公堂註冊及追債兩事，親自回國奔走一年多，惟最後卻一事無成。他認為是胡漢民從中作梗，但孫也難辭其咎。孫又要求將致公堂全員撥入由他個人領導新的組織，不就是要消滅洪門嗎？他猜想這就是孫中山之前不讓洪門註冊的企圖。他與孫中山的關係已出現了裂痕，不願再為孫籌謀革命經費：

此函寄各埠公堂之後，大多數皆不以為然，無有違函改組者。蓋各埠洪門人士對於孫文，已失信仰之心，因其不能為洪門

---

48 《孫中山全集》卷 3，頁 140-141。

立案，而有意消滅洪門，忘前日之恩，負前日之義。今窮蹙時，又欲再利用洪門，無怪洪門人士不理會也。[49]

誠如黃三德所言，加入中華革命黨的洪門團體，相信是絕無僅有。過了幾個月，孫再向海外洪門會館呼籲，邀請「一體加盟，並改組為中華革命黨支部」，同時升格「支部」地位。孫函頗為詳盡，首先回首洪門過去數百年的艱辛歷程，指出「辛亥一役，滿虜政權遂覆，種族革命目的完全已達」。他認為秘密結社時代已成過去，不意袁氏當國，同志慘遭殺戮，人權綱紀蕩然無存，因此有必要組織中華革命黨。孫指出，「總章十二條所載首義黨員悉隸為元勳公民，得參政、執政之優先權利，純為保障革命黨而設，且足以鼓勵當時之勇進，而表率後來之平準」。他繼續解釋當時形勢跟反清之分別：

種族革命無妨多立秘密機關，以為分頭並進之活動，政治革命則仗義執言，非堂堂之陣、正正之旗，不足以聳國民之觀聽，而避外鄰之干涉。今日無論各國各種團體，改併萬流匯源實此意也……其所存機關外，無論懸示何種通信名義，不妨悉仍其舊，其內部則一律援照總章通則，改組中華革命黨支部，以免消息隔閡……望諸公極力提倡國家主義，破除門戶各立之微嫌，迅速籌辦致覆，以便正式委任……[50]

49　《洪門革命史》，頁 32。

50　〈總理致海外洪門會函〉，1915 年，環 07563，《環龍路檔案》，中國國民黨黨史館藏。

以上書信，有數點值得注意：（一），孫中山以洪門中人身份寄發此函。（二），反抗滿清時以種族革命為號召，不妨多頭並進。革命就是擾亂社會秩序，削弱中央政府權威。如今革命成功，未來工作是從事建設，資源應該集中，故權力須由孫個人獨攬。（三），為了要鞏固權力，中華革命黨員日後成為「元勳公民」，享有優先當官的權利。（四）他認為洪門這樣的秘密會黨式的傳統組織，在現代社會中，該蛻變為政黨才能生存下去。

1915 年 5 月，中華革命黨黨務部又由居正撰寫了〈致洪門父老兄弟書〉，邀請洪門人士全體加盟該黨，同時重新改組，更會重視洪門過往對革命的貢獻，將豐功偉績等事件編成「信史」，「以昭國人」。此文頗長，但可以代表新興的革命分子對洪門這類傳統秘密會黨的看法。現綜合分析如下：

第一，自清室滅亡之後，種族問題經已解決，「舊來之主義（按，反滿）已歸無形之結束」。第二，綠林豪傑式的方法拯救同胞，「蒙下流社會之名，而為清流人士所不屑」，清流人士即指有現代知識的革命黨人。第三，洪門精神雖體現反對貪官污吏、尊重自由平等，但亦有「誅鋤異己，種種罪惡，罄竹難書」，國民黨內亦有同志視洪門人士為亂黨暴民、盜賊匪徒。因是之故，中華革命黨人冀洪門能「重新改組，服從完全主義，整預秘密規章，精神團結，努力進行，化為堂堂之陣、正正之旗」[51] 這就是說將洪門收編進中華革命黨之內，由一人統領，成為真

51　〈黨務部致洪門父老兄弟書〉，1915 年 5 月 24 日，環 0761，《環龍路檔案》，
　　中國國民黨黨史館藏。

正的、具現代性的革命政黨。

孫中山很希望致公堂會員能加入新黨。直至 1920 年孫中山跟黃三德在北京晤面，他仍請黃三德去函各致公分堂，號召他們加入中華革命黨，惟遭黃三德強烈反對。黃反駁謂：「民國時代人人有自由權，三德不能強逼洪門人士服從自己」。[52]

問題其實十分簡單。洪門在海外華人社區起着互相扶持的作用，發揮守望相助的精神，為中下階層鄉里聯誼的組織。自從 1904 年前後洪門涉足國內政治以來，領導層開始將集中力放在國家層面。孫中山等革命分子根本忽略了致公堂的地方社會功能。

中華革命黨成立以後，孫中山利用各種渠道籌餉討袁。前此籌餉知名的馮自由在袁世凱上台後曾被短暫拘禁，獲釋後經香港回到老家橫濱，加入剛成立的中華革命黨，受命回三藩市主持海外籌餉大局。美洲總支部（即原名同盟會，後改為國民黨，美洲各部由孫中山特准仍用國民黨名）以下設立命名為「國民維持會」的籌餉局，「以應起兵討袁之需」。由於美洲籌餉「係在中華革命黨頒行籌餉局章程之前，因此對於籌餉組織，仍以民國維持會公佈之章程為依據」。正會長為林森，1915年馮自由返美後就任副會長，章程訂明收款悉數存入銀行，「俟總機關孫中山先生有函電提取」。[53]

52　《洪門革命史》，頁 41。
53　《全美黨史》，頁 254–256。

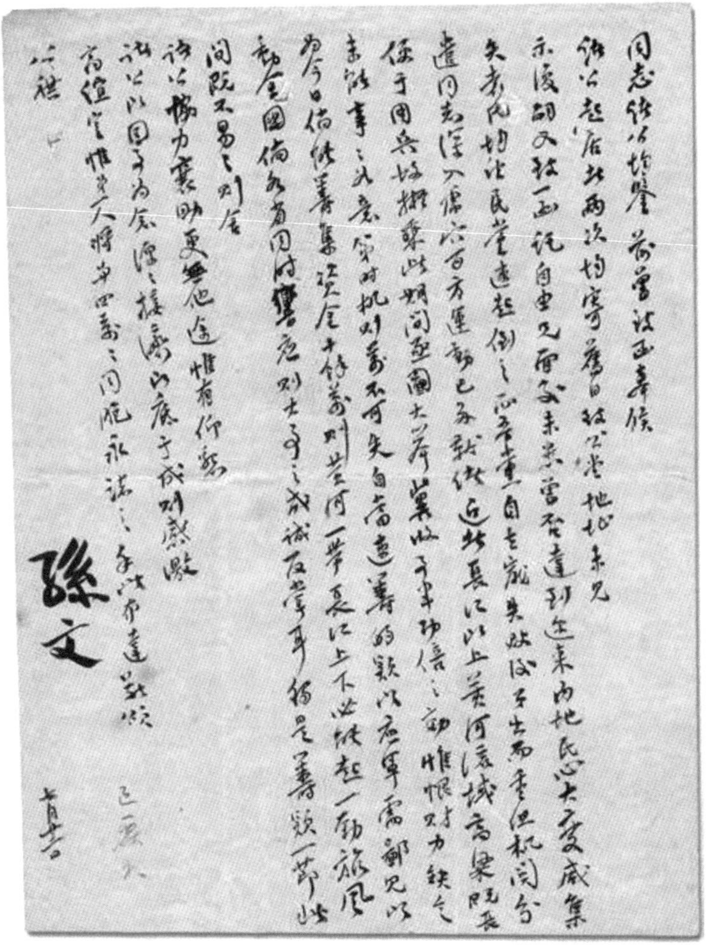

同志諸公均鑒　嚮者託王某候

諸公起居此兩次均寄廣智書局公堂地址未見

承覆胡以社一函自巫見覆今未悉曾否達到生來內地民心大變歲集

失意內地北比民黨達起倒之心甚重自去歲失敗及去歲四屬恒謀集

遺同志運入內地百方運動已多我做近此長以此業河流域高梁既長

任于用兵好撥葉此期間至圖大舉業此千軍妙信心動惟恨乏力缺乏

未能事以定策對此另寄不可失自當遽籌的歉以應軍需郿兄以

照金圍倚為前同付寶處則士于十餘籌則並河一帶長以上不必做起一動旅風

間限不易之均全　河院以力襄助更無他途惟有仰懇

諸公協力襄助更無他途惟有仰懇

諸公以周力為念澤山撥濟此辰于成則感歉

高道當惟望大將來四萬之同胞永諾、、、

仁棣上

　　　　　　　孫文

己庚之

圖 8-7　孫中山為倒袁籌款，向致公堂發信。
三藩市致公總堂所藏檔案

圖 8-8　1916 年籌餉進支部。
三藩市致公總堂所藏檔案

　　馮自由比黃三德稍遲數月回到三藩市,即被委任為國民公會會長,
用洪門舊金山致公堂名義,繼續推動剛剛成立的洪門籌餉局的工作。馮
是洪門弟兄,辛亥前一年先後在溫哥華及三藩市處理北美洪門籌餉事
務,並得黃三德嘉許。他在辛亥革命後回國,是孫中山任臨時大總統的
機要秘書,後為稽勛局長。袁世凱掌權以後,再返橫濱,是加入中華革
命黨的第三人。他在三藩市既是孫中山領導下國民黨組織的國民維持
會(按,即中國革命黨)的籌餉大員,同時又代表致公總堂為美洲洪門
籌餉局的主腦。

　　自辛亥首義以來,美洲同盟會改組為國民黨,過去的秘密活動變成
了公開活動。三藩市中國國民黨美洲總支部共設五部,每月編撰黨務報
告,在人員及組織兩方面均十分完備,跟民元前要倚仗致公堂名號、人

員和關係向華僑籌款不可同日而語。[54]

　　1914 年 7 月 15 日黃興等一眾人乘日輪抵達三藩市，受到僑界熱烈歡迎，咸以一睹革命英雄風采為榮，適逢 24 日晚中華總會館開會討論是否接待袁世凱派來的宣撫使徐桂，到場者 500 餘人。結果羣眾將袁世凱及黎元洪掛在會議室的像除下踐踏。30 日，更有數百位華僑在杏花酒樓宴請黃興。黃力言袁的稱帝陰謀，又講述討袁運動的始末。黃興到訪時所有在三藩市活動均由國民黨主催。[55] 由此可見辛亥以來孫中山領導革命勢力之澎湃。

　　1915 年春，維持會分三路籌募討袁軍餉。馮自由、高鐵德一路；謝英伯 (1882–1939)、鄧家彥 (1883–1966) 二路，林森和黃伯耀則為主力。他們到處發表有關祖國時局的演說，振奮人心。國民維持會自 1914 年 7 月 6 日至 1916 年 2 月四出呼籲捐輸軍餉，曾往訪凡 150 餘埠，接觸共 2,4000 餘人，所得捐款達 204,651.98 美元，悉數匯交孫中山。馮自由對自己擔當雙重角色不以為累，還得意地説：

　　　　余時兼任美洲致公總堂會長（按，應是美洲洪門籌餉局易名之中華民國公會），故到處備受洪門同志之優待，所獲尤多⋯⋯計此次旅程費時四月有餘，凡有華僑居留之區，均下車駐足，演説募捐所至二百餘埠，僑胞中無論老弱婦孺，亦各解囊相助，殊屬難能可貴。[56]

54　詳情可參《全美黨史》。
55　同上書，頁 258–259。
56　同上書，頁 264–265。

　　隨着孫中山在海外華人社羣中聲望日隆、國民黨黨員在各地的周密組織、報章雜誌的大力宣傳，國民黨的影響力愈來愈大。黨員一般都較年青，負責領導的都比致公堂叔父輩受過較高程序的教育，已經迅速建立起可以替代洪門致公堂的網絡。根據 1915 年的統計數字，全美黨員達 15,000 人。為聯絡各地黨員，他們舉辦了一連十天的第一次國民黨懇親大會，出席者凡 69 人，來自十個國家。[57] 這時的國民黨如旭日初升，有了自己可以直接指揮的機關，不用再依賴致公堂接觸僑界。這也是孫中山與致公堂日漸疏離的原因之一。

57　《全美黨史》，頁 266–267。

致公堂分散「投資」

黃三德自返三藩市後，對孫中山種種行為大不滿意。他認為孫中山與宋慶齡（1893-1981）結婚，是孫對家庭不負責的表現。他斷絕了跟孫中山的往來。而馮自由以中華革命黨員身份，在洪門機構內進行革命籌餉活動，有「角色衝突」之嫌，身份非常尷尬。況且黃三德等知道孫並非唯一的革命領袖。1915 年 12 月間，中華討袁軍政府大元帥岑春煊和西南護國軍總司令唐繼堯先後去函致公堂求助，嗣後公議將所得款項直接匯往雲南。[58] 另外，根據檔案的記載，早期匯寄孫中山的補助，可能只佔募款所得象徵式的一小部分。[59]

在致公堂遺下的一本《支匯目錄》中，發現如下幾個籌餉受益者的名字。最大的受益人是黃興。黃興於 1914 年 7 月 15 日抵舊金山，後轉紐約。他在舊金山一切宣傳活動由同盟會主催，在致公堂文檔中沒有記載他曾到訪會所。致公堂則將黃的一則演講詞編印成小冊子分發至各地致公堂。有舊金山擁護者來信請他另行組黨，惟被黃興所拒。1916 年 5 月黃興起程回日，致公堂寄了 5,000 元的收據給他。此外，在差不多同時，又前後匯了 37,000 元給他。[60]

黃興對辛亥革命貢獻至大。他早年在東京弘文書院肄業，為 1903 年成為「拒俄義勇軍」成員，又成立以留日學生為主要成員的華興會，打下了日後同盟會的基礎。他跟致公堂甚相得，因為他也有會黨背境，

---

58 洪門與華僑，《致公堂 150 週年》（附件），頁 24。

59 《百年革命歷史回顧》（稿）頁 75。

60 《致公堂檔案》，《百年革命歷史回顧》（稿），頁 76–77。

是哥老會的大龍頭。黃興在革命最前線，與孫中山不接實況、到處演說不同。再者，黃興的革命活動除日本外，也涉足香港及南洋等地。1909年孫中山指派他到香港成立同盟會南方支部。翌年，他和孫中山到檳城宣揚革命。直到武昌事畢，黃興一直在香港統理籌餉及軍事工作。他主要跟美洲洪門籌餉局及南洋僑胞聯繫。他常向美洲洪門籌餉局報告善款運用及軍事形勢。致公堂對他信任並非偶然。致公堂將部分募款分派給黃興，正顯示了他們與孫中山日漸疏離。

第二位跟致公堂直接聯繫而得到資助的是桂系的唐繼堯。1915年12月袁世凱稱帝北京。蔡鍔（1882–1916）、唐繼堯、李烈鈞等宣布雲南獨立，並且公開反對北洋政府。袁軍受挫，南方各省紛紛宣布獨立。袁被迫取消帝制，數月後病歿。開戰一年後雲南督軍唐繼堯寫信給美洲各地致公堂報告情況，謂幸「得諸公之毅力維持，或助餉項，或助聲援，得免戰爭蔓延，大局早定」，「此一年內，人民生命財產之損失、公家餉需物力之消耗，雖竭數年之力不能恢復」。護國軍第二軍總司令李烈鈞則向致公堂寄贈了簽名照。[61] 致公堂寄贈雲南政府最少10,000元。[62]1916年雲南護國軍起事之後，黃三德到南美各國為護國軍籌措軍餉，惟在千里達途中不幸遇劫，幸得牙買加盟長易子英接濟，方能繼續行程，及後返美。[63]

黃三德應在1912年至1913年返國時認識唐繼堯。唐也是東京振武學校出身，後入讀日本陸軍士官學校。雲南在反袁運動中打響了第一

61　《百年革命歷史回顧》（稿），頁78–79。

62　同上，頁77。

63　同上，頁83。

槍。他擁護孫中山早年提出的政治理念：中國幅員廣大，不應該採取中央集權，而應借鑑美國成立聯邦式的共和政體。這是他 1918 年提出「聯省自治」制度的基礎。致公堂支持桂系人士籌餉，大概是因為他們敢於行動。其後陳炯明被選為致公黨總理，唐繼堯為副總理。反對一黨獨大、高唱地方自治更成為致公黨的政治口號。

　　另致公堂匯寄 4,000 元給軍務院。梁啟超、岑春煊等在 1916 年 5 月在廣東肇慶成立軍務院，最初的撫軍 (各省撫) 軍長為岑春煊。隨着唐繼堯領導的雲貴系移師廣東，唐當選為撫軍軍長，岑次之。[64] 岑春煊為清末實力派督撫之一，辛亥後因反對袁世凱而加入國民黨。他在反袁之役中被革命黨人推為大元帥，事敗後出走南洋。黃三德 1913 年回國時跟他相識，今次匯款相助，誠非偶然。

　　致公堂將一筆 2,000 元的款項交上海《中華新報》，時維 1916 年 7 月。《中華新報》是國民黨中政學系張群 (1889-1900) 等 1915 年在上海創立，因報道袁世凱內閣的段祺瑞簽署〈滿蒙五路中日借款合同〉而被關閉。[65] 致公堂一向反對北洋政府向外國借貸，這次致公堂資助一家新成立而立場相近的報章，自然可以理解。當然，亦有可能是致公堂機關報《民國公報》(舊為《大同日報》) 跟他們有業務往來。當時華僑報章缺乏實地採訪能力，故經常轉載其他報紙的文章。

　　致公堂在 1913 至於 1915 年的籌餉運動，所得總數不得而知，惟孫中山僅得一小部分，其他大部分則交到國民黨其他反袁勢力的手上。

64　www.bnsk.net/dingzhongjiang/byif

65　www.chengwen.com.tw/gnp/gnp46

時至今日，在新呂宋巷會址大堂懸掛着的幾十幀近代人物肖像中，我們可以窺見他們崇拜偶像所代表的價值。除慶典活動的集體照外，便是有功於洪門的人士和在革命中犧牲的人。正好表現洪門內外親疏有別、重武輕文的人際關係。對人對事黑白分明、視死如歸才是鐵漢子的性格。

1912 至 1913 年間黃三德在國內為追債及為註冊事奔跑期間，一直通過信函與三藩市同人溝通，惟最後卻無功而還。消息很快便傳到北美各地的致公堂。與金山致公堂步伐一致的域多利致公堂在 1912 年 1 月 9 日向孫中山發電，說派了兩人回國組織一個政黨。[66] 他們不知道孫在不足兩月後便會離任。1914 年馮自由東山復出，領導募款，使原本已處於冷戰的孫中山與北美洪門致公堂的關係火上加油。黃三德與加拿大致公堂在北美各地發放傳單攻擊孫中山及馮自由，勸洪門人士將款直接寄交金山致公總堂，並致函嘲笑孫中山，謂：

> 今先生大炮之徽譽，騰於內外，偉人變作匪人。先生利用洪門之技倆又出，先生衰時則倚庇於洪門，盛時則鄙屑洪門，避之若浼。今盛而復衰，又欲與洪門親密，先生休矣。[67]

在保存在致公堂有關籌餉的文件中，有 1914 年 9 月 25 日籌餉開

66　《洪門及加拿大洪門史論》，頁 140-141。

67　轉載自王蕊、劉平：〈孫中山與美洲致公堂關係新論〉，《福建論壇》(人民社會科學版) 2012 年 3 期，頁 82。《洪門革命史》也有美加洪門中人傳文詆毀孫中山、馮自由。詳見《洪門革命史》，頁 33-35。

展不久後孫中山催款的電稿，又有馮自由在紐約籌款時因同盟會需款，催促金山致公堂寄付 200 元之電文。更有 1914 年 9 月 15 日馮自由從華盛頓電總堂，詢問匯了多少錢與時在東京的孫中山，因為「各地會員只信任他，如果你們報効其他機構是錯誤的，所有的人將會被我們的組織及我個人指責」，並要求立即回覆。[68] 致公堂將部份款項轉寄別處，自然引起馮自由的焦累和不安。

68　《百年革命歷史回顧》(稿)，頁 69。

致公堂與國民黨在華埠爭地盤

　　圍繞籌餉的擁有權，雙方不斷發生衝突，馮自由從事募款不足一年，便用三藩市中國國民黨美洲支部用箋向孫報告籌餉情況：因為歐戰關係，美國經濟情況遠不如前，但是國民黨的發展非常強勁。他強調自己回來後在國民黨中的積極作用，貶低洪門的能力，並謂：

> 經過各地新立支部，進步甚速，惟金門致公堂則大退化……黃三德新由港來，攻擊公等甚力……嘗偽做〔造〕一內地洪門佈告登諸《民國公報》，并印作傳單，遍寄各埠，其中無非詆毀之語，且決議自後得款概不匯公。而各埠亦皆知總公堂為中飽之地，恐日後無多款到手。

　　他告知孫中山已辭退國民公會會長一職，又拉攏與金山洪門素來有隙之美東紐約、波士頓兩地洪門大佬，並續謂：

> 波士頓梅宗炯大佬及司徒美堂二人在美東洪門人中最為開通，美東各埠均聽其指令……彼等非常盡力，公宜函嘉獎，並使直接匯款，則美東各埠均可入吾黨範圍……

　　他又直接與墨西哥及澳洲洪門通訊，並打算在 2 月到澳洲一趟。此行之目的是為着黨務和捐款。最後他勸孫中山可對洪門敷衍，因為「彼等已離心離德，不必引為同盟矣」。[69]

69　〈馮自由上總理函〉，1914 年 12 月 20 日，環 08068，《環龍路檔》，中國國民黨黨史館藏。

馮自由利用致公堂屬下所辦《國民公報》總編的身份回美,但致公堂同人委任他為當時討袁募款國民總公會的會長,專責到各地籌餉。同時他又是舊金山國民黨屬下國民維持會籌餉局的副會長,兩個身分出現了衝突。致公堂並非將捐款全數匯孫中山,而國民維持會囑咐將地方公堂捐款直接匯寄孫中山或三藩市的國民黨總支部,於是馮更從中離間支堂與金山總堂的關係。最後,衝突終於發生。金山總堂在 1915 年 4 月 1 日向各支分堂發出一份 1,000 多字的告示,批評馮自由,說他人格有問題,禁止洪門弟兄與他來往。該告示要點如下:

第一,馮自由負責籌餉,但一直以來數目交代不清,聚斂尤甚,並屢次假公濟私。第二,當稽勳局長時忘記了洪門貢獻,甚至連洪門託他追回的債務,也無法討回。第三,洪門資助他 5,000 元代為立案,全無下文,有如「胡漢民、謝英伯諸人,不准洪門主案,欲減我洪門之黨勢」。以上罪狀不過是算舊帳,將稽勳及註冊失敗事推到馮身上,實有欠公允。這張紅底黑字的文告,以極度侮辱的字句破口大罵馮自由,指「馮自由喪心昧良,忘恩背義,專破壞洪門大局。此次負本堂總會命遊埠,貌為洪門辦事,實為個人謀私利。仍復捏造事非,致私函各埠,離間寄款他處」。[70]

到了今天,款項細節瓜葛不得而知,但羅列的大多指控,實屬子虛烏有。馮同時代表國民黨在北美籌款,他將款項直接匯給孫中山是理所當然的。我們只能說,馮的黨性比他的堂性強而已。

由於馮自由偏袒孫中山,洪門內部也採取了對策。1914 年 5 月

70　〈金山大埠致公堂、民國總公會報告〉,1915 年 4 月 1 日,《致公堂檔案》。

23 晚洪門例會中，黃三德等動議將馮逐出洪門，以示懲罰，並得到與
會者贊成。會上羅列了馮自由四項罪狀，公款私用為其中之一；無可抵
賴的有兩項：（一），在籌款時「立心不良，為各埠所籌之款，暗中盡付
與孫文，不用本總堂經手收支」;（二），「回金山後私通函各處，誹謗本
總堂，破壞大局」。[71] 值得注意的是：可能在外懾於孫氏的名聲，致公
堂對外盡量廻避指名攻擊孫中山，惟內部文件則另作別論。由於國民黨
在北美發展迅速，黃三德等回美後更堅信國民黨目的在消滅洪門，所以
一直利用種種藉口，拒絕其在國內註冊成為正式公開的社團。

　　數月之後，黃三德將以上事件函告在東京的孫中山，以馮「不善辦
事，生出許多惡感」，又謂「想各埠與我公直接匯款，本公堂亦可接受」。
黃認為最好的方法「是各埠隨收隨匯」，惟馮自由拒絕以洪門籌餉局會
長」身份前來核數，且「心懷不軌，修函各埠顛倒誣謗，破壞公堂政策」，
「辦事自取其辱，真可惜也，自由實無辦事之才，不能以托大事也」。[72]
到了 9 月，金山致公堂眾人決議「將孫文、馮自由私自致函各公堂肆造
謠言，破壞洪門大局」，「原函登報辯駁」。[73] 致公堂與兩人正式決裂。

　　無論誰是誰非，孫中山知道問題不在馮自由的操守，而在於他不
能滿足北美廣大洪門人士的訴求，且自己亦未能信守承諾，於心有愧。
公允一點說，辛亥首義以後，形勢急變，不是孫中山一個人可以控制。
形勢比人強，孫中山是不能也，非不為也。

71　〈中華民國總公會議案〉，1914 年 5 月 23 日，《致公堂檔案》。
72　〈黃三德致孫中山函〉，1915 年 1 月 30 日，環 07665，《環龍路檔》，中國國
　　民黨黨史館藏。
73　環 07665，《環龍路檔》，1915 年 9 月，中國國民黨黨史館藏。

革命者的餘哀

孫中山在 1915 年 2 月 28 日〈覆舊金山中華民國總公會函〉中，深刻體現了一位大半生追夢，目標為創建一個富強、民主中國的革命家之唏噓。他頗為詳細地報告了自己嘗試解決、洪門人士寄予重望的如下一些問題：

首先是歸還舊債事。他當臨時大總統時，首先向議會提交了兩項議程。（一），設立稽勳局撫恤為革命犧牲國民的親屬，及褒揚為國捐軀、踴躍捐輸的僑胞。（二），歸還華僑的借款。兩項均為參議院駁回，並謂國家統一後再算。既然不能由中央承擔，廣東省應可負責清還，因為革命活動開支大部分都應算進廣東去。當時胡漢民曾查詢革命開支的數目大約為 170 萬元。另又特設專局處理，局成，而胡之職乃由陳炯明替代。陳炯明部屬鍾鼎基以軍隊威脅反對，並要求取消胡令。另外則是有關洪門立案事。孫中山囑黃三德跟外交司陳少白（1869–1934）聯絡，惟陳少白為胡漢民僚屬；陳炯明則以會黨難平，一意反對。

孫中山曾語人謂：「今聞三德發佈傳單，并謗及弟身，則不顧事實，不明事非者也」，而且他跟黃三德曾有僱傭關係。他繼續說：

> 弟因用黃三德在弟左右，名為行街調查，實則招呼美洲同志及通訊應酬，月支薪水五十元。兄由弟津貼每次數百元不等。

由此看來，一樁革命籌餉活動，跟今天的政治宣傳活動，別無二樣。公私利益，實難分開。最後，孫中山回顧自己 20 多年的革命生涯，

沉痛承認一些難解的死結。他說：

> 兄等要知第一次革命，政治問題並未解決，實不能謂之革命
> 成功。弟從海外歸來，他人皆有兵有權，惟以民心所向，選我為
> 總統，而各種組織俱不能如意，各種政策不能實行。蓋居中國，
> 當此時會，徒以道德、徒以名義，不能收政治之實効也。我黨以
> 退讓為高，而官僚爭進；官僚得志，而我黨無權；我志未成，而
> 民生亦苦。故弟鑑於前失，毅然以一身擔任第三次革命之事，求
> 真實之統一，而力矯前非。信乎一國不可以三公，而命令必出於
> 一致。[74]

這是中國革命的悲劇，也是第一位中國自由主義追夢者的哀鳴。

孫中山等革命黨人 20 多年來，前仆後繼，掙扎求存，目標在「驅除韃虜，恢復中華，建立民國」，辛亥首義之後，以貧召亡的滿清政權不攻自散。旋袁世凱稱帝失敗，復辟又曇花一現，益證人心向背，帝制已經不合時宜。然而，政權交替並不意味着國家走上康莊富強的大道。孫中山以及胡適等人，一廂情願地認為只要導入美式的民主政制，其中包括行政（總統）、議會（參眾兩院）、法院互相制衡量，開放報禁及社團組織等，他們憧憬的偉大民國便會自然形成。回眸過去，歷史學家唐德剛斬釘截鐵的說：「歸根究底一句話，便是中國並不是美國，它沒有

74　〈覆舊金山中華民國總公會函〉，1915 年 2 月 28 日，林家有、李吉奎編：《孫中山全集續編》卷 2，（北京：中華書局，2017 年），頁 75–77。

英美傳統中的必要條件。東施效顰，就必然走樣」。[75] 在孫中山逝世將近 100 年的今天，中國人還在摸索如何求富求強。由此可見孫中山的遠見。

辛亥首義大功告成，美洲各地華僑普天同慶，祈求一個民主富強中國的來臨。致公堂大佬黃三德因致公堂在革命籌餉中的貢獻與近數年來跟孫中山等人的關係，他帶着洪門弟兄的兩項簡單要求回國。一是讓洪門可以在祖國土地上註冊成為合法社團，作為日後以國民身份參政的基礎；二是歸還借款予洪門兄弟。可是因為種種原因，孫中山及革命政府對兩個要求都未能滿足。不單如此，孫中山及革命黨人在不及兩年的時間便給心懷皇帝夢的袁世凱趕盡殺絕。革命同志又一次流亡海外。

孫氏在重建中華革命黨的幌子下重整人馬，再踏上向華僑籌餉的老路。黃三德等領導下的金山致公堂因為年前註冊及追款目的不達，將募得款項匯交國民黨不同派系人士，更與同時在美洲募款、代表國民黨的馮自由發生衝突。孫中山曾去函解釋，可是依然不能重拾美洲洪門人士對他的信任。

1917 年 10 月 18 日孫中山又回到中國當大元帥。黃三德要求會晤，秘書處回覆黃三德晉見時間。[76] 黃三德對洪門立案舊事重提，但在孫中山檔案中再沒有記載。黃在回憶錄中則謂孫無以回答，指出「總之，孫文之對洪門，忘恩負義，只為其自己私黨起見，而背大公無私之

---

75 《晚清七十年‧伍 袁世凱、孫文與辛亥革命》，頁 135–136。

76 〈大元帥府秘書處覆黃三德函〉，1917 年 10 月 18 日，環 030332，《環龍路檔》，中國國民黨黨史館藏。

訓」。[77]「大公無私之訓」，一直是洪門的規條。

1918 年 10 月 17 日，孫中山又收到黃三德函，謂大病後欲與孫「共商要事」。至於孫中山怎樣回覆，就不得而知了。1919 年 8 月 26 日孫中山函美國友人麥克威廉士，邀其來華一遊。除感謝寄贈《前鋒報》外，並謂「中國人熱切盼望，美國人士前來協助發展這個國家」。孫中山又在信中謂：「請向黃三德先生致意。我很抱歉，已失去和他的聯絡，不知他現在何處」。[78]

無論如何，到了這個時候，兩人的共同利益已不復存在。孫中山在祖國大地再次開展其政治生涯，日理萬機。國民黨在舊金山的美洲總支部茁壯成長，黨員都是年青兼受過現代教育的一輩，與致公堂的「金山阿伯」不可同日而語。兩者在華埠的關係如何，是一個有趣的課題。

近年有學者謂孫中山對致公堂有利用之意，而並無報答感恩之心。[79] 如果真是如此，孫中山恐怕是近世中少見的國際派革命者。他為了祖國革命，他先後環繞地球三次，拋家棄子，像其他革命家一樣，思想一直在進化和改變。若然說孫是當時放洋華僑子弟的心態，日本同盟會的同志則是半個士大夫。[80] 兩者對傳統中下層秘密會黨皆沒多好感和信任。前引居正文章可為佐證。

因為彼此缺乏信任基礎，令舊金山致公堂未能在國內註冊。孫中山本人一而再，再而三地替洪門修章，冀能將同盟會員加入致公堂中，

77　《洪門革命史》，頁 39。
78　《孫中山與美國》，頁 153。
79　〈孫中山與美洲致公堂關係新論〉，頁 83。
80　這是唐德剛的比喻。

消除歧見，惟最後卻沒有成功。歸根究柢，同盟會和致公堂是兩個截然不同的社會組合和兩種傳統，代表着當時中國兩個判然不同的社會階層。孫中山雖盡力將兩者揉合為一，可是迄未成功。

美洲的洪門會員大多是 19 世紀末葉來美洲謀生，未曾受過甚麼教育的廣東勞工。他們的世界是日出而作、日入而息的靜止世界，特別是在大的唐人埠內（舊金山以外的小鎮更不用説），人際關係便靠鄉誼維繫。從道義層面考慮，孫可説是對不起洪門。

孫中山在革命後面對諸多問題：軍人專橫、官吏仗權、議員狡詰、人民受苦。單單清還革命前債項，已令孫中山透不過氣來。孫中山退處無權，協助洪門註冊承諾，亦諒難實現。

孫中山是受過高等教育的近代知識份子，黃三德為生活糊口往金山打工的販夫走卒。他們各有自己的社交圈和價值觀，在正常的社會情況下他們不會相遇。他們唯一的共通點是彼此都是中國人，對祖國民族懷着熱愛，可惜這並不足以掩蓋他們在思想上的鴻溝。孫中山改造洪門致公堂經過一番苦心：他自己加入洪門，1906 年替洪門修章，冀望使之成為一個現代的組織；1910 年再次將自己手創的同盟會加入洪門致公堂。武昌起義後又將洪門致公堂改稱中華民國總公會。總之，孫中山希望洪門致公堂成為一個支持他改造中國的革命組織。

反之，洪門致公堂是一個山頭林立的舊社會產物，每個山頭靠着層級個人威力的連繫，以互惠方式換取會眾的支持，他們主要工作並非投入祖國的革命事業，而是在社區裏鞏固自己權力，從而改善各人的經濟生活。在他們的道德觀念中，仁義的概念只是將小羣團結一起，互相競爭的紐帶。而受人恩惠的一定要回報。黃三德以「忘恩負義」形容孫中

山，當然是一貫洪門大佬的語調。孫、黃之間瓜葛實源於彼此誤解。

　　如果說辛亥革命前後是孫中山與北美洪門致公堂蜜月關係的頂點，到了 1920 前後，雙方關係破裂，致公堂則開始另闢蹊徑，採用自己方式，走向一己的中國路。

第九章

另闢蹊徑

袁氏稱帝失敗以後的內外政局

1916 年 6 月 6 日袁世凱病逝，副總統黎元洪於次日繼任大總統一職。29 日恢復臨時約法，任命段祺瑞為國務總理，並下令於 8 月 1 日重開國會，政治頗有一番新氣象。7 月 6 日中央下令廢除各省最高將軍銜，改稱督理軍務長官（即督軍），巡按使則改稱省長。7 月 8 日下令容許新聞自由。結果，前討袁護國軍中的實力派多改任督軍，閣員則多為進步黨人及國民黨人。在新的國會中，國民黨佔多數，中原亂象，似乎有了轉機。惜好景不常，不到一年，政爭持續，其中夾雜了 1917 年 7 月 1 日由康有為、張勳（1854–1923）上演的復辟鬧劇。落幕後段祺瑞又召開臨時國會。

南方孫中山等革命黨人，指黎元洪違反了 1912 年 3 月 11 日頒佈的《臨時約法》，孫中山等在廣州組織了軍政府與北方對峙，並展開了護法運動。其後各派軍閥基於本身利益，或戰或和。直至國民黨人 1927 年完成北伐，中國才暫時回復統一。[1]

1917 年 8 月 25 日廣州軍政府成立後，推孫中山為大元帥，但孫無軍權。軍隊仍在於西南軍閥陸榮廷等人手中。陸等終於 1918 年 5 月迫使孫中山離開軍政府。孫避地上海，從事撰寫《建國方略》及政黨的重建工作。

孫中山將先前的中華革命黨改組為中國國民黨。1920 年陳炯明

1　張玉法：《中華民國史稿》（台北：聯經出版事業股份有限公司，1998 年），頁 102–103。

奉孫中山命，打敗了盤踞廣東的舊桂系軍閥。11 月孫中山重返廣州。
1921 年 4 月 2 日，孫在廣州重開舊國會，惟因人數不足，故被稱為「非常國會」，推孫為中華民國政府非常大總統，惟實際權力仍操在陳炯明手中。

1922 年 2 月 3 日孫着手重新開展護法運動，策劃北伐，而陳則主「聯省自治」。4 月，桂系連同政學會分子運動改組軍政府，5 月，西南政局已完全由桂、滇軍閥岑春煊、唐繼堯、陸榮廷等把持。孫中山作為大元帥的軍政府名存實亡。終於陳炯明立志驅逐孫中山，炮打總統府，孫中山僥倖逃脫，重回上海。9 月 12 日在寓所召集各省國民黨人，討論改組黨的工作，重新出發。

是時國際政治戰雲密佈，俄國於 1917 年因十月革命爆發，退出了第一次世界大戰的英法聯盟。列寧領導的布爾什維克（Bolsheviks）政權旋即成立。蘇聯共產主義的勝利，促進了新近成立的中國共產黨的發展，從而給長年累月在內戰掙扎的國民黨新的希望。一直以來，孫中山最苦惱的是黨內缺乏團結，國內政爭不斷，以及帝國主義從中作梗。他在挫折中發現布爾什維克革命的驚人力量。蘇聯率先廢除在華不平等條約，對孫中山來說，是友好的表示。他看到俄國革命成功背後的良好政黨組織和嚴格紀律。列寧自十月革命成功以後，更在 1919 年成立第三國際（Comintern），向世界輸出革命。

1920 年後，共產國際先後派遣特使來華，積極宣揚共產主義。1921 年共產國際派遣越飛（Adolf Joffe, 1883–1927）來到中國，受當時知識分子的廣泛歡迎。越飛精心打造了一套「蘇維埃—國民黨—共產黨」的合作計劃。這是孫中山日後「聯俄容共」政策的基礎。1922 年 9

月 4 日，53 名國民黨領導人在上海的會議上通過了這一政策，主要內容為：共產國際指示中國共產黨員以個人身份加入國民黨，並促成孫中山領導下的政治革命。其後，蘇聯承認目前中國不適宜實行共產主義，蘇聯重申放棄其在華特權及其在外蒙的帝國主義企圖。[2]

孫中山的「聯俄容共」政策，促成了國共兩黨的「第一次聯合陣線」。但有一點可以肯定的是，孫中山仍然是一個理想主義者。他以為只要理由充分，便可得到別人的認同。他頗為天真的認為，只要簽署了文件，行動自然跟隨，而事情便會自然而然地發展，且會產生意料之中的良好效果。這次由蘇聯促成的第一次國共合作，使日後蘇聯在中國政治發展上扮演着重要的角色。在短期之內，國民黨組織漸漸「以俄為師」，緊跟着布爾什維克黨的組織規模，整治黨的內部組織。當然，孫中山在理論層面上仍然堅持他三民主義的政治理念。

毫無疑問，在戰略層面上，孫中山是一個機會主義者。為了革命，他可以加入洪門，又嘗試將同盟會及致公堂合而為一。因此他同意國共合作，自不會讓人感到意外。

與此同時，北京段祺瑞政府重施袁世凱故技，操縱議會。段祺瑞以增強中國參加第一次大戰軍力為理由，與日本簽署了 1.45 億日元之西原借款（Nishihara Loans），並着手打擊南方政府。其實皖系的段祺瑞、直系的馮國璋昔日皆為袁世凱手下，後來兩派發生內訌。直系得到來自滿洲、曾為土匪的張作霖（1875-1928）的支持而在第一次直奉戰爭獲勝。張作霖同時在關外保持着自己勢力。直系再推舉黎元洪為總

2　《中國近代史》，頁 522–525。

統，希望和南方協商，但內部有一些反對聲音。1922 年直系內部分裂。洛陽系的吳佩孚（1874–1939）主張以武力統一中國，並支持總統黎元洪。反對吳佩孚的天津、保定系則支持曹錕出任總統，黎元洪被驅逐下台。1923 年 10 月，曹錕公然賄選，令自己成為總統。中國廣大羣眾對政治失去信心，他們唯有將希望寄託在革命黨領導的南方政府身上。[3]

　　民初時期的軍閥割據，可上溯至太平天國時期。當時清廷的旗兵不能敉平暴亂，最後只能依靠曾國藩（1811–1872）等中興名臣領導的團練，另外地方督撫以「官督商辦」等種種名義，興辦各種現代事業，漸漸掌握了地方經濟財政、建設開發，甚至外交防衛。

　　庚子拳亂引發八國聯軍入京，慈禧太后始知傳統武力不足恃，故開始推行新政。其中最重要一環，是由袁世凱建立的新軍，日後稱為「北洋六鎮」。當時清政府因庚子賠款，國庫囊空如洗。由各省籌措軍事，自招自練，是國防唯一出路。辛亥革命爆發，清政府下令討伐革命黨人，惟各鎮擁兵觀望。迫不得已，清政府又重新起用袁世凱主政。由此可以理解袁如何從協調各方中取得政治資本，以及為甚麼袁倒後軍閥們非但沒有樹倒猢猻散，且保有實力，互相攻伐。

　　1923 年 10 月曹錕賄選之後，奉軍從滿州開進北京，引發了第二次直奉戰爭。不意直軍第三軍軍長馮玉祥（1882–1948）1924 年 10 月 23 日叛變，佔領了北京，導致直軍全線崩潰。馮玉祥在國民軍的支持下，迫使曹錕下台。

　　國民軍、奉系、皖系聯合邀請段祺瑞臨時執政，並邀請孫中山進

3　《中國近代史》，頁 486–489。

京商討和平統一。孫當時身體欠佳，但仍堅持前往。1 月 20 日後孫的健康急劇惡化，終在 1925 年 3 月 12 日與世長辭。臨終前孫中山猶以「革命尚未成功，同志仍需努力」鼓勵同志繼續完成未竟之志。在易簀之際，孫中山仍然念念不忘「和平、奮鬥、救中國」。孫中山將一生 40餘年的生命，完全奉獻給中國人民。

洪門成功立案

1916 年 6 月 6 日袁世凱病逝，不久集會結社條例解禁。黃三德在牙買加籌款途中收到消息。他回三藩市稍事安頓後，便轉到北京要求黎元洪允許洪門立案，稍後到廣東見省長朱慶瀾（1874-1941）時亦作同樣要求。他希望這是洪門致公堂回歸祖國的第一步。接着黃三德等策劃在廣州興建五祖祠。這對一班散居海外的洪門兄弟極具鼓舞作用。黃三德等醞釀創立自己的政黨——後來的致公黨——參加祖國憲政的偉大事業。

黃三德、孫中山自袁世凱逝世之後，先後兩次碰頭。一次是 1916 年 10 月在黃興的喪禮，第一次則是 1921 年 4 月孫中山在廣州就任非常臨時大總統就職禮。黃三德謂孫中山表示洪門不用立案，對在廣州建五祖祠事，孫中山也不肯簽名贊成。[4] 孫中山不贊成興建五祖祠可以理解，因為這正是要將洪門「繁文俗節」徹底刪去之舉動。洪門致公堂已有足夠的政治覺悟，知道要組織自己的力量，才可在祖國尋找自己的道路。

在五洲致公堂的領導下，洪門在此後 10 年推動了以下的幾項工作：

第一，註冊為社團並於內地籌建五祖祠。奇怪的是，致公堂設立分堂的目的是「結合全體、提倡實業、擁護祖國、鞏固共和」。在金山致公總堂副會長梁漢上呈北京黎元洪政府的申請書中，以「粵人多航海

4　《洪門革命史》，頁 39。

圖 9-1 洪門在北京政府成功立案後，黃石公等人在中央公園留影。
三藩市致公總堂所藏檔案

經商，所到之處，皆設有公所，訂立的章程……一方面結合團體，研究
實業，一方面聯絡鄉情，擁護祖國……」，並謂因為美洲僑民增加，「工
商業日見發達」，故辛亥革命及護國運動兩次籌款都非常成功。一般僑
胞久欲集巨資回國創業，奈何清政府及袁氏當國，社會裏足不前，現在
共和既立，僑民益抱振興實業之心。質言之，金山致公堂是美洲一羣華
僑企業家，在當地經營實業，要求批准在中國註冊。他們計劃先在廣
州、上海各設致公堂一所，「結合華僑團體，提倡祖國實業」。就是先
在兩地設立類似華僑招待所的組織，接待回國投資的洪門人士。最終在

1916 年 12 月獲得黎元洪批准，並加按語：「所稱擬結合華僑團體，提倡實業，擁護祖國，鞏固共和，核與本部聯絡僑商發展新邦宗旨相乎」，致公堂因而成為合法註冊的「華僑工商團體」。[5] 致公堂遂於 12 月 7 日及 30 日先後在上海、廣州兩地立案。

奇怪的是，一個以海外中、下層為基礎、有秘密會社背景的組織，怎麼可以一躍而為投資實業、可以帶領祖國經濟發展的動力呢？在 20 世紀中，中國大部分時間都飽受戰爭和政治動亂的摧殘，經濟建設落後。華僑，特別是來自經濟發展領先的美洲華僑常被視為容易籌措資本的源頭。他們更可通過創辦實業，引入科技，給落後的祖國帶來希望。然而當時三藩市唐人埠的地方經濟規模甚小，華商多從事零售或進出口雜貨的貿易生意，跟加州的經濟大環境脫節，他們的經濟模式其實跟中國地方市鎮差不多。惟黎元洪屬下的工商部門對此一無所知，只知道討袁後財政枯竭，以為引入外資便可振興工業。

不但如此，當時在段祺瑞政府中擔任農商總會兼全國水利局總裁的谷鍾秀（1874–1949）及當時國會議員徐傅霖（即徐卓呆，1881–1959）更聯名去函致公堂會長梁漢，並謂「敢請致公堂同人轉致海外僑胞，提起精神，結團體，集合資本回國開辦實業，不拘農業、礦業、森林業⋯⋯無不照准、無不極力保護。萬不可稍存顧忌，自棄天然實業利權也。」[6]

5　《致公堂檔案》，〈美洲金山致公總堂立案憑照〉，載《百年革命歷史回顧》（稿），頁 87。

6　《致公堂檔案》，〈谷鍾秀、徐博霖函〉（[1917 年？]10 月 20 日），載《百年革命歷史回顧》（稿），頁 89。

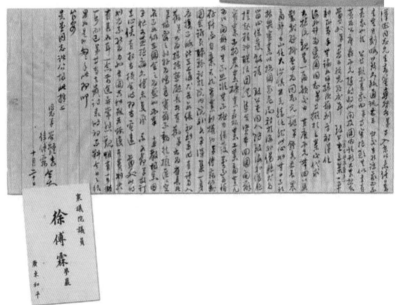

圖 9-2 國會議員徐傅霖贈致公堂簽名照片、名片及聯名信函,鼓勵華僑回國投資。
三藩市致公總堂所藏檔案

革命黨人胡漢民、陳炯明等一再拒絕黃三德為致公堂註冊的要求。他們害怕註冊後，洪門可以正名，與國內幫會連合，組織成大聯盟。其實他們是過慮了。秘密會社是基於個人之間的互信關係，組織是層疊式的。他們中間有嚴格的階級區別，「山頭主義」亦甚盛，在同一「山頭」的才是「親弟兄」。因此，金山致公堂人士能回國從事組織的只有二、三人。他們跟國內的會黨雖然同源，但基於不同社會階層、族羣、鄉里關係，合流的機會不大，因為他們各自忠於原來「山頭」的「大佬」組織。這是革命黨人沒有察覺的。

第二，修改洪門章程及入闈儀式，嘗試將洪門改變成為一個現代化的組織。1918（中華民國吉年[7]）金山致公總堂主辦了一個大規模的懇親大會，目的有二：一為修改章程，迎合註冊的新氣象；二為履行年前註冊的承諾，籌措資金及人力，投入國內的建設。在致公堂檔案中的〈洪門致公堂重修根本章程〉是新舊規章的融合，附錄是會長唐鼎撰寫簡單的洪門沿革歷史，並謂洪門參與辛亥革命及成功為護國軍籌款，卒於1916年12月在北京註冊立案，舉辦懇親大會是為了「修訂公堂根本會章，改良會務。此洪門圖完全振興之大關鍵也。」[8]

〈章程〉分兩大部分：一為致公堂本身的組織包括：一，定名：孫中山年前將致公堂改稱國民總公會，前言謂從今以後「國民總公會一律改為致公堂」舊名。二，宗旨以「擁護真正共和，聯絡僑情，結合團體，振興實業教育為宗旨」。其他項目為成員、職員、權限、選舉（一年一

7　「吉」即「七」年，因洪門人士認為「七」為不利，故以「吉」代之。
8　附頁。

任)、會議、會費、權利等。在組織上與一般會章無異,但職員只任一年,勞民傷財,是否能執行則不得而知。

第三,會章最重要是將致公堂組織為一個聯邦式的機構。地方總堂(如加拿大)、支堂負責繳交每人每年美金五角給金山總堂。金山總堂又發正式委任狀給地方各堂執行職務。遇到重要問題時支堂可向總堂請示。最後向金山總堂請求協助時,總堂會將事件進行討論,然後公議辦法。也就是說,總堂有義務襄助,惟要考慮本身的能力。文檔往來信函中有不少求援案例。如域多利致公堂不能將典當堂址贖回、墨西哥兄弟遇劫官司、20年代初不少堂口與國民黨衝突等,皆上報至金山致公堂,尋求協助。

〈章程〉中有一項名為「開會接納新進會員」的,佔重要位置,這是洪門招納「新丁」的規舉及儀式,其實屬於洪門「兄弟」與否,最重要是入洪門時要通過繁瑣的儀式,繳費和領「牌」後才算正式有位置。

管理有關洪門內部事務的分以下職級:盟長,主持內務及會議;副盟長,下面領導各路「將軍」。一,文科系(從前稱作「白紙扇」);二,武科系(從前稱作「紅棍」);三,幹事系(即鐵板)。內部職務區分如下:一,盟長,主持內部運作及會議;二,庶務,儀式時擺設及應用器物;三,茶房,開會時食物飲料;四,文房,登記、書信及帳務;五,稽查,開會時秩序及洪門會員確認;六,招待,介紹會員及迎送。

在入會第四項入會時「秩序」欄中如下:一,盟長負責講述洪門歷史、「訓勉」等工作,並說明不再頸纏紅巾、身披袈裟,而代之以掛徽章為憑證。二,司乾坤圈員將乾坤圈置新會員數尺前,俟他們由此圈而過。三,副盟長解釋儀式意義,帶領會員上前飲紅酒(替代斬雞頭、

歃血為盟）。四，新舊會員相互行鞠躬禮。五，盟長授秘訣、行碎杯儀式（無需「簪花掛紅」）、三科（文、武及庶務）手續從簡、讀洪門《三十六誓》。

　　代表出席懇親會的有北美數城鎮，連同夏威夷、加拿大25堂。另外尚有古巴、墨西哥數堂，馬達加斯加及牙買加等地，都是來自新大陸的城市。位於舊金山的五洲致公總堂似乎得到廣泛的支持。它致力改革章程，集資發展祖國的社會經濟建設事業。先前黃三德雖然得不到孫中山領導下的國民黨同情，如今在北方完成註冊，可說是夙願已償了。[9]

　　註冊後致公堂修改章程，沿用「致公堂」舊稱，擺脫了跟孫中山及國民黨的關係，將名稱、職稱、禮儀儘量簡化。表面看似是一個現代化的社團，其實不然。入會過程、衣飾、禮儀雖然簡化了，但誓詞一點也沒有改變，歃血則以紅酒替代，入會儀式及資格由盟長負責。現代社團的部分則由對外的會長執行。這一部分的職員輪替選舉，有會計、中英文書等職務。內部弟兄的「入闈」儀式，人事、獎懲管理、精神基石，則由盟長等人負責。惟這些職員的任命、晉升均缺乏交代。新的章程不過將洪門致公堂現代性對外的一面，跟代表傳統價值的一面劃分管理，以便日常運作。

9　以上各段詳見《致公堂檔案》、〈洪門致公堂重修根本章程〉，溫哥華《大漢公報》承印，民國吉年 [1918]。

圖 9-3　《洪門致公堂重修根本章程》
三藩市致公總堂所藏檔案

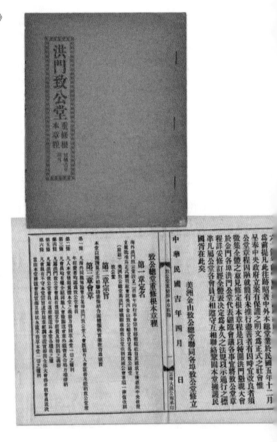

圖 9-4 文事科長銀章
三藩市致公總堂所藏檔案

五祖祠的營建

　　懇親會的另一目的是為了「提倡祖國實業」，及為「籌建廣州致公堂」募款。先由舊金山總堂負責收集，集齊捐款後通告各堂選出代表回國辦理，並謂「所有得捐之款，係指定建築廣州致公堂及籌辦實業，設立學校，次第施行，實行民生救國主義。該捐款不能移作別用。」[10] 在當年 10 月，舊金山總堂印製了《建立廣州致公堂五祖先烈祠勸捐緣簿》連同兩份籌款通告派發，並指派「催捐催收督匯專員」負責跟進工作。

　　《建立廣州致公堂五祖先烈祠勸捐緣簿》內有建築設計圖則。構想中的廣州致公堂共佔地約 30 畝，有堂屋 4 畝，餘為公園。建築物包括戲台、演講台、書樓、陳列室及若干小房間，以便人員往來住宿。後頁附錄分列內地發起人及贊助人，主要可分為三類：一，曾幫助致公堂註冊的政治人物，如黎元洪、徐傅霖、谷鍾秀；二，受致公堂資助的將領如岑春煊、唐繼堯、陳炯明；三，早期興中會等會黨分子，如尤烈、陳少白、劉成禺。另外經學大師章炳麟、軍人李烈鈞也列名其中。章炳麟當時應在上海。他支持黎元洪政府，又主張聯省自治，只有李烈鈞一直是孫中山的追隨者。舊金山致公堂選擇走自己的路，在後袁世凱的亂局中，他們找來曾予幫助的政客，希望可藉他們的名聲和人脈，以遂建設祖堂、回歸祖國之願。[11]

　　黃三德因建祠一事在各地奔走了 2 年多。他在廣州看了幾塊地皮，

10　《致公堂檔案》，〈勸捐簡章〉，頁 4b。

11　《致公堂檔案》，〈建立廣州致公堂五祖先烈祠勸捐緣簿〉，1918 年 10 月，見同上稿，頁 93。

政府同意以市值半價出售。黃又兩次邀請風水師堪察。在政界方面，黃三德打通了督軍、省長及其他部門長官的門路。惟致公總堂的匯款遲遲未到位，多次被「殺訂」。當時中國南北對峙，最後只好打消在廣州建祠之念，幾年奔波，徒勞無功。[12] 籌款建祠失敗的原因之一，很可能是金門致公堂與美東紐約分堂發生爭執。金門盟長王孫卓去信紐約，怪責後者一直沒繳交年費，並且慷他人之慨，藉口減輕加拿大會員負擔（因為他們要將年前按押會址贖回），囑加拿大總支堂免交年費，而「建五祖祠一毛不拔，應孫總統軍籌則奔命不疲」，且在行事上諸多阻礙，美洲兩大龍頭致公堂正式分裂。[13] 這是東西兩岸致公堂反面相向的端倪，雙方不和日後愈演愈烈。主要原因當然是一戰後東岸城市的興起，而中國留學生入讀東岸大學大增，加上 1929 年經濟大蕭條後，紐約漸漸成為國際金融中心，國內商政機構與美東往來日深。無論人力或物力，東岸華人在國內地位開始壓倒西岸，導至日後紐約自誇為美國致公總堂，與三藩市五洲致公總堂對壘，演成劃地而治的局面。

事過境遷，1923 年 10 月五洲洪門卒在三藩市舉行第三次懇親大會時將建五祖祠案一事推上議程為主要議題。建立地點最後決定在上海租界，「以粵局糾紛，礙於進行」，會上公推趙昱為正總理，代表上海致公堂的黃鳳華為副總理。另外，「吉」（七）區派人成立董事會，到上海處理其事。金門致公總堂答應提供 3,000 元作經費，份額佔最大。（美東是

12　《致公堂檔案》，〈建立廣州致公堂五祖先烈祠勸捐緣簿〉，1918 年 10 月，見同上稿，頁 94。

13　《致公堂檔案》，〈王孫卓致紐約致公堂函〉，沒有日期。根據內容推敲，該是 1922 年。

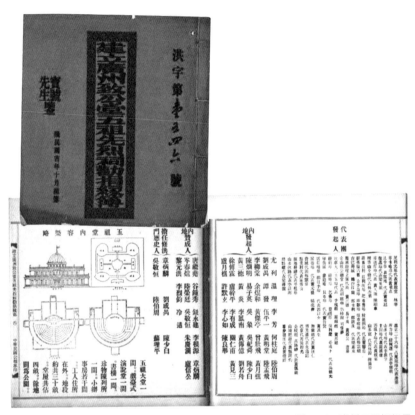

圖 9-5　廣州五祖祠捐冊
三藩市致公總堂所藏檔案

1,500 元、加拿大 2,000 元，墨西哥則是 500 元）。趙昱來自金門致公堂，
該無疑問。出席的有 68 個總支堂，但因為可以指派代表出席，單是紐約
的梅宗炯就代表了 15 個分堂，趙昱則代表 7 個。王孫卓也代表 7 個堂。
當時大概不太活動的黃三德則代表他年前親身到訪過的英屬千里達。[14]

14　詳見洪門總機關美洲金山致公總堂編輯：《五洲洪門第三次懇親大會代表團修
　　訂聯絡根本章程》（三藩市：印刷者缺，1923 年）。

由此可知，所謂大會通過的議案，尤其是認捐攤派，根本缺乏法律依據。地方致公堂固然執行困難，沒有來自該地的會員更不用說了。當時一般洪門分子都以堂口數目及會員數目強調其影響力，而孫中山等革命分子則諷之為組織鬆散、陽奉陰違。這類傳統自願性的社團組織，以因時制宜的「道義」維持，而會員時常以眼前利益回報衡量該付出的代價。

此次建祠籌款反應良好，共籌得 10 餘萬美元，超出估算的買地及建築費 10 萬美元。位於租界內華山路 860 號地段的五祖祠終於在 1925 年 9 月 12 日舉行進伙大吉開幕典禮，由檀香山茂宜埠（Maui）盟長鄧燦主持升座，趙昱點火開花。其中一、二樓為辦公室，三樓為供奉五祖的神壇及所有洪家神靈，另有平房供工作人員家屬居住、旅社方便來往客人，左面還有長滿花草樹木的草坪。當日盛況空前，更有謂「上海五祖祠之興建，牽動着海內外洪門之心，艱巨工程總算順利完成。歷代洪門之亡兄故弟，歸宿有祠，免作遊魂野鬼。各地洪門昆仲，路經上海，也有站腳之地」。

可惜自 1925 年五祖祠開幕後，上海一直受內憂外患困擾。先是 1927 年北伐戰爭，然後是 1932 年日本發動的淞滬戰爭，跟着便是七七抗戰、太平洋戰爭。至中華人民共和國成立，政治運動不斷，文化大革命時三樓神壇更被拆去。兄弟各散東西，國內外聯絡中斷，只有趙昱後人還住在後座平房，直到 1980 年代中美建交，五祖祠才再有新的發展。[15]

---

15 《成立五十週年紀念特刊》，頁 197。

洪門組黨

洪門亦積極組織政黨,參與祖國政治活動。最早組織政黨的念頭,源自加拿大域多利致公堂。在黃三德 1912 年回國向孫中山請求海外洪門在中國立案的同時,域多利致公堂派了謝秋及梁翼漢回國辦理組織政黨,函稱「故望大總統回念當日花亭之事、需要扶持完全政黨之事。」[16] 惟孫中山並沒有回覆。1913 年冬,黃三德向孫中山遊說致公堂在中國註冊失敗後返美。其後孫中山多次來信要致公堂全員加入新成立的中華革命黨,黃三德更肯定孫中山有吞併洪門的意圖。從此以後,他不欲再助長孫中山之勢力,故改而將籌餉資助陳炯明等。後來,他在回憶錄裡首次談到他組黨的興趣謂:「洪門人士有識者,亦知在民國時代,政治公開」,因此他認為洪門應轉型,「宜將秘密會社之行動,光明磊落,組織為政黨」,「方是收羅人才,應付國變」之策。當時袁世凱稱帝,而黃三德被委任為遊埠專員,他在中南美、巴拿馬、千里達、牙買加等地,一面籌餉,一面「統一黨政,擴張黨勢」,鼓吹組黨的好處。[17]

從致公總堂同人的角度看來,最重要是通過註冊,在國內成為合法的機構,然後建築五祖祠。這是拜祭洪門歷代先祖,奉行傳統禮教中「慎終追遠」的美意,更可以用作社會及政治活動的大本營,故在 1923 年的懇親會裏,同時也提出組黨議案討論。

自從金山致公總堂寄付軍餉予非孫中山系的倒袁分子後,五洲致

---

16 《洪門及加拿大洪門史論》,頁 141。
17 《洪門革命史》,頁 37。

公堂在政治理念上也跟孫中山分道揚鑣。孫的國內政敵不時來信報告
廣東政局，屢屢藉機抨擊孫中山種種政策。例如 1922 年黃三德因建祠
事訪上海，跟岑春煊傾談數天，隨即收到岑的來信，大肆批評孫的做事
作風及其嘗試與北方政府和談的錯誤政策。岑春煊謂：

> 不料孫文醉心總統之夢，以討段者轉而聯段，以護法者自行
> 破法，致軍政府之結果失敗……孫文重行回粵，既自命為大總統
> 矣。以非常之國會，選正式之總統，其名義之滑稽、舉動之荒
> 謬……倡言共產，以亂社會秩序；主張公妻，以害風俗之善良；
> 借民之治為名，行殘民之實……孫文者，口是心非、買空賣空，
> 以革命為生涯、但知破壞、不知建設之人。若任其倒行逆施，國
> 家之元氣必遭斷喪，難以收拾……非去孫文，則國家無從統一，
> 政府亦無從改良。[18]

　　最後，岑並請黃三德返上海洽談。岑等不甘寂寞的政客，目的當然
是希望取得金山致公堂資助，在國內再起風雲。1922 年國民黨聯俄容
共之後，各派軍閥的反響更烈。1924 年 2 月 2 日，陳炯明寫了一封信
給洪門人士，要求洪門上下慷慨捐輸，與孫中山之入粵軍決一死戰。自
1923 年 10 月後兩軍在廣州對壘，廣東各界（特別是商界）多同情陳炯
明一方，而他也策劃了反攻。豈料孫中山部獲得蘇聯支持，得到精良的
武器。1925 年蔣介石率領黃埔軍校學生軍進行兩次東征，徹底打敗陳

18　《洪門革命史》，頁 43-44。

家軍。陳炯明在信中首先表示不能與孫合作，繼而描述孫中山入粵後的狀況：

> 不料孫中山入粵，暴政百出，烟賭遍地，捐借橫施。農場學校，公然變賣；寺廟庵觀，拆售殆盡。又霸霸人民房屋數至千家……乾沒華僑血汗，我軍運輸不繼，糧食煞費籌謀……[19]

凡是了解中國近代軍閥混戰情況的，都曉得陳炯明所言真偽參半。兩軍於城內拉鋸，社會秩序大亂，黃賭毒隨之而起。當時軍人缺乏營地，大都暫駐民房，而不可以謂之「霸霸」，其他所謂變賣公產，沒收「華僑血汗」等，只因孫中山與蘇聯剛剛簽署聯共條約，故各方捕風捉影，羅織孫中山和蔣介石（蔣當時未崛起）有強烈布爾什維克傾向。這是陳炯明的最後掙扎。

與此同時，1917 年曾去信鼓勵致公堂投資祖國實業、1924 年在北京第三屆國會當眾院議員的徐傅霖再次去函，報告南方政情謂：「孫大炮之所謂國民黨，現在內訌，分為兩派：一派在粵盤據，奉聯俄為老祖宗；一派在北京及上海各省，因爭權奪利，互相攻擊。表面上雖反赤，實際仍是赤」。[20]

當然，金錢萬能，置身於槍林彈雨下，軍人與文士無殊。且阿諛奉承亦是人之常情。一直是陳炯明部下、後來隨陳流亡到港的馬育航

19　〈陳炯明來函〉，1924 年 2 月 2 日，轉引自《洪門革命史》，頁 47。
20　轉引自《洪門革命史》，頁 49。

（1883–1939）更致函致公堂，鼓勵組黨與孫鬥爭。他去信黃三德，謂：

> 中山假執行共產之名，行其掠奪搜刮之實。省港商民，同深
> 驚駭南蠻黨反背三民主義之措施，欲以暴力脅持全國。舉國滔
> 滔，舊者腐敗，新者危險。兩者無當於建國之任，吾人未敢妄自
> 菲薄。

黃三德更在回憶錄中洋洋得意說：「觀此兩函，更可見國內人士冀
洪門之殷。洪門革命之致誠，與偉人革命之別有企圖者，誠不可同日而
語」。[21] 其中亦含諷刺孫中山之意。

軍閥混戰、國民黨敗壞、孫文「反骨」出賣洪門，這一切正顯示洪
門「義氣致誠」之可貴，更促進了它們投入祖國政治活動的決心。

總括來說，金山致公堂自從倒袁以來，替前同盟會中不同派系籌
餉。在 1916 年至 1924 年間，先後跟黃興、岑春煊、唐繼堯、陳炯明
等扯上關係。由於軍閥混戰，物力消耗龐大，各方都與致公堂保持聯
繫，冀能得到資助。無論北方政權段祺瑞屬下官員，還是南方桂、滇、
粵系（唐繼堯、岑春煊、陳炯明），都異口同聲地批評孫中山口是心非、
充滿權力慾。因為雖則孫掌握不到軍政實權，但他知名度高，且當時新
聞傳媒大都由前同盟會文士主理，軍閥亦需要通過象徵式的選舉，將自
己權力合理化。最後，無論是「臨時大總統」、「大元帥」，還是「非常大
總統」等名銜，都落到孫中山手上。當孫缺乏權力後盾時，眾人嘲之為

21　《洪門革命史》，頁 48。

「大炮」，而當他引入蘇聯及共產分子跟眾多軍閥展開軍事鬥爭時，又被誣為「沒收公產，共產共妻」。可惜這僅是黃三德等在美洲聽到的一面之詞。

金山致公堂是一個以「聯衛共濟」為宗旨的華埠傳統會黨組織。自1898 年起參與當時康梁在海外建立的憲政運動，1906 年以後則贊襄孫中山的種種革命黨籌餉活動。迄倒袁後參與國內軍閥的派系鬥爭，1922 年更組黨參政。其背後的動力是華僑對祖國的認同。華僑眼見祖國政治糜爛，人民一片愚昧，生活困苦。他們僑居國外，雖受盡種種侮辱及不平等待遇，但努力工作仍可勉強糊口。他們更希望祖國能有一天變得強大。因為他們相信，若是祖國強大，身處在外的他們也可以得到當地政府平等的對待。另外，他們在知識和財力上比國內一般老百姓優越。這恐怕是他們要組織政黨、投入建國大業的原因。

種種跡象顯示，金山洪門致公總堂有 10 多年參與國內政治運動的經驗。他們與祖國往來日益頻密。金山致公總堂不但為 1923 年懇親大會的主人，同時是日後致公黨組織的推動者。10 餘區代表通過月餘的討論，終於通過了兩項奠定日後致公黨組織的文件。

一為〈五洲致公團體各區代表聯合會議決組黨存堂公約〉，要界定致公堂及致公黨的關係、宗旨及規章組織。一，名稱為「中國致公黨」。二，宗旨為「中國統一、獨立、和平、自由為撥亂綱領」。三，組織上以總理領導，而會員大會為最高機構，日後於國內成立中央、地方組織均無異議。當時未能落實執行。最大爭議蓋為日後堂、黨間的關係，「旋由第四次大會表決——致公黨——致公堂雙方，根據組黨存堂原則，自由組合」。也就是說海外致公堂可以黨替代；或部分同志入堂，堂黨並

存；或地方的致公堂由黨領導。相信有興趣投入政圈的華僑，是華埠致公堂領導。他們對加入致公黨有較濃厚的興趣。這次組黨存堂問題並未了結。加拿大及美東致公堂有不同看法，造成美洲致公堂政見漸見分歧。[22]

其次大會通過了一份名為〈致公堂同人救國主張〉文件，描述致公堂基本的政治主張。其中又分為幾部分：第一，在政治方面，以「促成統一，鞏固共和，改造社會，發揚民治為最大目的」。他們認為中國在建設實業、加強自衛後，始可言國際大同。該文件指出，嚴密式的「聯省自治，為我國統一之不二法門」。它亦指出，當時中國各省督軍的所謂「自治」，實則為軍閥割據的藉口。這裏提倡的聯省自治，是以村治、縣治為基礎的嚴密式聯省自治。它提到「中央政府與各省政府各有憲法上獨立範圍」。中央政府管理事務只有外交、軍事、貨幣、關稅等項目，並謂「今日北美合中國聯邦制之例也」。中央政府行代議制，但人民有中途撤回省議員之權，而且人民有在省議會中提案的權利。軍隊由民政府指揮，憲法規定軍人數目，超過此數應該裁軍。同時，中國應該急速制訂普選法及舞弊法。最後，政府應該促進「民治精神」，這方面可以聯合僑胞進行，意指北美華僑可以提供協助。

第二，在經濟建設方面，政府的任務在「協助資本與勞工」，以求國家經濟發展。具體最重要為改良貨幣制度，鼓勵開墾移民，並且在任何情況下，都反對因政治及軍事需要向外國舉債。「過激社會主義『波希維克』（Bolshevism）以命令手段求達經濟發展的目的者，不適合中國

22　《百年革命歷史回顧》（稿），頁137。

之情」。換句話説，社會應以漸進方式改良。

　　第三，在社會教育項目，提出每省最少開設一所大學，男女應享平等教育機會。對於當時國內中西文化論爭，他們卻採取務實態度，即「文化不論中西，祇求其適於吾國。今日之實用者，當兼收而並採之」。這或許因他們長期生活在海外，故認為東西文化可以兼收並蓄。

　　第四，整理僑務。這一方面基本只有兩項內容：一，各國對華不公平條約及華人不公平待遇，有辱國體，應該重新檢討，期能廢止或修正，保護僑民，提高國際地位。二，國內人事及海外僑民一律有平等參政機會。[23]

　　以上是致公黨的原始黨綱，一看便知是北美華人生活的寫照。美國一般基層行政單位是鎮（Township），對上為郡（County），然後是州（State）。由州構成聯邦政府。最重要是組織間都有憲政規範，行政區有大小區分，基本上是責任之別，而非有從屬之關係。美國是移民國家，地廣人稀，各州在未加入聯邦政府之前基本上已有地方議會組織，跟中國主要以宗法姓氏維繫的村落，以及中央集權下的省縣、行省制度很不一樣。雖然如此，他們描述的制度比孫中山更為徹底，後者提出的方案只留在中央政府層面。在美國，外交、軍事、貨幣、關稅歸聯邦政府管理，在中國則歸中央政府。

　　第一次大戰前後，美國步入威爾遜（Thomas Woodrow Wilson, 1856–1924）總統的改良主義時代（Progressive Era）。在內政方面，具體內容包括進行改良吏治、加強舞弊法；外交上則主張裁軍。聯邦政

23　《百年革命歷史回顧》（稿），頁 137。

府成立了至今天還扮演着重要角色的聯邦貯備銀行制度,選民可以通過投票罷免公職人員。這些措施基於對民主的信念。另一方面,當然是用來抗衡十月革命帶來的布爾什維克主義思潮。舊金山的華文報章對美國主流社會政治皆有報道(特別是伍盤照主編的《中西日報》)。在1923年的致公黨綱領中,可以嗅到美國改良主義的氣息。

然而,這些綱領只是三藩市洪門人士的意見稿,充其量不過是畫餅充飢、一紙虛文。在神州大地的同胞,生活在軍閥割據的時代,仍然飽受着亂離和戰禍。這些苦痛,不是在彼邦生活的海外華人所能感受到的。

第十章

曲終人散

勢成水火

自討袁之役後期，美洲致公堂與孫中山漸漸疏遠，再沒有為他籌餉。不但如此，他們開始跟岑春煊、陳炯明、唐繼堯等人往來，並給他們資助。1921 年 4 月，黃三德因建祠回到廣州，順道參加孫中山就職非常大總統典禮。在這次會面中，兩人就洪門人士全員加入國民黨事鬧得不歡而散。金門致公堂從此集中精力組織獨立政黨。致公堂與三藩市的國民黨美洲總部只隔數個街區，兩者都在爭取同一批華僑的支持。

國民黨美洲總部在三藩市繼承了辛亥革命時 24 個在美洲的同盟會分會的聯繫工作。[1] 至於同盟會，則由孫中山、馮自由等早期會員跟隨黃三德的致公堂路線建成。可以想像，黨員名單及支部所在地都有所重疊。辛亥後國民黨在美洲黨勢興旺，逐漸擺脫洪門致公堂的影子。在倒袁護法期間，國民黨在美洲各地繼續籌募軍餉。1917 年三藩市同志更集資組織「國強飛機公司」，購買了兩架飛機，又開辦飛行學校，訓練了 10 多人回國服務。[2]

孫中山與洪門支持的陳炯明政治理念不同，終至決裂。1922 年 6 月 16 日，陳炯明在廣州炮轟總統府，孫中山幸得海軍之助，乘坐永豐艦逃脫。10 月，北伐軍先後在江西、廣東、廣西、福建報捷。陳炯明復與部下葉舉（1881–1934）在廣州失和。孫中山、許崇智（1887–1965）等重返廣州。1923 年 1 月 6 日，陳兵敗返回惠州原籍。

1　《全美黨史》，頁 106–107。
2　同上，頁 322–323。

　　1925 年 1 月孫中山應北方政府邀請，北上參與和談，未幾臥病上海。陳炯明自命粵軍總司令，起兵討孫，2 月蔣介石率領黃埔學生軍連同滇、桂兩軍攻打惠州城，先後進攻東莞、石龍，下廣九鐵路沿線，20 日破陳部於平山。嗣後陳逃到香港去。[3]

　　至於海外方面，由於爭取會員、籌款，及後來涉及支持國內不同派系的緣故，美洲洪門致公堂與當地國民黨漸漸演成敵我矛盾。他們各自支持會員在華埠社區活動，往往初則口角，繼而動武，更有聯絡當地勢力打擊對方之舉。金門致公總堂曾收到不少求助函。現分別討論如下。

　　一，加拿大致公堂。1916 年 8 月 6 日，位於域多利的中華會館（1884 年創立）決議每個華埠社團委派會員兩人出任為該會館會董，即共 30 名董事，集體負責會館日常運作。9 月 1 日新任董事互選正、副董事長各一名，剛巧選出的董事長劉子逵及副董事長林立榮皆為致公堂兄弟。國民黨會員立即提出反對，稱其違反館章，用種種藉口迫他們辭職。

　　當時北京段祺瑞政府因考慮到宗教自由，故取消儒教為國教。中華會館董事會害怕會令大批基督教傳教士進入中國傳教。開會決議，由董事長劉子逵起草電稿，透過中國駐美領事表達他們反對此舉的意見。當地國民黨報章《新民國報》社論謂此實為劉個人意見。更號召一羣華人基督教會員要求劉辭職。其後國民黨員何鐵魂率領黨員攜帶武器，到中華會館搗亂，並且襲擊當時在館內的致公堂會員，結果《新民國報》主編李公武和董事長李子敬因打鬥被捕，而董事何鐵魂和高雲山被控煽動打鬥，保釋候審。被捕者大部分都是國民黨黨員，而所有傷者皆為致

公堂兄弟及友人。

中華會館收入短缺,國民黨曾予以捐款,後更修改會章。到了 1922 年,在理事 22 人中,致公堂僅佔 2 名,國民黨則是 4 名。其他社團派出之代表,亦多為國民黨黨員。因此自 1922 年後,加拿大中華會館已為國民黨所主宰。

國共於 1923 年宣佈合作後,國民黨內外勢力為之一振。加拿大致公堂面對國民黨在社團中的勢力擴張,故趨向與政憲黨聯手抵抗。1925 年 3 月 12 日孫中山逝世,逾千人往中華會館參加追悼會,而位於對面的致公堂卻鑼鼓喧天大事慶祝,最終要出動警員阻止衝突發生。域多利國民黨與致公堂不斷發生打鬥。致公堂開辦的福祿壽賭館在 1928 年 1 月 28 日被李臨及李星搶去 400 元,兩人當場被捕。然而國民黨立即派人將之保釋。無論如何,兩大陣營勢成水火,已經掩蓋了事實的真相。[4]

加拿大致公堂成員眾多。成員出席會議,人多口雜,未必能恪守秘密。域多利致公堂遂於 1926 年 12 月在致公堂以外組織「達權社」,入社須重新登記及繳費 5 元,半數撥歸致公堂。達權社目的非常明確:第一,是保護自己的「公權」,不為他人所欺負。二,以輔翼致公堂為本位,「冀堂務之發達」。更有趣的是對會員作出種種規限,會員「「全是公堂手足,若敵黨人[5] 悉屏絕之」。如國民黨人希望加入,要先刊登報章退黨,方可申請。當然,介紹人先要知悉申請人無國民黨背境。另外,18 歲以下學生參加,不用付費;單身女人參加後而結婚者,若夫

4　《洪門及加拿大洪門史論》,頁 141–144。

5　指國民黨為「敵黨」或「妖黨」。

婿非致公堂會員，須嚴守規條，保守會內秘密。這是一個公開團體內的秘密組織。

在致公堂、國民黨相互傾軋之下，此時創立達權社，目的相信是出於核心會員互衛的需要。它不像國民黨有龐大的組織支持。在會章裏，它對聯衛程序詳加解釋，例如凡「到本社訴說被人欺負事，需待本社委人細查，若其事的確含冤受屈者，方能合眾對待，否則概不干涉」。[6]

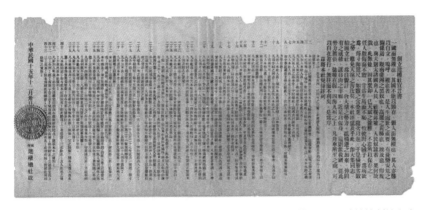

圖 10-1　達權社創社宣言
三藩市致公總堂所藏檔案

二，墨西哥。在 1922 年，致公堂會員又在墨西哥數個城市跟國民黨分子發生衝突。5 月，金門致公堂及墨西哥毛詩耀 (Hermosillo) 順、善兩省總分堂共同發文籌款，支持被國民黨黨首余和鴻及黨眾槍傷之該地總分堂會長李煥及駐加蘭姐埠書記關什、吳根兩人。[7]

6　《致公堂檔案》,〈創立達權社宣言〉, 轉引自《百年革命歷史回顧》(稿),
　　頁 95。
7　同上, 頁 99。

圖 10-2　槍傷吳根和
關什等行兇者之照片。
三藩市致公總堂所藏檔案

圖 10-3　對余和鴻的攻擊。
三藩市致公總堂所藏檔案

8 月，「堂鬥」在墨西哥發生。國民黨聯同當地政府誣告順、善兩省三個埠分堂手足。總共 200 多人入獄，並已定期逮解回國。當時段政府駐墨國領事護僑無力，去函金山總堂，冀華府能調庭，並要求支援官司費用。這些人終在當年 12 月全數獲釋。[8]

1928 年 3 月，墨西哥未士卡利埠致函金山總堂，謂當地致公堂 51 名會員被扣。原因是「慘被歹黨以惡勢力，誣陷殺人之重大罪案」，並要求匯款協助。[9]

最終金門總堂於 1923 年 7 月 19 日發出〈特啟〉，是為了籌款以濟墨國手足急難，及為建五祖祠募捐。這篇文章謂國民黨陷害致公堂：

> 自辛亥成功以後，以為山河已復⋯⋯乃爭名奪利之徒，作忘恩背誓之舉，自營私黨⋯⋯近日墨國妖黨陷害我手足，猶欲推倒「致公堂」三字。[10]

三，荷蘭。據當地致公堂 1922 年 9 月來函報告，代理荷蘭輪船公司招工的工作由致公堂吳焯牛承辦，其經理為親國民黨之寶安會主席吳容買兇斬傷，由此引發雙方械鬥，最後吳焯牛昆仲一氣之下槍殺了吳容，引起「妖黨卻藉此誣告本堂十餘人為同謀主使」，荷蘭盟長要求援手。[11]

8　《致公堂檔案》，〈創立達權社宣言〉，轉引自《百年革命歷史回顧》(稿)，頁 96。

9　《百年革命歷史回顧》(稿)，頁 97。

10　同上，頁 100。

11　同上，頁 102–103。

　　這些事件是否由國內國民黨中央決策？又或是由三藩市美洲總部或只屬地區性黨員自發的個別事件？這便不得而知了。[12] 從以上幾宗事件觀察，筆者認為不是美洲國民黨總支部在背後指使，更不是來自國內的決定，但兩派在華埠互相爭逐資源，壁壘分明，雙方人員早存芥蒂，加上經濟利益瓜葛，遂演變為幫派式鬥爭。國民黨在美州華埠的出現，意味着另立山頭。這跟新堂入侵，爭奪利益，分別不大。

12　劉偉森主編的《全美黨史》屬官方修史性質，詳細列出文件、人員、日期，但對於地區重要事件紀錄及決策過程則欠奉。

致公黨的籌建

1923 年 10 月在三藩市舉行的第三次懇親大會通過了組黨。惟直至 1925 年 10 月 10 日中國致公黨總部才在三藩市成立。香港為該黨支部，10 月蔣介石利用蘇聯提供的軍械擊潰陳炯明部，陳事敗逃港，12 月 27 日接受中國致公黨總理一職，唐繼堯為副。[13]

那麼，為何 1923 年通過的事項要等到這麼久才執行呢？加拿大一位名叫湯龍驤的洪門兄弟在 1925 年 11 月 11 日印發了一封公開信，提出以下質問：一，總堂有攔截各地分堂捐款建五祖祠之嫌，捐款原本明言轉交上海，且上海從 1918 年已經有美洲、南洋及菲律賓代表，惟他們屢催不應。二，之前發表有關的組黨文件，只有政綱而無涉及黨首選舉程序。三，究竟「堂」跟「黨」關係如何？或是已經廢堂存黨？四，《大同日報》報道已選陳炯明為黨首、唐繼堯副之，並謂：

> 本埠致公堂總部以反抗共產、保障共和、發揚民治、振興民生、擁護民權為宗旨。試問總堂現在組黨舉黨魁，已剝奪各地致公堂之選 [舉] 權，消減各公堂之公意，獨擅獨行，專擅與天皇等。民權乎？民治乎？保障共和乎？從何說起？[14]

原因之一，很可能是金山總堂在廣東戰亂其間一直跟陳、唐有聯繫。它們選擇一個可以信賴的人。以後黨總部在三藩市，總裁在香港支

13　康白石：《陳炯明傳》（香港：文藝書屋，1978 年），頁 82-83。

14　轉引自《百年革命歷史回顧》（稿），頁 139。

部辦事，聯絡和指揮也較容易。其二，陳炯明是「聯省自治」的倡議者。在兩廣安定後，國事前途當出諸「和平解決」，武力解決非唯一手段。1927 年冬，陳炯明在香港發表的《中國統一芻議》闡述他的主張：中央政府由各省議會及各業團選定代表，組成國會，從而選出中央政治委員會，負責決定國家政策方針及監督機關運作。委員會另選正、副首長，國民議會由全國縣會及各省聯合集團選出議員，各級首長執政不善，可以依法彈劾。其三，陳炯明強烈反對國共合作及共產主義。[15] 陳炯明有一定勢力及知名度，加上先前關係良好，在政治主張上，又是同樣主張聯邦制。由此可見，陳炯明是一個較理想的人選。

　　1933 年 9 月 22 日，陳炯明在香港逝世。在他任總理的期間，中央黨部 1931 年 10 月在香港成立，釐定了國內及海外各地致公堂的級別名稱（金門為八地方總部之一）。除偶爾宣傳他的政見，及發佈一些內容粗糙的訓令和章則外，我們實在看不到致公黨對國內政治有任何實質的影響。陳身故後，曾任陳炯明機要秘書的陳其尤（1892–1970）繼陳為致公黨負責人，暫時以中央幹事領導致公黨。1931 年 9 月 18 日，中國東北邊防軍與日本關東軍第一次正面衝突，拉開了日本侵華的序幕。偽滿政權繼而成立，日人對中國領土野心至為明顯。1941 年 12 月底香港淪陷，中國致公黨幹事會更無法運作，遂宣告停止活動。[16] 中國政黨政治除頭面人物外，更需有軍事力量為後盾，加上致公黨一直缺乏羣眾參與，因此充其量只是一個只懂宣傳正義的政黨，實際沒有多少影響力。

15　《百年革命歷史回顧》(稿)，頁 90–95。

16　《洪門及加拿大洪門史論》，頁 167。

圖 10-4 中國致公黨中央黨部職員攝於香港禮頓道。前中坐穿黑色長衫者為陳炯明。
三藩市致公總堂所藏檔案

　　金山總堂響應了國內「停止內訌，共赴國難」的號召，將「華僑抗日」成為它們的主調和方針。他們為非蔣介石嫡系的十九路軍籌餉慰勞。1932 年他們在加州購買戰機支援淞滬抗戰。後來又支持陳銘樞（1889-1965）等在福建成立的中華共和國人民革命政府。[17] 可惜這一切除了反映華僑的愛國熱忱外，對大局無補。

17　《百年革命歷史回顧》（稿），頁 162-171。

圖 10-5　蔡廷鍇贈金門致公堂簽名照。
三藩市致公總堂所藏檔案

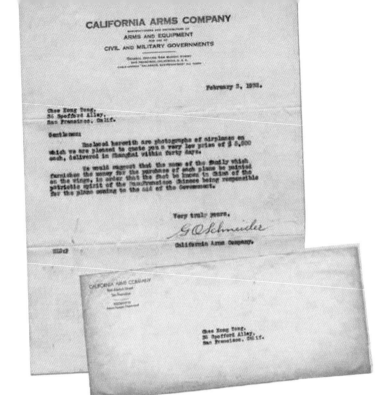

圖 10-6　上海一・二八事變
發生之後，海外華人激於愛國
熱忱，對奮戰日軍的十九路軍
踴躍捐輸。上圖為加州軍火公
司的價格查詢回覆，以及飛機
和配置炮彈的相片。留意加州
軍火公司來鴻之日期為 1932
年 2 月 3 日，距上海一・二八
事變剛好一星期，可見海外華
人密切留意國內事態的發展。
三藩市致公總堂所藏檔案

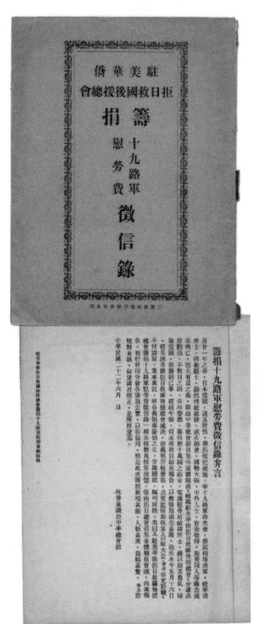

圖 10-7　美國華僑替十九路軍
募捐
三藩市致公總堂所藏檔案

金山總堂失去領導地位

金山總堂自 1930 年後已失去先前的領導地位。原因是多方面的：

第一，自 1932 年 3 月以來，美州金門致公黨只是 8 個總部之一，其他如美洲地區、巴拿馬、墨西哥、古巴、秘魯總部，直屬香港中央管轄。第二，代表金門派駐上海建祠的趙昱跟金門大佬黃三德不和，黃批評趙「自把自為，不肯公開」、「任意開支」，又謂五祖祠建成之後，由「三五個棍徒，以及一班烟精賭鬼盤據」。[18] 可以肯定的是，趙昱得不到三藩市總堂的支持。第三，1930 年紐約致公總堂召開南北美洲洪門懇親大會，並成立了以紐約洪門為中心的南北美洲洪門總部，名單列出 38 人出席，除墨西哥外，其他地區出席者均是所屬總分堂代表。司徒美堂為大會主席。[19] 第四，一戰後紐約逐漸成為世界金融中心，受高深教育的華人移居漸多，外交、商務、旅行、留學者眾。1914 年巴拿馬運河開通，增加了亞洲跟美國東海岸的往來，兼且紐約跟古巴、牙買加等加納比海國家往來較方便，這一切都促使紐約致公堂另立山堂。

18　《洪門革命史》，頁 54–55。
19　《百年革命歷史回顧》（稿），頁 105。

各自為政

1944 年 3 月 11 日，全美洪門懇親大會在紐約舉行，有美洲九個國家的致公堂參加，決議組織華僑政黨，回國參政，同時決議改「堂」為「黨」，易名為「中國洪門致公黨」。

至於加拿大洪門懇親大會則在 1945 年 11 月 4 日在域多利舉行。通過年前紐約大會有關黨名、黨章、黨綱決議，並定名字為「中國洪門致公黨駐加拿大總支部」，改「堂」為「黨」。[20]

戰前一直居於香港的陳其尤，與紐約來的司徒美堂、三藩市外派到上海多年的趙昱不咬弦，故他在香港單獨重新組織致公黨，並在 1947 年 5 月 1 日在港召開第三次黨員大會。陳其尤當選主席，修改黨章，[21] 即被中國共產黨認可為「八大民主黨派之一」，陳其尤擁護中共中央提出的「五一口號」。1949 年，中國致公黨代表陳其尤等六人出席第一屆中國人民政治協商全體會議。10 月 1 日，中華人民共和國成立後，致公黨總部移到北京，成為中華人民共和國的少數黨派之一。

另一方面，國民政府又於 1946 年月 5 日召開國民代表大會。中國洪門致公黨駐美洲總部主席司徒美堂 4 月率領來自美國、加拿大、墨西哥、古巴、巴拿馬等 10 多位代表參加，分別與蔣介石及周恩來（1898–1976）會晤。7 月 25 日司徒美堂參加了第二次世界五洲洪門懇親大會。全體海內外代表決定，統一洪門名稱為「中國洪門民治黨」，

20　《洪門及加拿大洪門史論》，頁 167–177。

21　陳福成：《中國近代黨派發展研究新詮》（台北：時英出版社，2006 年），頁 220。

主張「民治、民有、民享」，並設中央黨部於上海華山路五祖祠內。美國總部則仍設在紐約。司徒美堂、趙昱分別為正、副主席。[22] 黃三德在 1930 年代經已退下，三藩市未聞有派代表參加。陳福成的評論頗中肯，指出「此時中國洪門民治黨內部複雜，有主張協助中國國民黨、擁護國民政府，有偏袒中共及民盟、意圖推翻政府者」。[23]

　　另外兩個鮮為人知的洪門組織是 1946 年 10 月 7 日在上海由張子廉、鄭子良等組成的洪興協會。他們不承認司徒美堂洪門民治黨的合法性。第二個則是林有民、劉澄宇在 1946 年 9 月 15 日在上海成立的洪門民治建國會，幕後主持是楊虎（1889–1966）。[24]

22　《洪門及加拿大洪門史論》，頁 171–172。

23　《中國近代黨派發展研究新詮》，頁 219。

24　同上，頁 220。

司徒美堂在美國東岸崛起

事實上，洪門民治黨內司徒美堂跟趙昱也分成兩派。司徒美堂的勢力在美洲，而趙昱則側重在南洋，兩派在明爭暗鬥。在國共且談且戰之時，兩人遊走於港澳、菲律賓以爭取支持。[25]

1947 年 5 月，陳其尤的致公黨在香港舉行的第三次代表大會上，決議參加中國共產黨領導的人民民主統一戰綫。換句話説，它已經「進入北京參與國事的程序」，為中共認可的「八大民主黨派之一」。[26] 司徒美堂很可能意識到由他領導下的組織不可能取得認可，故採取釜底抽薪之計，以退為進，在 1947 年 9 月 6 日戲劇性地宣佈退出致公黨。他説：

> 去歲自美返國後，鑒於國內時局動亂，乃有集合海外洪門同志組黨，以發揚洪門傳統精神，而協助政府安定人心之志。惟民治黨成立以來，徒見多數黨內份子致力於黨派紛爭，而未能從事於國家生產建設事業之努力，捨本逐末，實違初衷。[27]

司徒美堂退黨，引起各地洪門人事分裂及重新組合，司徒美堂的名字在中國國內知識界幾乎與美洲洪門致公堂分不開。原因主要是他伴

25　〈國民黨中央聯秘處關於中國洪門民治黨組織活動情況的報告〉，引自萬仁元、方慶秋主編：《國民黨統治時期的小黨派》（北京：檔案出版社，1992 年），頁 356。

26　《洪門及加拿大洪門史論》，頁 170。

27　《國民黨統治時期的小黨派》，頁 359。

隨着紐約致公堂勢力興起，而且對政治活動興趣濃厚。他在美國生活了幾十年的經驗和說故事的能力，成為了中華人民共和國成立初期受美國圍堵壓力下，與美洲僑界連繫的有力紐帶。因是之故，他也樂於在傳媒中出現，承認自己領導致公堂，支持孫中山的革命活動。

　　司徒美堂雖然退出洪門民治黨，但在 1949 年 1 月 20 日，毛澤東邀請他以美國華僑身份出席 9 月 17 日舉行的政協籌備會議。他以嶄新的形象出現在新中國的政治舞台。事實上，司徒美堂初期在洪門的地位並不高。在 1930 年前的洪門檔案中，未見他的名字。孫中山兩次大規模革命籌餉，皆以金門致公堂為樞紐。因為其時波士頓、紐約華人稀少，致公堂規模有限，捐款多少並無特別紀錄。1930 年後金山致公堂淡出中國政治，領導地位由紐約取代。不過司徒美堂後期在華僑支援抗日戰爭中的貢獻，確是比較重要的。

一些觀察

　　這是華僑政黨直接參與中國政治進程的嘗試。18 世紀美洲十三個殖民地以英國在殖民地抽稅及徵兵，富蘭克林（Benjamin Franklin, 1706-1790）代表各殖民地出席英國議會，要求美洲殖民地也應該享有英國國會議席，這當然遭到了拒絕，結果觸發了獨立戰爭。以此為鑑，華僑既不向祖國繳稅，也沒有服兵役之義務，而國內的衣食住行基本上與僑民無涉，嚴格來說，他們對祖國除偶爾匯款回鄉外，實無甚麼貢獻可言。那麼，他們又有甚麼權利參加政治活動，享受選舉及被選舉權利呢？當時華僑懷有強烈的種族認同，視自己為中國人，覺得死後也得歸葬故土。因為久居國外，他們以為自己對民主政治十分理解。致公堂的領導更以為藉籌餉可以參與中國政治。簡而言之，華僑對中國政治十分隔閡，且有許多不切實際的遐想。

　　自太平天國運動以還，近代中國維新和革命思潮在沿海地方萌芽發展，革命分子與海外華僑互動頻繁。鼓吹憲政的康、梁及號召革命的孫、黃背後皆有廣大僑胞支持，財政援助如是，報道宣傳亦如是。流亡分子號召華僑資助時，每每將華僑跟國內同胞的命運緊扣在一起。可是，俟革命政權樹立以後，要面對的是各派系間的軍事鬥爭和以及廣大同胞現實生活的訴求。至此，革命分子才發覺革命時向海外同胞的承諾非當前急務，且亦無餘力履行。

　　致公黨既缺乏政治人才，也沒有羣眾基礎，更遑論軍事力量了。致公黨戰後淪為一個面目模糊的勢力集團。它們可以做的是在宣傳上鼓

吹民主理念，和向政治勢力靠攏。這恐怕也是唯一的生存之道。在中國內戰的洪流裏，只有「左」、「右」之分。致公黨作了回歸祖國的抉擇，寫下了華僑積極參與祖國政治的光輝一頁。

與祖國的一點血脈

　　五祖祠並沒有達到原來協助祖國發展實業及給路經上海的洪門兄弟提供住宿的預期。1998年金門致公堂成立150週年，在《紀念特刊》中記載了這項歷經幾十年工程的盛衰：

> 　　但很可惜，自1925年五祖祠開幕後，上海便開始受到內憂外患的影響。自1932年淞滬戰爭爆發，激戰數月⋯⋯七七事變、全面抗戰，到太平洋戰爭時，在租界的五祖祠也人去樓空，無人照料，祖祠荒廢了。1945年日寇投降，才物歸原主，但當年在上海之洪家子弟也早已星散，上海致公堂後繼乏人⋯⋯而五洲洪門致公總堂因為種種原因，與國內聯繫中斷，只有趙昱後人尚在，數十年來留居五祖祠後座。[28]

　　主要原因是政治大氣候的影響：1950年韓戰爆發，致中美關係中斷，而三藩市致公堂漸次傾向與退守台灣的國民黨恢復聯繫，兼且時常重提往日生死與共的日子。然海峽的另一邊，建國後的一連串政治運動，目的旨在「破舊立新」，秘密會社組織又屬於舊時代產物，自然是去之而後快。文化大革命時，三樓洪門歷代先烈神壇亦受波及，拆去無存；一樓、二樓被人佔用為辦公室和課室。該文作者更感慨地指出，在一個甲子之前，洪門兄弟花了許多精力和時間，「匯計達十七萬元白銀

28　梁毅：〈五祖祠落成到拆毀到討回公道〉，《150週年特刊》，頁107。

之鉅」，可惜五祖祠最後由盛轉衰，令人感慨不已。[29]

　　因為投資源自國外，1982 年致公堂跟上海市僑務辦公室交涉，成功取回業權。當時負責交涉的是紐約致公堂，所以中國政府認定紐約總堂是五祖祠的產權人。1985 年 10 月，國外各致公堂應邀到北京參加致公黨成立六十週年慶祝，並決定將五祖祠委託上海華僑委員會負責管理租務各事。[30] 問題亦告一段落。

　　上世紀 80 年代，中國推行改革開放，各大城市進行拆卸改建工作，上海市當然首當其衝。五祖祠位於重建區內，居於後座的趙昱後人將消息通知金山致公總堂。五洲總堂即時組織「五祖祠專案小組」統籌一切相關事務。可惜在交涉其間，上海長寧區區政府已經將拆除該地段並批准香港某建築商在原址興建豪華公寓。[31]

　　從 1993 年到 1998 年，幾經周折，致公堂終獲得 100 萬美元的賠償。這筆款項後來匯到了香港的銀行。致公堂委託由三藩市、檀香山、溫哥華、紐約、墨爾本五位洪門人士組成的小組共同監督管理。幾十年來的投資，總算折成現款取回。當然，這又意味着海外致公堂與組國的紐帶割裂了。

　　時移勢易，百年後的今天，中國躍居為世界第二經濟強國。未來中國將致力開拓「一帶一路」。今天，華人在各種事業和範疇都有驚人的成就。中國終可以闊步前進，迎接全球化的新階段。

29　梁毅：〈五祖祠落成到拆毀到討回公道〉，《150 週年特刊》，頁 109。
30　〈五洲洪門致公總堂 160 週年特刊〉，頁 40。
31　同上，頁 42。

第十一章

撫今追昔

今天的三藩市華埠

三藩市今天的華埠，由 24 個街區構成，居住了 35,775 人，據三藩市發展局（San Francisco Planning Board）的統計，是全市人口最稠密的地方。[1]

從聯合廣場（Union Square）沿着綱則大道（Grant Avenue，中文今天仍沿用「都板街」[Dupont Avenue] 舊名），在布殊街（Bush Street）交叉處矗立着中華門（Chinese Gateway）的牌樓，門楣橫額寫着孫中山名言「天下為公」四個漢字。這便是華埠的正門入口。

中華門在 1970 年由三位美國華裔建築師按中國傳統門樓設計，兩邊的石獅子及部分建築材料由台灣入口。當然，門樓高度與本來的不可同日而語，蓋傳統門樓很可能以木建築為主，而現在的建築物則由堅固的三合土建成。這是今天華埠的重要地標。

19 世紀末三藩市政商界因華埠所在地段位於市內，一度曾想把它遷移到更遠地區，但因為各方反對，且又害怕華人集體遷到別的城市，使三藩市失去從華人身上獲得的稅收。在尚未有定案時，1906 年 4 月 18 日清晨 5 時 12 分發生北加州 7.9 級大地震，三藩市華埠的木構建築及市內眾多建築物幾乎毀諸一炬。

地震卻救活了華埠。三藩市市府忙過不停，還哪有時間去爭論華埠應否搬遷？房東、地主（除了是在美國出生，第一代華人不能擁有物業）意識到華人所付租金稍高而且定時交租，故與華埠租戶協議，由房東、地主聘請建築師在原址進行規劃重建，而租戶同意重建期間繼續

1　www.wikimedia/San Francisco Chinatown.

繳付租金。在當地的殷實商人漸增，拓闊了營商環境（已有居留權人士在港穗兩地設立金山莊進出口公司）；又自 1921 年起，警司傑克・文里萊（Sgt. Jack Nanion）帶領華埠特警隊（Chinatown Squad）連續20 年大力打擊幫派黑社會分子，肅清華埠黃賭毒不法行為，改善了區內治安。[2]

　　當時意想不到這樣的安排是「一家便宜兩家着」的主意。其後，華人置業解禁。第二代能擁有公民權的孩子長大，華人家庭漸庭擁有自己的店舖；同時，區內建築物都由當地著名建築師設計，日後被市政府評定為歷史建築，即使出售，法例規定房舍外型不能隨意改變，因此發展商提不起興趣。在美國西岸地產市場火熱的近幾十年，店舖的經營者仍然可以維持原來的生計，兼且其中不少仍為堂口擁有，不致因建築商發展而被地主趕走。更重要的是，三藩市華埠直到今天仍然是亞洲以外最多華人聚居的地方。美國其他城市（如紐約、波士頓、芝加哥、費城等）華埠因為經濟發展，土地落入發展商手中，漸漸失去昔日華埠的特色，唯獨金山華埠獨樹一幟，保持着昔日的風采。

　　據説，今天每年到華埠的遊客比過金門橋的人還多，隨便選擇任何一個旅遊廣告商的網頁，即可以見到三藩市華埠給予遊客不錯的印象。根據 *Trip Advisor*，曾在三藩市華埠留言的旅客有 6,482 人，其中 4,120人用英語寫下他們的感受，其中認為「絕佳」（excellent）的有 1,436 人，其中認為「很好」（very good）的有 1,495 人，餘下的則評為「一般」（average）及「差劣」（poor）。[3] 以下是遊客的一些感受：

2　　www.wikimedia/San Francisco Chinatown.

3　　www.tripadvisor.com/sf/things to do in sf.

(1)「三藩市華埠常常十分繁忙,充滿文化色彩,有一系列優質、有水平而又實惠的食肆,還可以在眾多店舖內尋寶。華埠位於綱則大道跟士德頓街(Stockton)的街角。」(署名 daf57 的澳洲旅客)

(2)「你怎能不喜愛華埠呢?那裏有林林總總的食肆供選擇。我們在 2018 年 10 月經過那邊,他們正好舉辦一個小型的兒童歡樂日,有音樂、吹香口膠、玩具⋯⋯我們也去參觀一家簽語餅(fortune cookie)製造場。」(署名 Megan V 的旅客)

(3)「一個絕好的旅程。享受那邊的景色、聲音和食品,在一家茶葉店裏,增長了我對茶的認識,還學會怎樣燒茶和喝茶了。」(署名 Shannon Norden 的遊客)

像金門橋、加州郊野公園景色一樣,三藩市華埠是當地不可取代的景點,每年給政府帶來可觀的經濟收益。

表 11-1　今日華埠重要地標解説

序號	中文地名	英文地名
1	中華門	Dragon Gate
2	聯合廣場	Union Square
3	史提芬遜記念碑及樸斯茅斯廣場	Robert Louis Stevenson's Statue & Portsmouth Square
4	蒙哥馬利艦長乘坐樸斯茅斯號在這裏升起第一面美國國旗紀念碑	Plaque commemorating *S.S. Portsmouth*
5	纜車發明者紀念碑	Plaque commemorating Andrew Hallidie, cable car inventor
5A	加州第一間公立學校校址	The First Public School in California
6	林華耀地段	Walter Lum Place
7	華人權益促進會	Chinese Affirmative Action

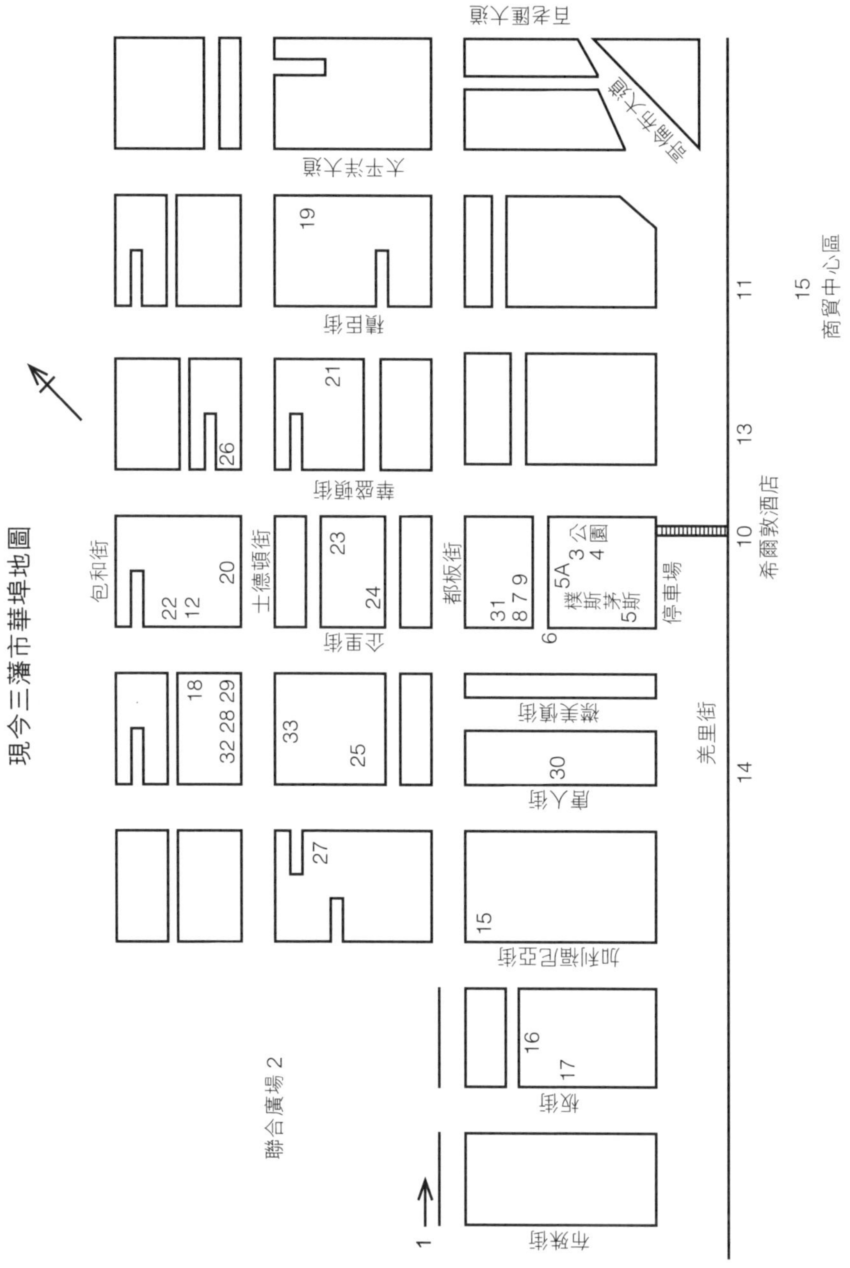

現今三藩市華埠地圖

白希爾大廈

天后古廟

商貿中心區

11
15

希爾敦酒店

19

羅素街

21

26

都板街

土德頓街

包和街

22
12

20

23

24

昃臣街

31
8 7 9

茂斯樓 5A 3 公園
茅斯 4
5斯

停車場

10

13

14

羌里街

樂善美道街

屈人街

30

18
32 28 29

33

25

27

沙加面度街

15

聯合廣場 2

布殊街

16
17

1

圖 11-1　今日華埠圖

（續表 11-1）

序號	中文地名	英文地名
8	加州第一家書店所在地	The first Bookstore founded by John Hamilton Still
9	綱紀慎基督教堂	Congregational Church
10	天橋連接中華文化促進中心	Chinese Cultural Center accessible by flyover-bridge from Portsmouth Square
11	聖瑪利雙語學校	St. Mary's bilingual school
12	劉貴明小學	Gordon J.Lau Primary School
13	三藩市市立大學華埠分校	San Francisco City University
14	聯邦社會安全局	Federal Social Security Administration
15	瑪利亞天主堂	St. Mary's Church
16	孫中山立像	Dr. Sun Yat-sen's Statue
17	慰安婦羣像	Comfort Women Statue
18	華人歷史博物館	Chinese Historical Museum
19	低收入家庭房舍	Low Income Housing
20	華埠輕鐵站 （即將在 2020 年完成）	Chinatown Muni Station
21	東華醫院	Tung Wah Chinese Hospital
22	公立圖書館	Public Library
23	致公堂	Chee Kung Tong, Chinese Masonry
24	天后廟	Tin Hau Temple
25	浸信會	First Baptist Church
26	美以美基督教會	The Methodist Church
27	青年會	The YMCA
28	中華會館	Six Companies
29	岡州會館	Kong Chow Benevolent Association
30	中華總商會	The Chinese Chamber of Commerce
31	美國華商總會	Chinese American Chamber of Commerce
32	聯邦郵局	US Post Office
33	美洲中國國民黨總部	The US Headquarters of the Kuomintang of China

今天，唐人街的中心依然圍繞在樸斯茅斯公園（Portsmouth Square，當地人叫「花園角」）的周邊，公園仍然是優閒人士休憩的地方。其實，北美的城市很少公園會那麼繁忙，孩子們在南端的沙地上玩耍：挖掘石頭的、爬鐵架的、盪鞦韆的，各適其適，不時又聽到媽媽召喚子女的聲音。四邊是狹窄的車道，在上下班時間，總是擠得水洩不通。

公園內遊人熙來攘往，主要可分為兩大類：附近的居民和外來旅客。前者以長者居多，有的坐在椅子上閒談，有的靜靜地坐着看報，更有三五成羣忙於下象棋或打撲克。代替文豪史提文生是一個銅鑄的雕像，在前面空地做體操的也不少，大都是耍太極拳。每逢假日，更有唱戲的團體在街頭賣唱，鑼鼓喧天。

旅客則聯羣結隊，來自五湖四海，不同膚色，三五成羣，有拉着行李的，有胸前掛名牌的，領隊一方面以不同語言導賞，一方面不厭其煩地催促大家不要停步，把握時間前行，趕着去其他景點觀賞；有的攜帶重重的攝影器材，爬上石台上取景，展現遊客的浮生百態。

平日遊客稀少，偶爾碰到老師帶學生來這裏感受華埠的景緻，並向那些蹦蹦跳跳的孩童講述排華的歷史，在今天種族平等的社會裏，該是一門重要的公民課。

公園西北角有一座紀念 19 世紀英國著名詩人小說家羅拔・路易・史提芬遜（Robert Louis Stevenson, 1850－1894）、仿製他在《金銀島》（Treasure Island）裏所描繪之海盜船 Hispaniola 的銅製雕塑，下端更刻有他的一首詩云：

要誠實，

要仁愛，

賺些錢來維持生計，

好讓一己生存給家人增加幸福。

適當時應當婉拒而無愧，

擁有三數知己而不同謀合污，

於此等艱苦情況下建立友誼，

這全屬於一個人在逆境下所必備的勇氣和機智。

　　史提芬遜因患肺癆，多半時間旅居海外温暖地方養病，漂泊一生，靠寄稿回英國維持生計。據説，在 1879 年至 1880 年間，史提芬遜與夫人在附近的布殊街（Bush Street）居住。他習慣倚坐在公園的石櫈上，遠眺海灣上往來的船隻。傳説他日久與附近居住的華人成為了好友。在這種族隔閡的年代，跨越種族藩籬結交朋友是件多麼不容易的事。若此屬實，可以想像他也會對他華人朋友贈送他的食物稱讚不已。[4]

　　細心觀察，雖然公園的位置一點兒沒有改變，附近建築物依然屹立如昔，但大部份機構，尤其是公營機關設施，則反映出華人在當地的社會地位。南邊的街道年前重新命名為林華耀地段（Walter Lum Place），以紀念第一代美國土生華裔林華耀先生（Walter Uriah Lum, 1882-1961）。林氏出生在附近經營雜貨店店東的家庭，是位民權活躍分子，也是著名中文報章出版人。

　　在地段的另一邊，在中端為華人權益促進會（Chinese for Affirmative Action），據説這是孫中山與革命黨人在 1910 年到訪時

4　Shirley Fong-Torres, *San Francisco Chinatown: A Walking Tour* (San Francisco: China Books & Periodicals, 1991), p.21.

的通訊中心。孫氏曾經每天到這裏來收取信件；右邊是加州第一家書店，1849年由約翰・咸美頓・史提魯（John Hamilton Still）創立；再過去是百多年前經已矗立在此地的綱紀慎基督教堂（Congregational Church），這裏的牧師因參與協助華人妓女脫離堂口操控而得名，教堂的牧師並教授妓女簡易英語，然後安排她們到白人家中當女備。今天，教堂仍秉持着公義的原則，只要一看門外掛着「為缺乏實權的人而戰」（Fight for the Powerless）的口號便可知道。再向左走到企理街口便是近年成立的美國華商總會，該總會是由一羣跟中國有密切商貿來往的人士所組成；有別於傳統的中華總商會，樓頂上掛着的五星紅旗迎風飄揚，反映了該會的政治取向。

乘坐公園右邊下角的兩部升降機往下，可以直達由羌里街進出的停車場。三藩市唐人街除公車外仍然未有地鐵直達（輕鐵站在史托頓街興建中，預計兩年內可以通車），市內寸金尺土，找到泊車地方是件絕不容易的事，車場由單行的羌里街進入。街的另一邊是唐人街附近唯一的三星級酒店－－希爾頓酒店，酒店三、四樓另闢為中國文化中心，年中負責策劃各種具中國文化特色的表演和展覽。

跟酒店並列的幾幢新落成建築物予居民極大的方便：最左邊的是天主教聖馬利亞雙語學校，是一所私立中小學校（另一所位於企里街上端被評為「加州傑出學校」的公立學校劉貴明小學【Gordon J. Lau Elementary School】，1998年由Commodore Stockton Elementary School改易今名）；夾在中央的是三藩市市立大學唐人街分校，分校除了提供普通大學學科外，還有電腦課程、各級英語課程、尤其受到新移民歡迎的汽車駕駛班及入美籍準備班。最近兩年，三藩市所有市立大學都不收

學費，相信華人居民得益不少。沿着羔里街走兩個街區的 560 號門牌便是聯邦政府社會安全局（Federal Social Security Administration），每日有不少長者輪候登記、領取政府每月發放定額的生活津貼；再朝着海灣走幾個街區便是三藩市的財經區域（Financial District），其中最顯眼的當然是市內最高、有金字塔頂的泛美大廈（Transamerica Building）了，再過便是一直延伸到今天東灣（East Bay）海邊的碼頭。這塊地是百多年來填海造地的成果，地下以前是淺水的沼澤地區，碼頭與華埠相距咫尺，不少乘載渡金客到來掘金的船隻殘骸仍然埋藏在那裏。

位於加利福尼亞街和都板街角落，年前在舊聖馬利教堂的地方開闢了一個新的公園，因為地點較為偏僻，遊人稀少；公園的一邊矗立了一尊 12 呎高的孫中山銅像，另一端遠處是三個穿着亞洲多國服飾的女孩子石像，她們驚惶失措地擁抱在一起，那便是新來的「慰安婦」雕塑，代表亞裔 10 多個國家（包括中國、韓國、菲律賓等）的女子向無法無天的日本軍國主義者控訴；銅像安放後，三藩市的日本姊妹市京都認為此舉是不友善行為，最近更取消了姊妹城市的關係，市政府不為所動，可見在這個亞洲裔佔大多數人口的美國城市，有表達意見的自由。

最能訴說美國華人歷史的就是 1963 年才組成的美國華人歷史學會（The Chinese Historical Society of America）了。美國華人歷史學會在年前遷至史托頓對上企里街的女青年會舊址，另闢博物館及資料室，每日對外開放；又搜集了大量圖片、文檔、實物等教育材料，採用多媒體技術向參觀者展現華人在美國主流社會歧視下成長的歷程。[5]

5　詳見該會網頁 www.chsa.org。

圖 11-2　孫中山像

圖 11-3　慰安婦像

　　唐人街的居住環境改變了，百年前的黃賭毒今天已經絕跡，以經營妓寨馳名、位於積臣街和太平洋街之間的梳利民（Sullivan）、巴納（Bartlett）及時史特（Stout）幾條小巷已為一排專為低薪長者而設的居屋代替。同時，史托頓街一邊的街區正在大興土木，一個嶄新的華埠輕鐵站（Chinatown Muni Station）將會建成，將與灣區地鐵（BART）直接相連。

　　談到唐人街近年的成就，不得不提醫療。從淘金年代開始，山區礦坑的雜貨店兼售賣中藥材和中成藥；因為語言習慣，華工有傷患病都是

吃中藥和看中醫。其實中藥、海味乾貨、中餐館均是北美唐人街的特色。[6]

近代醫療設施在唐人街的創立也經歷不少的爭議。三藩市東華醫局創立於 1899 年，由華裔中西醫院共同組成，最初為白人房東反對，迄至 1906 年地震大火被毀，1923 年由 15 家華人機構籌組一間非牟利的東華醫院，1925 年在積臣街成立，是三藩市第一間可用華語溝通的社區醫院；其後，服務的社區人口增加，70 至 80 年代又得政府資助，在舊址旁邊增建了醫療中心，擴大了服務範圍。80 年代，醫院跟服務的醫生成立了華人保健計劃，使病人及唐人街羣眾得到持續的醫療保障。隨着華人及亞裔人士在灣區增加，除醫院外，目前已有六家門診中心落成，分散在灣區的其他地方；2014 年 4 月，一座樓高八層擁有 52 張病牀的醫務大樓落成，原本的房舍則改作急症室。醫院同時開設中醫門診部，病人可受惠於傳統中醫中藥與針灸治療，是目前美國唯一可以用中文（普通話、廣東話及台山話）溝通的現代醫療機構。[7]

人口流動，自古皆然，大量人口跨洲遷移肇始於 1600 年發現新大陸之後，這主要歸根於經濟因素：最初在 16 世紀抵達美洲的是位處社會下層的西班牙人及法國人，他們在那邊可以擁有大量土地；另一方面便是被擄掠的一羣――大量西非黑奴被迫在南部及加納比羣島種植煙草、玉米、棉花，運送到人煙稠密的舊世界。英國人 1607 年在維珍尼亞州（Virginia）的詹姆士鎮（Jamestown）建立了第一個移民據點，1620 年在英國本土被排斥的清教徒（Puritan）在今天波士頓附近的邊姆芙（Plymouth）地方登陸，開始了今天仍每年大事慶祝團圓的感恩節

6　《美國早期華僑生活研究》（未刊稿），6:2。

7　www.chinesehospital-sf.org

（Thanksgiving Day）。隨着工業革命及都市化的進程，根據文獻記錄：1840 年間過半的新移民來自愛爾蘭，1820–1930 年間共有 450 萬人之多；1880–1920 年共有 2,000 萬新移民，其中大半來自中歐及東歐地方，單是意大利人便佔上 400 萬，其中有 200 萬猶太人；19 世紀末，更有 500 萬德國移民，他們大多住在中部，主要從事乳酪、釀酒等畜牧、耕作等行業。

東岸的新移民也受到土生的所謂英國族裔排擠，猶太裔更不用説，愛爾蘭及中歐裔也受了不少苦頭，如被搶飯碗、拉低工資，由於宗教不同（意大利人、愛爾蘭人信奉天主教），人心各異。基於政治上的壓力，米律・菲姆總統（Millard Fillmore, 1800–1874）也曾於 1865 年下令暫時停止移民進入美國。[8]

1849 年，加州以非奴隸州資格加入美國聯邦政府，其後內戰爆發（1861–1863），擄掠販賣奴隸不容於美國政治和社會價值，使推動美國開發的勞工只能用雙方同意的合約形式招聘（Indentured labor），這便是華工「賣豬仔」的起源。

如前章所述：清季人口膨脹，耕地有限，內亂頻繁，海禁漸開，沿海男丁為求生計，前往東南亞或新大陸是一條出路。據估計今日居住在大中華地區（Greater China）以外的華裔人口有 300 萬，其中 200 萬定居於東南亞諸國。[9]

金山客由初到「貴境」到 170 年後的今天，他們的成就有目共睹，「維基百科」這樣描述華裔美國人的地位：

8　History.com/US immigration before 1965

9　www.wikipedia/chinese /migration

　　統計上，比較其他族羣，華裔美國人會受過較多教育，並且會有較高的家庭平均收入，比起其他族裔人士或其他族羣，他們平均受教育最多。

　　社會上對華裔美國人的印象有重大的變化。美國歷史一百年來，美國華裔今天被視為一羣既努力工作而又有教養的少數族羣，他們大多為白領專業人士，其中不少從事於工程、醫學、投資銀行、法律或教育等，有高度自主的管理職務或為該等領域的高薪專業人士。（據統計），有 53.1% 的華裔人士從事於不同的白領專業；而亞裔人士平均只佔 48.1%，全國平均亦只有 35.1%。

　　據 2000 年美國人口調查數據，65% 的華裔人士擁有自己的房子，較全國數字只是 54% 為高，2010 年華人平均家庭收入為 US$65,273，白人（不計拉丁族裔）為 US$52,480，而全國平均家庭收入則只有 US$50,046。[10]

　　三藩市內仍然是亞洲族羣中華裔最多的美國城市，2012 年佔人口總數的 21.4%，大多來自廣東；三藩市周邊地區，如屋崙（Oakland）、山打加納（Santa Clara）附近等較小市鎮所謂灣區地方，華裔人口亦佔了 7.9%。最近，西雅圖出生的李孟賢（Edward Lee, Jr., 1952-2017）被選為第一任華人三藩市市長，可惜在任內因心臟病發而離世。

10　"Chinese Americans", www.en.wikipedia.org.

今天的致公堂

已有 170 年歷史、昔日承諾為剛剛上岸的「金山客」提供「聯衛共濟」的第一個「堂口」——致公堂仍然矗立在今天看來不大起眼的窄巷裏。2018 年 9 月，懇親會慶祝活動在這裏舉行。

猶記得 1906 年三藩市地震大火，唐人街財物損失慘重，致公堂檔案資料亦未能倖免；然而，這座三層高的古老建築物至今仍存，見證了時代的滄桑。

致公堂的路徑，百多年來都沒有改變：沿公園右側的華盛頓街（Washington Street）北上，穿過都板街，未到史托頓街前的一條新呂宋巷（Spofford Alley）左轉，靠左多走幾步的 36 號，就是與近代中國政治息息相關的五洲洪門致公總堂了。雖然閘門塗上紅漆，但門楣上的共濟會標緻依然清晰可辨；洪門致公堂為三合會組織，雖然在美國一直是個不牟利的註冊團體，但以往這些「堂口」在唐人街黃、賭、毒、娼扮演的角色深入民心，直至最近半世紀，這裏還是一個「閒人免進，非請莫問」的地方；再者，該堂成員入會時就宣誓對堂內事務絕對不得向外人透露，故成立後 100 多年來，外界除了知道孫中山奔走革命時曾多次造訪，及在民國初年該堂曾大力支持華僑募捐資助祖國革命外，其中運作細節仍鮮為人知，致公堂一直披上一層神祕的面紗。打開兩幢閘門，好不容易再爬上一道蜿蜒曲折的木樓梯，迎面而來的是「五洲致公總堂」牌區；再推開另一閘門，才真正的進入禮堂。大堂內的器物和擺設正好說明致公總堂撲朔迷離的歷史淵源；當然，少不了該堂近百多年來在中國歷史舞台上的豐功偉績。

圖 11-4　五洲致公總堂

圖 11-5　今日五洲致公總堂內望

　　進門後橫在前面牆壁上是一座巨大的木造神壇，中央高高放置刻上「紅花亭」三個大字的牌匾；神壇中鑲上一幅巨型的畫像，記述了三合會先祖的淵源；畫面上顯示了三個層次：最高的人物是前五祖，中間是後五祖，下端的就是方大洪、萬雲龍及陳近南，他們都是全副武裝，穿着文武百官服式，這就是洪門三合會中傳說的「反清復明」英雄人物。畫屏前橫着長長的神枱，每邊各一木斗，內盛載着彩色的三角令旗，顏色象徵五「房」（相傳分五房，而廣東及福建為二房，稱「洪順堂」）和活動時各種禮儀用的令旗，每日仍然香火鼎盛。中央亮着「長明燈」，將「紅花亭」照得光光的，象徵洪門不滅，萬世流芳。

　　神壇後面的小室，面對大街，一邊牆壁供奉了關公，下端張貼了黃花崗七十二烈士名字牌位；對面放置一小桌子，分別供奉「少林寺歷代祖師」以及為漢奸出賣而犧牲的兩位烈女──姑嫂郭季英和鄭玉蘭。

　　回到大堂，擺設十分傳統：長長的木桌在中央，旁邊擺放着木椅，中間通道隔開的另一面是一排靠牆的方型大椅，大堂足可供 40、50 人會議之用。

　　大堂兩邊牆壁密麻麻的掛滿了參差不一的玻璃鑲嵌畫屏：有各種註冊和記帳、照片和剪報、牌匾及口號，還有不少民國初年與致公堂有關係的政治名人墨寶，都是上百年前的物品，相信是不同年代掛上去的，其中不少紙張已殘破，圖片褪色。物品的內容，大概可分為下列各項：

　　第一，三合會的勵志口號和約章：一個大大的紅底木刻牌匾，以金漆書上「忠義堂」。另外，還有「彌天正氣」、「順天行道」、「洪武英威」、「貫日精忠」等牌匾，都是以黑底金字成書，字體蒼勁有力。此外，亦懸掛洪門的〈三十六誓〉及〈致公黨黨章〉等等。

二，民國初年政要名人親筆簽名的照片及墨寶：黃興的剪報照片及介紹、段祺瑞、蔡廷鍇、譚啟秀、陳烱明等，尚有一幀李濟深、蔡廷鍇、陳銘樞、蔣光鼐、蕭步雲的五人合照。[11]

三，對致公堂本身有貢獻的人物及其周邊人物：如黃三德、譚護等前會長照片；加拿大、紐約、墨西哥、英國等地洪門慶典或那些「大佬」寄來的照片等。

四，致公堂在本地的活動記錄：包括加州註冊及加州共濟會註冊文件副本；辛亥革命前後會員捐獻支持祖國的名單及數目，其中包括兩封與孫中山往來的書信；三藩市華人 1912 年三藩市街頭慶祝辛亥革命成功的幾則剪報，以及致公堂自辦、陳烱明書寫《公論晨報》的首日版封面。

這些斷斷續續，由不同年代、不同人手保存下來的實物，雖是零零碎碎，參觀者仍可整理出一些頭緒來：

第一，價值觀和淵源：記錄了洪門傳說中的英雄烈士以及「反清復明」的由來，本着傳統「忠」、「義」的宗旨，遵守禮教規範、章則誓言、自勵信條，以至註冊憑證，顯示致公堂是一個恪守信義的組織。

第二，領導華僑、資助祖國革命運動：這裏的捐款單據、往來信件，足為致公堂資助革命的佐證，因為收款人及催款文件來均來自孫中山、黃興等革命志士。

第三，投入祖國革命運動。最早派員回國參加臨時國會，後被編入

---

11 這是 1933 年陳銘樞、李濟深等國民黨反蔣左派勢力跟十九路軍在福建成立的基地。1934 年 1 月 13 日為蔣殲滅，只有 53 日壽命。又致公堂檔案中有蔡廷鍇穿軍服的署名照片，並有十九路軍收到捐款，向致公堂致謝的信件。

華僑代表。最後在致公黨的名義下參政。

　　第四，依靠三合會會員的人脈關係，為最早註冊的非牟利合法團體，財力自較其他相類組織雄厚，故自詡為「五洲致公總堂」，各地洪門寄來的照片和信件，足可為證。

　　2018 年 8 月 19 日，五洲致公總堂將 3,000 多件的文物、文獻、檔案全部贈送加州大學柏克萊分校 C. V. Starr 東亞圖書館作永久收藏、保存和管理，俟全部文物數碼化後將向公眾開放，作為研究及觀賞之用。

　　「這是對歷史負責的做法」，一位到場觀禮的嘉賓說，「中國近代史與洪門致公堂的歷史密不可分。」[12]

　　這次捐獻是致公堂歷史中的里程碑，致公堂一直未忘昔日的光輝，今天主動給這段歷史劃上句號。更重要的是，可能是思考未來的發展，或是像其他華埠社團一樣，變成一個華埠耆英社交聚集場所。昔日初到貴境的僑胞，衣、食、住、行的安全保障唯致公堂是賴的景況，時移勢易，現在已不需要了。新生代的華裔，絕大多數未經歷華埠這種組織的洗禮；而且，在大中華地域本身也幾乎沒有這樣組織的存在；也可以說，自上世紀 80 年代開始，國人已經走進一個多元、流動而又專業的社會，不可能再以村落姓族維持彼此的關係。

　　孫中山領導的國民革命，在經濟及宣傳上得到舊金山及加拿大洪門致公堂的很大幫助，正因為同盟會（日後國民黨）借助致公堂「大佬」的關係在三藩市建立，民國期間國民黨的海外關係特別密切，有助於中日

12　《星島日報美西版》，2018 年 8 月 19 日。

戰爭期間的籌餉、任聘外事人員（尤其空軍招募及軍中傳譯）、在美國的政治遊說等活動。致公堂與孫中山個人關係雖以鬧翻作結，但事過境遷，不知何時致公堂已不再翻孫氏舊帳，對外每每強調昔日與孫氏生死與共的密切關係。這可能是孫氏在民國期間被推崇為「國父」，時至今日大多數國人仍然尊孫氏為偉人。「為死者諱」是中國傳統文化的美德。

以事論事，黃三德基於洪門致公堂（三合會）的誓章訴說孫中山之不義，孫氏沒有退還革命公債不用說，就連「舉手之勞」的讓致公堂在國內註冊，以及興建五祖祠的事亦拒不承諾。致公堂 20 年來跟孫中山的密切關係相信不少是在黃三德當「大佬」期間建立的。黃三德退休之後，不少兄弟對孫中山嘖有煩言。1936 年，黃三德退隱洛杉磯時撰寫《洪門革命史》，便將責任推到孫氏性格上的缺陷，因黃氏仍以洪門「反清」大義為重，一直寄望孫氏能改弦易轍，回歸正軌。

黃三德早年在台山出生，受過幾年傳統私塾教育，15 歲到舊金山謀生，20 歲加入洪門，工餘習武，是華埠有名的「青年武林高手」。1897 年，黃氏 34 歲時被選了舊金山致公堂領導。他掌握了美洲洪門致公堂的權力。[13]

黃氏生長在中國傳統文化的氛圍當中，這與孫中山 14 歲便離鄉到檀香山求學，入讀聖公會興辦的學校，然後又成為基督教徒，在穗港習醫的經歷不同。孫氏在求學期間，閱讀了大量歐美政治書刊，明白中國在國際中岌岌可危的形勢，由謀求清政府政治改革失敗而走上專業革命活動之路。兩人生長環境、志趣、學養上有着天壤之別。

13　www. 黃三德 / 百度百科。

　　黃三德的洪門，目的是在傳統會社的相互交往中保持圈內的和諧，行動重視回報反饋、義氣相投。因為他們在國內備受清政府打壓，所以有強烈仇清的意識，這裏跟作為革命者的孫中山有着不謀而合的共通點。但作為革命分子，除了推翻清政府統治之外，孫氏一生的目的是為建立一個統一的共和政體。孫氏及其他革命領導對志在利用洪門這類傳統會黨作為反清力量，壯大革命隊伍。當清政府倒台後，他們便再看不到會黨的存在價值。孫氏一生為革命奔波，環繞地球三次，遇到許多樂意給予幫助的達官、商賈、記者、使節、販夫走卒。他為理想奔走四方，豈會想到回報與反饋！這是革命家和洪門大佬兩個世界的分別。

　　華僑自幼離鄉別井，老家還有妻兒父母兄弟，舊金山不是久留之地，最終總要落葉歸根。既然革命政府無能為力，致公堂於是回國成立自己機構：建五祖廟和轉型為致公黨，後者更是第一次華僑參政的嘗試，然兩者皆以失敗告終。究其原因，20世紀20、30年代國內外政治動盪之烈，前所未有。一言以蔽之，一切政治力量取決於民眾宣傳及軍事實力，並不是在千里外的傳統華人社團大佬們可以掌握，而致公堂只懂得倚靠舊關係，拉攏軍閥陳炯明為總理，作為無多，除了對時局發表聲明之外，沒有其他像樣的政治活動。俟陳氏1933年去世之後，致公黨總部在香港活動更是銷聲匿跡；往後幾年，世界時局更為動盪，以後日子更不必說了。

　　1945年二戰結束，國共雙方爭奪話語權，缺乏軍事實力的少數黨派更失卻自己聲音。無論如何，正好表明華僑參政不但缺乏法理基礎，更缺乏執行能力。

　　1943年羅斯福總統廢除排華法案，雖然每年分配到的份額不多。

1952 年的移民與國籍法案（Immigration & Nationality Act）不再以種族劃分，至 1965 年的新一輪法案終將世界分成東半球、西半球兩部分配額。

在全球化時代的今天，中國人終可在太平洋兩個新舊文化間，選擇適合自己國籍和居所的自由。

後記

隨着獨立革命戰爭勝利，美國於 1776 年建國；中華民國於武昌起義翌年，即 1912 年成立，與美國相比，相隔了 135 年。兩者皆通過革命武力奪取政權，而且事發時兩者都處全球化洪流中的轉捩點，卻又各自代表着歷史上不同時代的巨流。

1492 年哥倫布發現美洲前後，嶄新航路陸續出現，迄至 1520 年至 1522 年，麥哲倫成功進行環球首度航行，是第一波全球化的肇始。在之後的 500 年裏，追逐利益的商販、打救靈魂的牧者、派駐海外的軍旅，以及成千上萬為尋找生計而流離巔沛的人家，從歐洲舊世界遷往新大陸定居。人流、物流（各類動植物的繁衍）、金流（黃金、白銀）是推動新舊世界互動的紐帶。

大海航行 200 多年後，海外移民的後裔終於在新世界建立自己的政體。1776 年北美洲新英倫區的十三個殖民地通過戰爭擺脫英國統治。1776 年 6 月傑克遜（Thomas Jefferson）和四位同袍起草《獨立宣言》（The Declaration of Independence），謂「人生而平等，兼且造物主給予每個人不可取代的權利，其中包括生命、自由、爭取快樂權利」等等，日後這些主張被稱為「天賦人權學説」。革命成功後，基於十三個殖民地共同制訂的《美國憲法》（The Constitution of the United States），奠定美國國體為一個聯邦式的共和國，體制由總統、兩院議會及最高法院構成。

《獨立宣言》基於自然法的學理，而自然法學理源於基督教普世價值理論；然而，當時奴隸因為可以買賣，是一項商品，故沒有人權可言；女性附於戶主，故此亦沒有單獨投票權利。美國憲法及其後作為附件的《權利法案附件》（The Bill of Rights Amendments）更是源自當時

英國以及歐洲流行的政治思潮，尤其是英國大憲章及洛克（John Locke, 1632−1704）的著述。其中包括三權分立、相互制衡、政教分離、納稅者有投票權利、公職年期制度、法官輪替及陪審制度等等。在歐洲開明專制（Enlightened Despotism）的封建王朝下，美利堅合眾國的肇始，是歐洲啟蒙思潮孕育的產物，是政治學上的重要里程碑。

新生的共和國沒有移民法律。反正地廣人稀，亟需人力開發資源，移民更是求之不得。最初殖民者通過強奪、殖民、奴隸販賣，連同移民從四面八方進入美國生活定居，在艱辛奮鬥的過程中孕育了一種自我描繪的神話（myth）：合眾國的創始並非偶然，而是基於上天賦予的自由及權利，每個人在這塊豐饒的土地上生活，都可以有最好的機會，發展自己最大的潛能（Be all you can be）。這就是今天所謂的「美國夢」。

合眾國自從成立以來，一直需要大量的勞工從事種植、開墾、生產、製造等行業的工作。此等工作皆由移民支撐。整個 19 世紀中，大量歐洲移民湧入，其後大量亞洲人（主要從中國及日本）來到美國，參與加州的「掘金」和築建鐵路。這批人數不少的移民，不惜離鄉別井，目的在擺脫自身的經濟困境，尋找比較安穩的生活。

大量不同膚色、語言及文化背景的移民湧入，在美國政治社會出現「分化」的大問題：勞工機會及薪酬競爭、學校分配、日常生活語言、道德標準、犯罪和警力等等都成為紛爭的導火線。這樣的紛爭，在 200 多年美國歷史中，一直持續着。爭論的一端是保守、並強調地方傳統的分子，連同聲稱為要保障工人利益的工會，反對社會上的新移民；另一端是相信普世價值的理想主義者、知識界、少數族裔組織及相信自由

市場的保守資本家，以經濟發展為理由，覬覦更廉價的勞動力，因此支持新移民。

正如前章所述，雖然在日常生活層面，如媒體、政治、娛樂、體育等領域裏，華人露面（visibility）的場合仍然不多。一方面因為華人在美國總人數仍然微不足道，另一方面是普遍華人家庭並不鼓勵孩子從事此等工作。但是今天的華裔美國人在經濟及社會上已取得顯著的成就，在醫學、教育、科技界的貢獻尤其突出。可以肯定的是，今天美國沒有一個系統性的種族歧視機制；不但如是，1960 年代通過的民權法案訂明：所有團體或職場不能以種族、膚色、宗教、性別、出生地、年齡設限。美國社會一般能肯定個人成就、崇尚成功人士的貢獻。而華裔一般有照顧家庭、重視教育的社會傳統，因此在各族裔平等競爭的大環境下，普遍都可以出人頭地，融入社會。

孫中山生逢 19 世紀末西力東漸的大時代。自 1870 年德國統一以來，民族主義高漲，經濟掠奪縱橫，帝國主義勃興，而「優勝劣敗，適者生存」的社會達爾文主義（Social Darwinism）更是不絕於耳，正好給帝國主義一種「科學」的藉口。這是 18 世紀末葉英國工業革命所帶來全球化的另一新時代，而在 19 世紀末，它更引發人流、物流、金流（資本債券市場）、意識的迅速擴展。

孫中山是美式民主制度的追隨者，在國際政治上，他篤信社會達爾文主義，將中國積弱全部推到「落後的」滿洲人身上，並且常謂要聯合日本、菲律賓等亞洲國家，來抵抗白種民族針對亞洲的帝國主義侵略。他來自華僑家庭，聯絡美洲廣東僑鄉，支持排滿革命自是理所當然；而孫中山與洪門致公堂的邂逅，帶來半世紀以來美洲華僑介入中國政治的

現象，也實非偶然。時至今日，隨着世界和中國政治、經濟、社會的急劇變遷，昔日祖國與華僑的關係，早已一去不復返矣！

2019 年 5 月 15 日晚

誌於加州南城家中

參考書目

甲、檔案資料

《五洲致公堂檔案》，其中包括未整理往來書信、收支賬目、會議紀錄、記事、剪報、告示、照片等等。重要部分收錄於趙善璘編輯的《五洲致公總堂百年革命歷史回顧：170 週年紀念特刊》（三藩市：2018 年 6 月）及《五洲致公堂革命歷史圖錄：170 週年紀念特刊》（三藩市：2018 年 9 月）。後書限量印送，分贈出席典禮嘉賓。本書所引有關致公堂的歷史圖片亦多來自此書。全部檔案已於 2018 年 8 月移贈加州大學柏克萊分校 C. V. Starr 東亞圖書館永久保存。目前仍在整理中。

台北中國國民黨文化傳播委員會黨史館《環龍路檔案》及《一般檔案》。

"Ng Poon Chew Papers"（伍盤照文書），Ethnic Studies Library, University of California at Berkeley, California.

乙、參考書籍

I. 中、日文書籍（筆劃排序）

丁文江、趙豐田編：《梁任公先生年譜長編》（北京：中華書局，2010 年）。

于右任等著；甄冠南編述：《辛亥革命回憶錄》（香港：榮僑出版社，1958 年）。

亓冰峯：《清末革命與君憲論爭》（台北：台灣商務印書館，1966 年）。

王德昭：《孫中山政治思想研究》（香港：商務印書館（香港）有限公司，2011 年）。

北京市政協資料研究委員會、廣東省政協文史研究委員會編：《回憶司徒美堂老人》（北京：文史出版社，1988 年）。

吳瑞卿：《美國早期華僑生活研究》（未刊稿）。

李定一：《中美早期外交史》（北京：北京大學出版社，1997 年）。

李金強：《一生難忘：孫中山在香港的求學與革命》（香港：香港歷史博物館，2008 年）。

沈渭濱：《中國大事年表》（近代篇）（上海：上海人民出版社，1999 年）。

周勇主編：《鄒容與蘇報案檔案史料匯編》（重慶：重慶出版社，2013 年）。

邱捷、李興國等編：《孫中山全集續編》(1–5)(北京：中華書局，2017 年)。

段雲章主編：《孫中山與廣東——廣東省檔案舘庫藏：海關檔案選譯》(廣東：廣東人民出版社，1996 年)。

胡漢民著：中華民國史料研究中心編：《胡漢民先生遺稿集》(台北，中華書局，1978 年)。

茅家琦：《孫中山評傳》(南京：南京大學出版社，2001 年)。

茅海建：《戊戌變法史事考初集》(北京：北京三聯書店，2012 年)。

——：《戊戌變法史事考二集》(北京：北京三聯書店，2012 年)。

——：《戊戌變法變法的另面：張之洞檔案閱讀筆記》(上海，上海古籍出版社，2015 年)。

唐德剛：《晚清七十年》(1–5)(台北：遠流出版社，2003 年)。

孫必勝：《我的曾祖父孫眉》(廣州：廣東人民出版社，2011 年)。

徐中約(Immanuel Hsu)著；茅家琦、錢乘旦等校：《中國近代史》(上下)(*The Rise of Modern China*)(香港：中文大學出版社，2001 年)。

桑兵編：《各方致孫中山函電匯編》(北京：社會科學文獻出版社，2012 年)。

秦孝儀主編：《國父全集》(1–12)(台北：近代中國出版社，1989 年)。

秦寶琦：《洪門真史》(福州，福建人民出版社，1995 年)。

——：《幫會與革命 —— 三百年之社會震盪》(香港：三聯書店(香港)有限公司，2013 年)。

郝平：《孫中山革命與美國》(北京：北京大學出版社，2000 年)。

康文佩編：《康南海自訂年譜續編》(台北：文海出版社，1972 年)。

康白石：《陳烱明傳》(香港：文藝書屋，1978 年)。

張大謀：《孫博士與中國洪門》(台北：古梅書局，1979 年)。

張玉法：《中華民國史稿》(台北：聯經出版公司，1998 年)。

梁啟超著、沈雲龍主編：《新大陸遊記》《近代中國史料叢刊》，第十輯 96–97 冊(台北：文海出版社，1967 年)。

梁啟超；張品興編：《梁啟超全集》(北京：北京出版社，1999 年)。

陳三井：《中山先生與美國》（台北：學生書局，2005 年）。

陳永發：《中國共產黨七十年》（台北：聯經出版公司，1989 年）。

陳福成：《中國近代黨派發展研究新詮》（台北：時英出版社，2006 年）。

陳錫祺：《孫中山先生年譜長編》（上、下）（北京：中華書局，1991 年）。

——：〈華僑是孫中山革命事業的支持者〉，載中山大學孫中山研究所研所編：
　　《孫中山與華僑學術討論會論文集》（廣州：中山大學出版社，1996 年）。

曾五岳：《天地會起源新考》（福州：福建人民出版社，2008 年）。

湖南省社會科學院編：《黃興集》（北京，中華書局，1981 年）。

馮自由：《革命逸史》（1–5）（上海：商務印書館，1946 年）。

——：《華僑革命開國史》（上海：商務印書館，1947 年）。

——：《中國革命運動二十六年組織史》（上海：商務印書館，1948 年）。

——：《華僑革命組織史話》（台北：正中書局，1954 年）。

黃三德：《洪門革命史》（三藩市：1936 年）。

黃彥、李伯祈編：《孫中山藏檔選編》（北京：中華書局，1986）。

萬仁元、方慶秋主編：《國民黨統治時期的小黨派》（北京：檔案出版社，1992
　　年）。

雷冬文：《近代廣東會黨：關於其在近代廣東社會變遷中的作用》（廣東：廣州
　　暨南大學，2004 年）。

實藤惠秀：《中国人日本留学史》（增補編）（東京：くろしお出版，1970 年）。

劉偉森主編：《全美黨史：中國國民黨歷程與美國黨務百年發展史》（三藩市：
　　中國國民黨全美總部，2004 年）。

劉鳳翰編撰：《馬超俊、傅秉常口述自傳》（北京：中國大百科出版社，2009
　　年）。

廣東省社會科學院歷史研究室、中國社會科學院近代史研究所中華民國研究室
　　及中山大學歷史系孫中山研究室編撰：《孫中山全集》（1–10）（北京：中
　　華書局，2011 年）。

蔣永敬主編：《華僑開國革命史料》（台北：正中書局，1977 年）。

黎全恩：《洪門及加拿大洪門史論》(香港，商務印書館(香港)有限公司，
　　2015 年)。

顧維鈞：《顧維鈞回憶錄》(1)(北京：中華書局，1983 年)。

II. 中文期刊及特刊(筆劃排序)

王蕊、劉平：〈孫中山與美洲致公堂關係新論〉，《福建論壇：人文社會科學
　　版》，2012 年 3 期。

李炳富編：《洪門與華僑革命史：1998 年五洲洪門致公總堂成立 150 週年紀念
　　特刊附件》，三藩市五洲洪門致公堂，1998 年 9 月。

李彪主編：《1998 年五洲洪門致公總堂成立 150 週年紀念特刊》，三藩市五洲
　　洪門致公堂，1998 年 9 月。

邵雍：〈同盟會時期孫中山與美國致公堂的關係〉，《廣西師範大學學報》(42 卷
　　3 期)，2006 年 7 月。

趙善璘編：《五洲洪門致公總堂 160 週年記念特刊》，三藩市，五洲致公總堂，
　　2008。

III. 英文資料

Adam, Ben, *San Francisco, An Informal Guide*, New York: Hill and Wang, 1961.

Bolton, Kingsley (ed.), *Triad Societies: Western Accounts of History, Society and Linguistics of the Chines Secret Societies,* Vol. 1–4, London & New York: Routledge, 1925; reprinted in 2002.

Chinn, Thomas W., with H. Mark Lai & Phillip P. Choy (eds.), *History of Chinese in California: A Syllabus*, San Francisco Chinese Historical Society of America, San Francisco, CA, 1969.

Dian H. Murray in collaboration with Qin Baoqi, *The Origins of the Tiandihui: The Chinese Triads in Legend and History*, Stanford: Stanford University Press, 1994.

Fong-Torres, Shirley, *San Francisco Chinatown: A Walking Tour*, San Francisco, CA.: China Books and Periodicals, 1991.

Genthe, Arnold with Text by Will Irvin, *Pictures of Old Chinatown*, New York:

Moffat, Yard & Co., 1908.

Gilbert, Martin, *History of the Twentieth Century,* Volume One: 1900–1933, London: Harper Collins, 1997.

Gyory, Andrew, *Closing the Gate: Race, Politics, and the Chinese Exclusion Act,* Chapel Hill and London: The University of North Carolina Press, 1988.

Haar, Barend J. Ter, *Ritual and Mythology of the Chinese Triads: Creating an Identity,* Leiden, Boston and Koln: Brill, 1998.

Hill, Winifred Starr, *Tarnished Gold: Prejudice During the California Gold Rush,* San Francisco, London & Bethesda: International Scholarly Publications, 1996.

Hom, Marlon K., *Songs of Golden Mountain: Cantonese Rhymes from San Francisco Chinatown*, Berkeley: UC Berkeley Press, 1987.

Jan, Lyle, *Old Chinatown–Revisited*, c.1931–1954, West Conshokoken, PA: Infinity Publishing, 2010(Reprint).

Jansen, Maurice B., *The Japanese and Sun Yat-sen,* Cambridge, MA, Harvard University Press, 1967.

Lai, H. Mark, Lim, Denny & Yung, Judy, *Story of Angel Island and Hardship in California: Poetry & History of Chinese Immigration on Angel Island 1910–1940,* Seattle and London, University of Washington Press, 2014.

Loo, Chalsa M., *Chinatown, Most Time, Hard Time,* New York: Praeger, New York, 1991.

Ma, Eve Armentrout, *Revolutionaries, Monarchists, and Chinatown: Chinese Politics in the Americas in the 1911 Revolution*, Honolulu: University of Hawaii Press, 1990.

Murray, Dian H. with collaboration with Qin Baoqi, *The Origins of the Tiandihui, the Chinese Triads in Legend and History*, Stanford: Stanford University Press, 1994.

Mullen, Kevin J., *Chinatown Squad: Policing the Dragon, from the Gold Rush to the Twentieth Century,* California: Noir Publications, 2008.

Nee, Victor G. & Brett de Barry (eds.), *Longtime Californ': A Documentary Study of an American Chinatown*, California, Stanford University Press, 1986.

No Author, *San Francisco's Chinatown: An Aid to Tourists and Others in Visiting Chinatown*, San Francisco, no publisher, 1909.

Pan, Erica Y.Z., *The Impact of the 1906 Earthquake on San Francisco's Chinatown*, New York & Washington, D. C., Peter Lang, 1995.

Fred A. Bee, et al., *The Other Side of the Chinese Question: to the People of the United States and the Honorable Senate and House Representatives, Testimony of California's Leading Citizens*, February, 1886, San Francisco.

Reprinted by R. and E. Research Associates, Publishers and Distributors of Ethnic Studies, San Francisco, 1971.

Risse, Guenter B., *Plague, Fear & Politics in San Francisco Chinatown*, Baltimore: John Hopkins University Press, 2012.

Salyer, Lucy E., *Laws Hash as Tiger*, University of North Caroline Press, Chapel Hill & London, 1995.

Sandmeyer, Elmer Clarence, *The Anti-Chinese Movement in California,* Urbana and Chicago: University of Illinois Press, 1939.

Tindall, George Brown & Shi, David E., *America, A Narrative History*, W.W. Norton, New York & London, 2004.

Young, Elliot, *Alien Nation: Chinese Immigration in the Americas from the Coolie Era through the Second World War*, University of North Carolina University Press, Chapel Hill, 2014.

IV. 網絡參考資料

www. 維基百科 / 民國軍閥

www. 百度百科 / 唐繼堯 / 護法運動

www. 維基百科 / 孫中山 / 聯俄容共

www. 百度百科 / 黃三德

www. 維基百科 / 黃興 / 與孫中山關係

www. 維基百科 / 護國戰爭

www.bnsk.net/dingzhongjiang/byjf

www.chengwen.com.tw/gnp/gnp46

www.chinesehospital-sf.org

www.chsa.org

www.en.wikipedia.org/Chinese Americans

"Masons of California" www.freemason.org

www.History.com/US immigration before 1965

www.tripadvisor.com/sf/things to do in sf

wikipedia/chinese/migration

www.wikimedia/San Francisco Chinatown